国家社会科学基金青年项目（编号：24CGL037）

生态视角下供应链金融赋能核心企业价值研究

杨雨东　著

企业管理出版社
EMPH ENTERPRISE MANAGEMENT PUBLISHING HOUSE

图书在版编目（CIP）数据

生态视角下供应链金融赋能核心企业价值研究 / 杨雨东著 . -- 北京 : 企业管理出版社 , 2025. 7. -- ISBN 978-7-5164-3308-9

Ⅰ. F274

中国国家版本馆 CIP 数据核字第 2025CY5739 号

书　　名: 生态视角下供应链金融赋能核心企业价值研究
书　　号: ISBN 978-7-5164-3308-9
作　　者: 杨雨东
策　　划: 寇俊玲
责任编辑: 郑建平　寇俊玲
出版发行: 企业管理出版社
经　　销: 新华书店
地　　址: 北京市海淀区紫竹院南路 17 号　　**邮　　编:** 100048
网　　址: http://www.emph.cn　　**电子信箱:** 1142937578@qq.com
电　　话: 编辑部（010）68701408　发行部（010）68701816
印　　刷: 北京亿友数字印刷有限公司
版　　次: 2025 年 7 月 第 1 版
印　　次: 2025 年 7 月 第 1 次印刷
开　　本: 710mm×1000mm　1/16
印　　张: 15.5 印张
字　　数: 233 千字
定　　价: 78.00 元

前言

FOREWORD

近年来，供应链金融的应用和发展面临明显的瓶颈与挑战，其中，核心企业参与程度低和参与方式不当是症结之一。同时，供应链金融正在走向多主体、多要素交互和复杂商业环境影响的生态模式，因此，亟待探讨如何在新场景中明确核心企业的价值创造机制与生态竞争策略，并促进其参与供应链生态系统的构建。鉴于此，本书构建了一个实证分析框架，旨在探究供应链金融对核心企业的“价值效应”及其多重微观作用机制，以及生态系统要素、结构和环境三类构成维度中多种因素的权变影响机制。

本书主要采用了基于二手数据的实证定量研究法。首先，以中国A股上市公司为样本企业，构建了中国上市公司供应链金融导向、核心企业与其上下游企业配对等数据集。其次，应用计量经济学方法构建了相应的回归模型以实证检验所提出的理论假设，并采用多种稳健性检验和内生性检验方法以增强实证结果的可靠性。通过上述研究分析，本书得到如下结论：

1. 基于供应链金融导向与核心企业价值的关系。①核心企业通过确立供应链金融导向，发挥供应链金融的“资金融通”“关系促进”“流程优化”功能，能显著提升自身企业价值。②供应链金融导向对核心企业的商业信用管理具有优化作用。③供应链金融导向对核心企业的资金流和交易流具有优化作用。④供应链金融导向对上下游企业的资金流和交易流具有优化作用。

2. 基于供应链金融导向影响核心企业价值的生态要素权变机制。①数字技术等新兴要素对于供应链金融导向提升核心企业价值的影响过程具有促进作用，特别是区块链技术在其中发挥了显著作用。②核心企业的产业竞争力和供应链金融产品丰富度均会正向影响供应链金融导向提升核心企业价值的积极作用。

3. 基于供应链金融导向影响核心企业价值的生态结构权变机制。①过于紧密的银企资本联结和过于集中的供应链交易结构均会抑制供应链金融导向对核心企业的“价值效应”。②供应链金融生态系统的结构开放性会正向影响供应链金融导向提升核心企业价值的积极作用。

4. 基于供应链金融导向影响核心企业价值的生态环境权变机制。①商业环境的不确定性会对供应链金融导向的价值效应产生重要影响，且不同层级的环境不确定性具有异质性影响。②技术环境中的金融科技水平对供应链金融导向的“价值效应”具有正向影响。③金融环境中的数字普惠金融水平会强化供应链金融导向对核心企业价值的积极作用。

同时，本书对拓展现有供应链金融研究的深度与广度具有重要的意义，首先，系统探索了核心企业供应链金融导向对其企业价值的影响效应。其次，率先打开了核心企业供应链金融导向与其企业价值之间的“黑箱”机制。最后，实证探究了多种因素对供应链金融导向与核心企业价值之间关系的权变机制。

此外，本书也为核心企业如何“用好”供应链金融并参与构建供应链金融生态系统提供一定的启示。①积极拥抱并确立支持上下游获取金融服务的供应链金融导向以提升企业价值。②善用供应链金融以实现优化供应链资金资源配置、提升供应链运营效率、稳定和吸引供应链上下游企业等多重管理目标。③重点关注区块链等特定数字技术要素的合理应用而非迷信“技术万能论”，重视自身企业产业竞争力的培育，并考虑基于更多的产业要素而创新开发多样性的金融服务产品。④以开放协作的态度来动态调整与其他参与主体的结构关系，积极适应不同环境，包括增强应对外部环境不确定性的能力、基于区域的金融科技水平和数字普惠金融水平进行供应链金融的业务拓展与战略布局。

以上正是本书试图实现的目标。作为国家社会科学基金青年项目“区块链驱动下供应链金融生态赋能企业发展的路径与治理研究”（24CGL037）的研究成果，对于本书的完成，在此要感谢国家社会科学基金的支持。同时，本成果得到北京工商大学商学院资助，在此要感谢学院对于青年教师的培养与支持。

杨雨东

2025 年 5 月

目　录

CONTENTS

第1章

绪　论

1.1 研究背景与研究问题

1.1.1 实践背景

供应链金融作为一种以产业运营中的真实贸易背景为依托，应用自偿性贸易融资原理和动产质押、物流监管、资金流监控等手段，有效连接产业资产端与金融资金端，对以核心企业为联结的供应链上下游参与主体提供综合性金融服务的创新业务模式，已被视为是有效解决企业资金融通难题的可行路径，受到政、产、学、研各界的高度重视和积极探索（宋华，2020；Gelsomino et al.，2016）。近年来，在贸易摩擦加剧、逆全球化抬头、新冠疫情反复等多重因素叠加的影响下，企业面临愈发复杂和动荡的商业环境，因而产生更大规模的资金需求和对资金流韧性提升的强烈诉求，供应链金融也由此呈现出巨大的增长潜力。根据国际知名供应链金融咨询和出版公司 BCR 发布的《全球供应链金融报告（2022）》，全球供应链金融市场交易量从 2015 年的 0.33 万亿美元增长至 2021 年的 1.803 万亿美元，年均复合增长率超过了 30%。

供应链金融在国内的产业实践中亦得到迅猛发展，业已在国民经济生产中具有重要的地位。2019 年中国服务贸易协会供应链金融委员会基于国内相关上市公司的主要业务模式推算出，2022 年中国供应链金融市场规模将扩张至 19.19 万亿元人民币①。供应链金融的蓬勃发展也得到相关制度政策的密集聚焦与积极扶持。自 2017 年国务院办公厅《关于积极推进供应链创新与应用的指导意见》首次将供应链金融作为独立主体写入国家级政策②，并强调“积极稳妥发展供应链金融”，此后各部委、各级政府纷纷出台相关政策和工作规划。2021 年，全国政府工作报告中首次单独提及“创新供应链金融服务

① 中国服务贸易协会供应链金融委员会和鲸准研究院 . 2019 中国供应链金融行业发展报告 . 2019-07.

② 国务院办公厅 . 关于积极推进供应链创新与应用的指导意见 . 2017. 10/13.

模式”，标志着供应链金融已上升为国家重点战略，其在推动产融结合和纾解企业融资困境等方面的效用受到高度关注①。

然而，在如火如荼的供应链金融迎来重要契机的同时，其应用和发展仍面临着瓶颈与挑战，极大地限制了供应链金融服务广度和深度的进一步拓展（李健等，2020）。其中，核心企业参与程度低和参与方式不当被视为重要症结之一。中国物流与采购联合会和万联网等机构曾联合调研指出，“核心企业不配合，例如账款不确权和拒绝信息共享”是阻碍金融机构提供给中小微企业供应链金融服务的最主要因素，高居众多因素之首②。

核心企业作为供应链的重要组织者和联结方，具有洞悉产业运营规律和把控上下游关键环节的巨大优势，通过提供重要交易流程信息、运营风险管控和强信用担保，发挥着协调金融端与产业端的聚合性作用，是供应链金融得以有效运作的关键性参与主体。核心企业的参与协作程度将极大影响金融端对大量中小微企业的供应链交易结构和运营流程信息的掌握与甄别，特别是保理类和存货类等依托于核心企业主体信用背书的传统融资模式的开展。

当前，产业实践认为核心企业参与供应链金融所获取的价值效益与其承担的成本风险之间存在匹配不明确的痛点，从而抑制其协作意愿。一方面，供应链金融被视为一种基于价值协作共创的产融多方共赢模式，核心企业可以通过供应链上下游企业的信贷资源增加而间接促进自身资金流的畅通优化（如提升销售货款回收效率与稳定性），进而实现稳定和延伸产业生态圈的价值增值，增强核心企业的供应链竞争优势（如拓展销售客群和降低采购成本，提升与上下游企业的合作粘性与协同度（潘爱玲等，2021；Chen et al.，2019）。但另一方面，核心企业介入供应链金融往往需要承担较高的建设和管理成本（如搭建产融协同平台，投入信息和数字技术基础设施建设成本，重构或新增应收账款确认、运营流程监控、信息校验等业务环节），以及面临因维护运营而产生的增信担保压力和信息安全风险（如核心企业信用额度的占用，客户还款履约风险的管理，关键性经营数据泄密风险的承担）。

---

① 《政府工作报告（2021）》.

② 中国物流与采购联合会．疫情下企业融资与供应链金融调研报告（2020）．2020-04.

与此同时，随着新兴技术的广泛应用和产业平台生态的不断搭建，供应链金融也由传统上下游模式向生态系统模式演进。其中，具有丰富创新资源和强大供应链整合能力的核心企业作为关键组织者发挥了重要推动作用。例如，小米集团通过旗下数字科技服务公司“天星数科”搭建电子制造业产业链平台并提供数字化供应链金融解决方案（宋华等，2022b），伊利集团搭建乳业产业链金融系统平台“乳链惠”以帮助解决上游牧场和下游经销商等生态参与企业的资金需求①。然而，当前供应链金融的生态化发展趋势也对参与其中的核心企业提出了更高的管理要求，即如何能有效应对网络生态拓展过程中愈发异质分散、高频多样的资金融通需求。具体而言，面对丰富多样的产业要素和日益庞大多元的参与主体及其复杂的关联结构，以及动态多变的外部环境，核心企业应当采用何种配置策略以促进产融生态的构建及发展，并从中获取更大收益？这同样是影响核心企业参与意愿的现实问题。

此外，我国制度层面也高度关注了核心企业在推动供应链金融发展特别是生态体系构建中的重要作用，并多次出台相应政策文件进行积极支持和引导。一方面，鼓励核心企业融入供应链金融生态体系，支持其发挥产业引领和协调作用，从而推动产业整体的高质量发展。近年来，各级政府促进实施产业链链长制，强调大力培育产业龙头企业作为“链主”，使其作为“头雁”角色集聚产业资源、协同全链融合创新发展，其中就重点包括实现资金链的循环畅通和强健韧性。例如，国有资产监督管理委员会将“推动中央企业打造现代产业链链长体系”设为下一阶段的重要工作方向，并着力推进中央企业与金融机构协作开展供应链金融，合力纾解链上中小企业资金周转困境②。另一方面，关注模式创新和规范治理，引导核心企业在供应链金融建设中协同各方、加强技术要素的融合创新。多项政策均持续鼓励核心企业与金融机构、政府管理机构、供应链服务企业等主体协同推进供应链金融的创新发展，营造良好的制度保障环境（见图 1-1）。再结合历年政策内容变化，不难看出

① 万联网和中国人民大学中国供应链战略管理研究中心．中国供应链金融生态发展白皮书（2022）．2022-06.

② 杨井鑫．“银行供应链金融破局：央企‘链长’纾困小微”，《中国经营报》，2022-07.

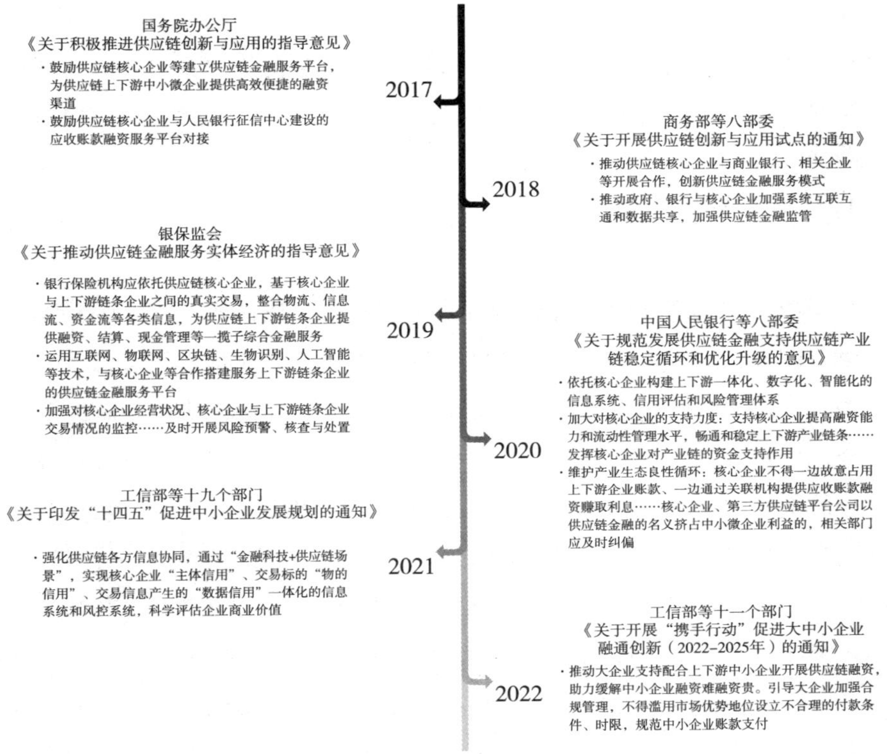

图 1–1　供应链金融的相关政策文件内容

相关政策的着力点已逐步转向推动核心企业融入构建贯通上下游的可持续、数字化、综合性金融服务生态。

综上，核心企业的显著竞争优势和在贸易网络中的关键位势决定了其在供应链金融生态体系建设中的强支撑性和难替代性。然而，面对核心企业参与程度低和参与方式不当的现实难题，如何有效助推核心企业融入供应链金融生态系统，并实现良性可持续发展，成为当下实践关切并亟待解决的重要议题。针对此，核心企业可从供应链金融生态构建中获取何种效益是需要厘清的首要问题，对该问题的探讨有助于从利益联结机制的角度为增强核心企业参与意愿提供依据。相较于核心企业可间接获取的财务收益，当前需要重点探讨供应链金融对核心企业的更多绩效影响，特别是核心企业更为关注的、能综合反映长期竞争优势和未来发展能力的企业价值，以及深入发掘更多的利益实现路径，尤其是对核心企业及其上下游等产业主体在供应链交易流和资金流等维度的重要作用。其次，在产业数字化、生态化的发展趋势以及制度规范的驱动下，核心企业如何在供应链金融生态构建中更有效地配置各类经济要素、协调各参与主体和适应环境，也是亟待进一步探讨的实践诉求。

1.1.2 理论背景

1. 供应链金融的研究焦点逐渐往“生态导向”演进

供应链金融的相关学术探索肇始于21世纪初期对供应链资金流管理和优化的关注，特别是资金流与物流、商流、信息流等其他供应链流程之间的协同整合。伴随着产业实践对于供应链资金受限问题的高度关注以及供应链金融模式的不断创新演进，理论研究也迎来了持续深化与发展，并从供应链管理与金融创新的交叉主题逐渐演化，从而形成了一个相对成形的新兴领域（Gelsomino et al.，2016）。供应链金融的早期研究多关注于供应链中直接交易主体之间的营运资金管理，将视野由企业个体财务管理扩展到供应链跨组织的财务协作（Randall & Theodore Farris，2009），强调通过联合库存管理、协同采购、赊销管理等工具降低自身供应链财务成本，因而也被称为财务供应链管理（FSCM，Financial Supply Chain Management）（Pfaff，2004）。其次，产业端对资金要素的更大规模需求以及金融端服务模式创新的诉求推动了商业银行等金融机构嵌入供应链体系，供应链外源融资模式受到广泛探索与推进，形成“金融导向”（Finance Oriented）的供应链金融研究（胡跃飞和黄少卿，2009；Camerinelli，2009；Gelsomino et al.，2016）。该主题关注了金融机构如何基于各类供应链交易和业务要素（应收应付款项、交易合约、贸易单证、仓单、运单）开发相应的保理类、订单类和货运类融资产品，探索金融机构与产业核心企业及主要供应链服务商的协作机制如何促进上下游企业资金可得性的增强和资本成本的降低。然而，由于传统金融机构难以深入把握产业运营特点和真实状态，需要依托供应链核心企业的主体信用进行风险控制和模式推广，因此供应链金融的组织者和推动者开始由金融机构转为产业核心企业和供应链服务商。研究者开始探讨“供应链导向”（Supply Chain Oriented）的产融协同创新，特别是推动更多供应链主体和产业要素介入资金流的优化管理（Blackman et al.，2013；Gomm，2010），例如基于在途流转交付等综合性物流信息的授信（Chen & Cai，2011）、基于外源资金的多方动态折扣（Basu & Nair，2012）、基于供应链整体的协同营运资金管理（Hofmann & Kotzab，2010）。该研究不仅深化了对供应链主体间信任和竞合等关系结构的理解，在静态交易性结果要素的基础上拓展了对动态流程性运营要素的探讨。

随着产业实践的进一步发展，尤其是互联网技术的广泛应用和各类产业供应链平台的不断兴起，各交易主体之间的结构和流程愈发动态复杂，理论界逐渐意识到上述基于单一链条开展的金融服务模式难以满足中小企业多样化、灵活性的资金需求，也难以形成规模化的应用优势，从而开始以一种“网络主导”（Network Oriented）的视角探索供应链金融的创新演进（Wetzel & Hofmann，2019）。这一导向的研究有两大特点：一是形成了金融服务供应商（FSPs，Financial Service Providers）的概念，并明确了其在推动构建供应链金融平台中的作用，即如何促进供应链内外部整合，联结各方价值诉求，进而形成产融协同的价值网络。FSPs 的主体可以是产业核心企业和大型供应链服务商，也可以是科技型金融机构和技术服务商等新兴参与主体。二是强调关注各参与主体供应链网络特征以及嵌入网络中的多维信息对供应链金融运作的影响效应与内在机理，包括网络位势的中心性和嵌入性（Carnovale et al.，2018）、网络关系结构的强连接和弱连接（宋华和卢强，2017）、网络传递出的一系列反映企业能力和竞争优势的运营和信用信息（Song et al.，2019）。然而，供应链金融平台化、网络化的持续发展也在综合风险管理和网络整体协调等方面对供应链金融的组织者提出了更高的要求，即如何有效管理日益庞大复杂且松耦合的产融价值共创网络（李健等，2020；Jia et al.，2020a）。与此同时，区块链、大数据、人工智能等新兴数字技术在信息采集和处理、数据分析和智能决策等方面所展露的颠覆性优势，以及在推动产业运营变革和金融服务创新方面所彰显的潜力，迅速引起了相关学者的高度重视（宋华和杨雨东，2019；Lu et al.，2021）。数字技术的融入极大地扩展和重构了产融主体之间的协作关系，并进一步增强了产业要素的丰富度和流动性，特别是充分释放了数据这一新兴生产要素在产融协同中的价值机会，从而推动塑造了具有广连接和多要素特征的供应链金融生态体系（Chen et al.，2021；Wang et al.，2022a）。

在此背景下，供应链金融研究已开始快速向数字技术驱动下的“生态导向”（E-cosystem Oriented）演进（宋华，2020；Caniato et al.，2019）（见图 1-2）。

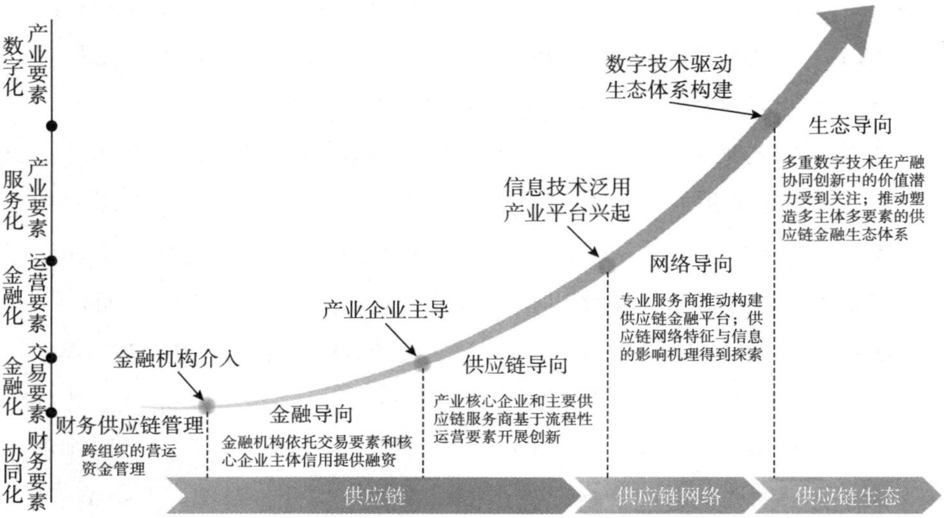

图 1-2　供应链金融研究的演进趋势

2. 核心企业如何从供应链金融生态系统中获益以及更好获益仍有待研究

在生态导向的研究背景下，供应链金融生态系统的塑造与延伸成为关注的焦点（Zhou et al.，2022）。然“大厦之成，非一方之功”，作为复杂系统的供应链金融生态系统无疑需要产业端和资金端多方积极推动其构建与发展（Bals，2019），特别是需要作为关键组织者的核心企业的深入参与。同时，供应链金融生态系统在实现参与主体和嵌入要素极大丰富的同时，也显著增加了结构和流程的复杂性，尤其是在跨产业、跨区域、跨平台的复杂场景中，对核心企业等生态建构者实现关系协调和流程管控提出了更多挑战。因此，核心企业在供应链金融生态系统中基于何种利益联结机制而融入，以及采用何种配置策略而更好获益，需要得到进一步研究探讨。

长期以来，主流观点将供应链金融视为一种多方互惠共赢的产融协作模式（Gelsomino et al.，2016；Hofmann，2005），假定供应链金融的参与各方均能从中获益。相关研究认为，供应链金融不仅可以在产业端为中小企业带来融资约束缓解和资金韧性增强的直接效益（Ali et al.，2018），也为核心企业优化供应链营运资金和提升供应链管理能力提供了有效工具（Pan et al.，

2020；Wetzel & Hofmann，2019），同时还在金融端为金融机构和金融科技服务商等拓展了服务业务和市场价值。随着研究的持续深入，不少学者逐渐认识到供应链金融并非“万能良药”，未能迅速得到各方的广泛采用和积极推行，“多方共赢”的理论假定开始受到挑战（李健等，2020；宋华，2021）。围绕这一问题，现有研究开始关注影响各方采用意愿和参与动机的因素，以及探讨供应链金融对各方的实际影响效应（Liebl et al.，2016）。具体而言，现有文献大多从供应链上下游中小企业的维度分析了模式具体条款、可感知收益、市场竞争等因素对采用的影响（Wuttke et al.，2016，2019），以及中小企业在财务收益、供应链成本和风险等方面的绩效提升（Ali et al.，2018，2020a）。部分文献还从金融服务提供商的维度探究了组织间信任、技术基础设施、投资回报率等因素对其协作意愿的重要性，以及供应链金融对其在市场价值和财务风险等方面的正向影响（Lam & Zhan，2021）。

然而对于核心企业，其是否愿意参与以及是否从中获益等问题却尚未得到充分研究（Lu et al.，2022c；Moretto et al.，2019）。尽管有学者从反向保理的买方视角分析了供应链协同、财务吸引力、供应链权力等因素的作用，但此类研究大多属于定性探索，且缺乏对更普遍模式中作为关键组织者的核心企业的探讨（Wuttke et al.，2013a）。近年来，部分学者开始重视并关注供应链金融对核心企业产生的影响效应，并实证发现供应链金融的采用可以有效提升核心企业的创新能力和产业竞争力、优化其资本结构和缓解资金约束（凌润泽等，2021；Pan et al.，2020，2022）。与此同时，部分研究还发现，核心企业难以直接从供应链金融运作中获取财务收益，而更多的是获得在供应链稳定性和运营效率等方面的供应链绩效的提升（宋华等，2021；Zhang et al.，2019）。这些研究在核心企业的财务绩效和战略绩效等方面做出了有益探索，但所探究的影响维度仍比较有限，尚未关注到核心企业的企业价值等反映长期竞争优势和价值获取潜力的绩效。事实上，相较于短期的财务收益，资金约束较低的核心企业更为关注自身在供应链生态中的竞争优势提升（Chen et al.，2019），特别是对长期价值创造能力的增强。因此，为进一步厘清核心企业参与构建供应链金融生态系统的绩效获益，供应链金融对其企业价值的潜在影响仍有待探索。

此外，现有文献大多侧重于强调核心企业在供应链金融生态系统中发挥的产融网络协调、信用风险管理等支持性作用，但对于核心企业在其中采用何种生态竞争策略以更好地获益却鲜有探讨。具体的，随着供应链金融生态系统的构成要素日益多样化，从企业间基于资金往来的财务要素到更多产业要素的应用和数字技术要素的融入，以及参与主体及其交互结构愈发复杂化，即从供应链上下游直接交易的链状结构向更多主体耦合协作的生态结构延伸，核心企业作为生态系统中的重要行动者需要关注如何配置要素和调整结构以促进更为有效的价值获取（Wang et al.，2022a）。同时，生态系统的扩张还涉及与外部环境的持续交互，一方面，外部环境的动态变化会影响身处其中的生态系统的发展趋势。另一方面，生态系统自身的更新与进化依赖于同外部环境之间的要素流动和主体互动。因此，当前研究还应进一步考虑多种环境因素对核心企业参与供应链金融生态构建的潜在影响。

1.1.3 研究问题

综合上述实践背景和理论背景可知，如何推动核心企业参与供应链金融仍是当下产业实践所关注的现实问题，亦是现有研究缺乏探索的重要方向。特别是在供应链金融不断呈生态化发展的趋势下，如何明晰核心企业在供应链金融生态系统中的价值创造和获取机制，以及核心企业如何更有效地参与其中，是各方亟待深入探讨的关键问题。一方面，核心企业是否从供应链金融生态系统构建中获益仍缺少充分研究。供应链金融在理论上的“多方共赢”属性与实践中存在的“核心企业参与度低”问题不相一致，即理论“应然”与实践“实然”之间存在一定鸿沟。另一方面，核心企业如何在多主体多要素交互和复杂环境影响下的供应链金融生态系统中更好地获益，也鲜有得到实证探索。核心企业需要充分利用各类技术要素和产业要素，协调好与多利益相关者的结构关系，同时感知和积极应对来自外部环境的影响，从而更为有效地发挥供应链金融的特定作用。基于此，本书进一步凝练并提出了以下两类研究问题。

1. 核心企业通过确立供应链金融导向是否影响自身企业价值的提升，如何影响

如前所述，尽管理论假定核心企业可以通过改善供应链上下游的资金约束以保障上游资金回流和拓展下游业务，从而间接获益（Chen et al.，2019），但也有研究指出核心企业面临信息系统建设、信用额度占用和供应链风险管理等成本增加而不愿意采用供应链金融导向（Liebl et al.，2016），因此，供应链金融对核心企业的实际绩效影响有待进一步实证探索。尽管已有少量文献探讨了核心企业在资金成本等财务绩效和研发创新等战略绩效中的利益获取（凌润泽等，2021；Pan et al.，2022），但对于更多绩效维度特别是核心企业更为关注的生态竞争优势和价值创造能力，还鲜有涉及。基于此，本书以企业价值这一反映企业核心竞争优势和长期发展潜力的综合性绩效指标为目标，通过实证探析供应链金融导向是否有助于提升核心企业的企业价值，即是否具有“价值效应”，从而为核心企业采用供应链金融导向提供基于利益联结机制的研究依据。

其次，供应链金融导向如何影响核心企业的企业价值也有待进一步研究，即供应链金融导向对核心企业的微观作用机制。近年来，部分研究开始从“资金融通”和“关系促进”等方面分析供应链金融对核心企业的作用路径，前者是指核心企业可以通过上下游间接的资金约束缓解和自身与外部金融机构直接协作的信贷支持增强来获得融资优势，后者则指出供应链金融通过构建多主体的产融协同机制而有效降低核心企业与其他利益相关方的信息不对称，并显著增进要素流动和交易互动，从而实现组织信任等关系的促进（凌润泽等，2021；潘爱玲等，2021）。这些研究围绕供应链金融的“金融”和“供应链”两类功能属性对机制分析做出了有益尝试，但尚未深入剖析核心企业同供应链上下游在资金流和交易流中的协作行为及绩效影响。相较于显性的金融收益和隐性的关系资本，核心企业同时还关注供应链金融如何激活商业信用等供应链资源，如何提升供应链资金流和交易流的效率与稳定性（Zhang et al.，2019），以及是否能有效形成供应链传递效应而助力上下游企业纾困发展等重要问题（Wuttke et al.，2019）。

具体而言，①以商业信用管理低效为主要表征的企业间供应链资金占用问题长期处于悬而未决的状态，供应链金融作为典型的供应链资金流优化工具是否可以提供创新性的解决路径，是本书旨在探索的重要研究问题。商业信用源自供应商与客户之间经赊销形成的延期付款，本是嵌入在供应链交易主体间的一种非正式的营运性资源，也被视为是可替代外部银行信贷的可支撑中小企业生存发展的重要金融资源，具有互助属性（Pattnaik et al.，2020）。然而，产业实践中企业间应收账款拖欠的现象尤为突出，极大地恶化了商业环境。据国家统计局数据，2011—2021 年，规模以上工业企业应收账款增长高达 168%，而同期营业收入仅增长 51.7%，应收账款回收期平均延长了 19.7 天。这一问题的症结在于核心企业往往利用其市场地位和供应链权利“过度侵占”上下游的营运资金，导致商业信用的低效配置。在此背景下，本书认为供应链金融通过协同机制的构建和外部金融服务的引入，有望化解这一症结并激发产业价值。②与中小微企业关注赖以生存的资金流动性不同，谋求高质量发展的核心企业更为重视企业运营效率和供应链稳定性（Caniato et al.，2019），因而供应链金融能否在产融多方关系促进的基础上进一步提质增效，亦是本书试图解答的研究问题。特别是处在不确定性和复杂性不断凸显的商业环境中，供应链韧性强健和风险可控已逐渐成为企业竞争优势的重要表现。③供应链金融作为强调高度协同的产融价值共创模式，其良性运作和效能发挥皆依赖于多方共赢机制得以奏效（Chakuu et al.，2019），因此核心企业采用供应链金融如若不能有力促进其上下游企业的效益提升，则难以实现预期的产业价值。然而以往研究大多从核心企业或上下游企业的单一角度探寻供应链金融的绩效影响，忽视且割裂了核心企业与上下游企业之间的价值共创机制。对核心企业而言，供应链金融能否有效支持和服务其供应链生态中的重要交易伙伴，仍有待研究探讨。

2. 哪些生态系统因素会影响供应链金融导向对核心企业的价值效应，如何影响

核心企业通过确立供应链金融导向以实现企业价值提升，然而供应链金融能否有效发挥作用往往还取决于诸多情境因素的权变影响机制。特别是需要企业的供应链金融导向与其内部组织结构和外部环境形成良好的匹配关系。当前供应链金融呈平台化、生态化发展趋势，意味着生态系统中的参与主体多样性和要素丰富度显著增加，外部环境的复杂交互替代了原子主义视角下的传统场景。因此，探查多种生态系统因素如何影响供应链金融导向的价值效应，有益于增进对核心企业如何更有效参与供应链金融生态系统的理论见解。结合商业生态系统理论所划分的“生态系统要素—生态系统结构—生态系统环境”三类情境因素（Scaringella & Radziwon，2018；Yi et al.，2022），以及 Bals（2019）以供应链金融生态系统构建为目标而提出的“供应链协同—组织—金融—技术—市场与规制—产品”六维度分析框架，本书拟对多维度生态系统因素的权变机制展开探索。

（1）供应链金融生态系统的要素如何影响核心企业供应链金融导向的价值效应？①随着人工智能、大数据、区块链等数字技术在产业实践中的不断应用，数字技术驱动下的供应链金融模式创新已成为当前研究重点，多种数字技术通过全面提升信息质量而重塑供应链金融运作机制和协作结构，是激发产业价值的重要因素（Chen et al.，2021）。其中，区块链技术在多交易主体之间实现的信息真实不可篡改和流程透明可溯等功能，使得该技术在供应链金融场景中的创新应用受到了学者的广泛关注（Wang et al.，2022a）。因此，本书拟探究数字技术要素特别是区块链技术要素对于核心企业供应链金融运作的影响机制。②本书还将探讨核心企业的产业竞争要素对于供应链金融价值效应的潜在影响。供应链金融中核心企业作为产业端与金融端的重要协调者，其产业竞争力不仅展现了核心企业的产业信用优势，同时还反映出核心企业对于供应链网络的风险管控能力和结构组织能力（Cho et al.，2019）。然而以往研究大多考虑了中小企业自身竞争能力对于获取供应链金融服务支持的影响结果，却忽略了核心企业的产业竞争优势对于供应链金融有效运作的重要保障作用（宋华，2021），因而需要进一步探究。③本书认为，供应链金融生态系统自身的要素特征，如金融服务产品要素，同样会影响供应链金融战略的内容丰富度及其实施效果。供应链金融可以被视为基于多种产业运营要素而设计的一系列金融服务产品集合（Chakuu et al.，2019），包括了基于应收款项的保理融资、基于存货流转的存货融资等产品。不同类型的供应链金融产品所服务的对象以及产生的效益往往也具有异质性，不仅涵盖了上下游主体在不同供应链环节的资金需求，还涉及了包括信贷融资在内的多种资金流优化服务。因此，供应链金融产品的多样性会如何影响供应链金融导向的价值效应，亦有待进一步研究。

（2）供应链金融生态系统的结构性因素如何影响核心企业供应链金融导

向的价值效应？①商业银行等金融机构作为重要的金融资源供给方，通过核心企业的供应链管理支持而辐射服务上下游生态成员，金融机构与核心企业之间的紧密联结也是供应链金融有别于传统融资模式的一项基本特征（Moretto et al.，2019）。然而也有学者指出，金融机构与核心企业之间的强联结虽然有助于形成信任关系进而促进供应链金融的实施与协作，但由强联结产生的“锁定”（Lock-in）效应也会造成高转换成本和减弱金融资源供给的外部竞争性，从而限制生态成员获取多样化、低成本金融服务（Bals，2019）。因此，银企联结结构将如何影响供应链金融导向对核心企业的价值效应，特别是在供应链金融呈生态化发展的背景之下，还有待进一步探讨。②核心企业与其上下游企业之间的交易协作也构成了供应链金融模式中价值共创和获取的关键环节。其中，供应链协同视角尤为强调供应链主体间紧密协作对供应链金融中运营信息传递和综合风险管理等流程活动的正向作用（Wandfluh et al.，2016）。然而，过度集中的供应链交易主体也意味着核心企业上下游的潜在金融服务范围有限，即同样面临结构性“锁定”的负面效应，从而限制了供应链金融的服务效能（Hofmann & Zumsteg，2015）。因此，本书拟基于商业生态系统理论探讨供应链集中度如何影响供应链金融导向对核心企业的价值效应。③本书认为供应链金融生态的整体结构也可能改变包括核心企业在内各参与主体的协作意愿和价值分配路径。在由核心企业主导的模式中，核心企业依托自身供应链网络资源和对接外部金融机构，通过自建供应链金融系统或平台实现产融协作，核心企业不仅是供应链金融模式的核心组织者，还可能提供应收账款保理等金融服务以获取直接收益（Gelsomino et al.，2016）。但是这种由核心企业主导的“强控制”结构也会引发竞争冲突而限制外部主体特别是其他核心企业供应链网络的嵌入，同时也会增强自身上下游成员和金融机构对其机会主义风险的担忧。随着相关研究的深入，部分学者认为供应链金融生态体系的可持续发展更需要一种“弱核心企业化”和多方协同治理的分布式结构。基于此，何种生态协作与治理结构将更有利于供应链金融导向的价值效应，有待进一步探索。

（3）供应链金融生态系统的环境因素如何影响核心企业供应链金融导向的价值效应？①随着产业竞争加剧以及技术革新和贸易冲突等事件频发，当前企业面临愈发动态多变和不确定的商业环境，并由此引发对供应链波动等风险活动的关注。然而，供应链金融的现有文献还鲜有关注企业所处商业环境的不确定性这一重要的环境特征因素（Lu et al.，2022c），因此本书旨在探究环境不确定性对于核心企业供应链金融导向的价值效应的影响机制，并具体从“个体环境—产业环境—制度环境”三个层面予以充分讨论。②技术环境也是一类重要的环境维度，特别是随着各类新兴技术的不断应用，企业所处技术环境对于引发商业模式变革的作用日益显著。供应链金融作为一类依托供应链运营的新型金融服务模式，各类新兴技术特别是金融科技的嵌入为解决供应链金融生态成员之间的信息不对称等问题提供了重要机遇。在此背景下，本书拟探究企业所处技术环境中的金融科技水平会如何影响核心企业供应链金融导向的价值效应。③供应链金融的发展同样需要金融端的着力支持与变革创新，而金融环境的发达程度不仅直接反映了金融端服务资源的供给能力，也是金融端服务创新潜力的重要表现。因此本书还将关注企业所处金融环境的发展水平对于供应链金融的潜在影响。特别地，数字普惠金融作为当前市场金融环境的一个重要构成维度，不仅是以商业可持续性和金融包容性为目标的金融服务创新，同时也通过数字技术等手段提升中小微企业的金融服务可得性和便利性，与供应链金融的服务目标及运营基础存在较强的关联性。然而，当前研究还鲜有探讨二者之间的影响关系，本书将做进一步的探索分析。

1.2 研究意义

1.2.1 理论意义

学术界对于供应链金融的关注热情和研究探索日益增加，研究内容逐步从供应链二元结构的跨组织财务协作拓展为多主体多要素嵌入的产融协同生态系统。然而长期以来，相关研究大多聚焦在供应链金融的模式创新及其运作机理上，并假定认为供应链金融可以实现理论上的“多方共赢”（Hofmann & Zumsteg，2015），少有深入探讨供应链金融对于各参与主体的实际影响。近年来，部分学者开始关注并实证检验了供应链金融对中小企业和金融机构等主体的多种绩效影响（Lam & Zhan，2021），但供应链金融如何影响核心企业还鲜有实证依据，而在生态导向的情境中，厘清处于重要生态位的核心企业的利益联结机制，对于供应链金融生态系统整体的构建和发展已显得愈发重要。面对这一显现的研究缺口，本书旨在通过探究供应链金融对核心企业的价值效应及其影响机制，为核心企业如何参与供应链金融生态系统提供一定的理论见解。具体地，本书主要在以下四个方面对现有文献及理论做出潜在的贡献。

（1）本书通过引入商业生态系统理论的相关视角，构建起核心企业在供应链金融生态系统中"是否获益、如何获益、如何更好获益"的综合性实证分析框架，不仅丰富了供应链金融研究的理论视角，补充了供应链金融在生态导向研究中有关核心企业参与的内容，同时也拓展了商业生态系统理论在供应链金融场景中的应用与发展。一方面，商业生态系统理论的引入为供应链金融研究提供了更为宏观和系统的分析视角。特别地，与传统供应链协作视角相比，商业生态系统理论为探索核心企业在供应链金融生态系统中的价值创造机制给出了更多研究方向与解释机理，并丰富了更多生态系统特征因素对供应链金融运作的影响机制。另一方面，商业生态系统理论在创新生态系统等多种商业场景中得到广泛应用，但在供应链金融场景中还少有涉及（Zhou et al.，2022），本书所构建的实证分析框架有助于促进两者的理论性融合，不仅推动供应链金融生态系统研究的理论建构和知识增长，同时，供应链金融的模式复杂性和情境特殊性还反作用于商业生态系统理论的创新发展。

（2）本书通过具体探究核心企业的供应链金融导向对其企业价值的提升作用，为核心企业参与供应链金融生态系统的价值效应提供一定的实证依据，同时也拓展了供应链金融的绩效研究维度。以往研究大多关注于供应链金融对中小企业在财务绩效和供应链绩效等维度的促进作用，而往往忽略了作为间接受益方的核心企业的效益（Pan et al.，2022），本书的探索将有助于增进对供应链金融场景中核心企业进行价值创造和价值实现的理论认识，并在一定程度上丰富了对传统视角下供应链金融"多方共赢机制"这一理论假定的检验。

（3）本书基于"供应链—核心企业—上下游企业"三类主体维度和"资金流—交易流"两类供应链流程维度，发掘了供应链金融导向对核心企业价值提升的微观作用机制，进一步明晰了核心企业在供应链金融生态系统中的利益联结机制，同时也丰富了供应链金融在跨组织等维度的影响机制研究。

以往研究有关供应链金融影响机制的探索大多为单边的、针对特定类别的参与主体，鲜有综合考虑对多个层面和多类主体的影响效应。此外，以往研究聚焦关注对供应链资金流的协调优化，缺乏对其他流程内容的探讨（Zhang et al.，2019）。子研究一（即第 3 章）分别从供应链层面的资金流（商业信用管理）、核心企业层面的资金流（营运资金效率）与交易流（综合营运风险）、上下游企业层面的资金流（营运资金效率）和交易流（供需波动风险）探析了供应链金融的作用机理，不仅有助于揭示供应链金融在多层级、跨企业的价值传导效应，还将影响范围从资金流的协调优化拓展到交易流的风险管理等内容。

（4）本书还从“生态系统要素—生态系统结构—生态系统环境”三个维度探讨了多种情境因素对供应链金融导向与核心企业价值之间关系的权变机制，极大丰富了与供应链金融运作相适应的特定管理情境的研究。子研究二（即第 4 章）通过探索数字技术等新兴要素、产业竞争要素和供应链金融产品要素等因素的权变影响机制，反映了当前研究对于供应链金融与多种管理要素相融合的关注（Chen et al.，2021）。子研究三（即第 5 章）则探讨了核心企业与金融机构之间的资本关联结构、核心企业与其上下游企业的交易结构和供应链金融生态系统的开放性结构的权变影响机制，其实证结果有助于为传统供应链协同视角的“紧结构”与生态导向视角的“松结构”之间的利弊权衡提供一定依据（Bals，2019）。子研究四（即第 6 章）还充分探查了核心企业所处环境的多种特征因素的权变影响机制，包括个体、行业和宏观制度等多层级的环境不确定性、技术环境中的金融科技水平、金融环境中的数字普惠金融水平，对现有文献缺乏关注环境因素影响的研究不足做出了有益补充。

1.2.2 实践意义

近年来，作为金融服务实体的典型创新模式，供应链金融实践迎来了各方的积极关注与推动，现已发展成为解决中小微企业困境和助力产业链供应链稳定升级的重要实施战略。然而，当前的供应链金融实践也同样面临诸多应用挑战和发展瓶颈，特别是随着供应链金融走向生态化，供应链金融生态系统的构建与发展不仅更加依赖于多主体的参与协作，同时还需要有效协调多主体和多要素的融合嵌入。其中，作为组织者和协调者的核心企业在供应链金融生态系统建设中仍具有重要作用，但核心企业的参与意愿低和参与方式不当等实践现状无疑是亟须解决的痛点问题。因此，针对如何有效助推核心企业参与供应链金融生态系统的管理诉求，本书通过探究核心企业供应链金融导向对其自身的价值效应及其微观作用机制和生态权变机制，以期为相关的企业管理者和政策制定者提供一定的理论参考和建议。

（1）本书通过检验供应链金融导向对核心企业的价值效应，有助于明晰核心企业积极采用供应链金融导向的经济后果，为供应链金融战略的制定和实施提供了决策依据。长期以来，供应链金融都强调如何缓解中小微企业的融资困境和拓展金融机构的服务广度和深度，而核心企业往往承担信用担保和供应链风险管理等重要责任，但与之相对的是模糊、间接的可得收益，由此导致核心企业面临战略投入的两难。本书的实证结果可以为企业管理者选择确立作为核心企业的供应链金融导向提供较好的指导意义。此外，政策制定者需要基于明确的利益联结机制来鼓励产业中的核心企业积极参与构建供应链金融生态系统，本书对此也给出了一定的参考依据。

（2）本书进一步探讨了供应链金融导向对核心企业的多重微观作用机制，为相关决策者如何“用好”供应链金融以提升供应链竞争优势指明了诸多方向。探析了供应链金融导向如何影响供应链商业信用、核心企业的营运资金周转效率与综合营运风险，以及上下游企业的营运资金周转效率与供需波动风险。上述研究结果可以为企业管理者通过确立供应链金融导向来实现优化供应链资金资源配置、提升综合运营效率、稳定和吸引供应链上下游等管理目标提供指导和建议。同时，这些结果也有利于政策制定者“以点带面”地推动产业整体的高质量发展，例如通过支持核心企业参与构建产融协同的生态系统，增强产业链供应链的资金韧性和交易韧性。近年来，各地政府试点推行的“链长制”正是旨在充分发挥产业核心企业作为“链主”的引领和协调作用（赵晶等，2022），本书的结论有助于引导“链长制”中核心企业开展产融协同战略的制定与部署。

（3）本书提出并实证检验了多种生态系统因素对供应链金融导向的价值

效应的权变机制，可以为核心企业在供应链金融生态系统构建中如何系统地融合要素、调整结构和适应环境提供丰富的指导和建议。一方面，核心企业的管理者在采用供应链金融模式时需要重点关注数字技术等要素的合理应用、产业竞争要素的培育和金融服务产品丰富度的提升，还需要动态调整与金融机构和上下游企业等其他参与主体的结构关系，并进一步考虑供应链金融生态体系中的开放性程度，此外还应当积极发挥主观能动性以适应不同环境，如增强应对外部环境不确定性的能力、基于各区域的金融科技水平和数字普惠金融水平进行供应链金融的业务拓展与战略布局。另一方面，相关政策的制定者也可以根据本书结果优化调整其政策导向，例如，如何推动相关要素在产业中的融合创新、如何引导产融生态系统中的结构升级，以及如何为供应链金融的创新发展提供重要的制度性保障，特别是如何确保相关政策的有序稳定、如何加强技术环境和金融环境中的公共基础设施建设。

1.3 研究思路与研究方法

1.3.1 研究思路

本书遵循“提出问题—分析问题—解决问题”的基本研究思路，并综合应用文献研究法、实践调研法、实证定量研究法和归纳分析法等多种研究方法展开探索，相应的技术路线见图 1-3。

首先通过广泛的研究文献回顾和基于实践的现状调研，梳理总结出当前供应链金融的发展趋势和前沿动态，进而提炼了两类核心研究问题：一是“核心企业通过确立供应链金融导向是否影响其企业价值的提升，如何影响”，即由理论上核心企业受多方共赢机制影响而积极参与的“应然”与实践中核心企业参与程度低的“实然”不相一致所导致的问题；二是“哪些生态系统因素会影响供应链金融导向对核心企业的价值效应，如何影响”，即在供应链金融相关研究和实践所共同反映的“生态导向”趋势下，核心企业如何在多主体与多要素相交互、环境复杂多变的供应链金融生态系统中更好地获益？

其次采用文献研究法，对相关文献加以收集、分析、归纳和总结，具体

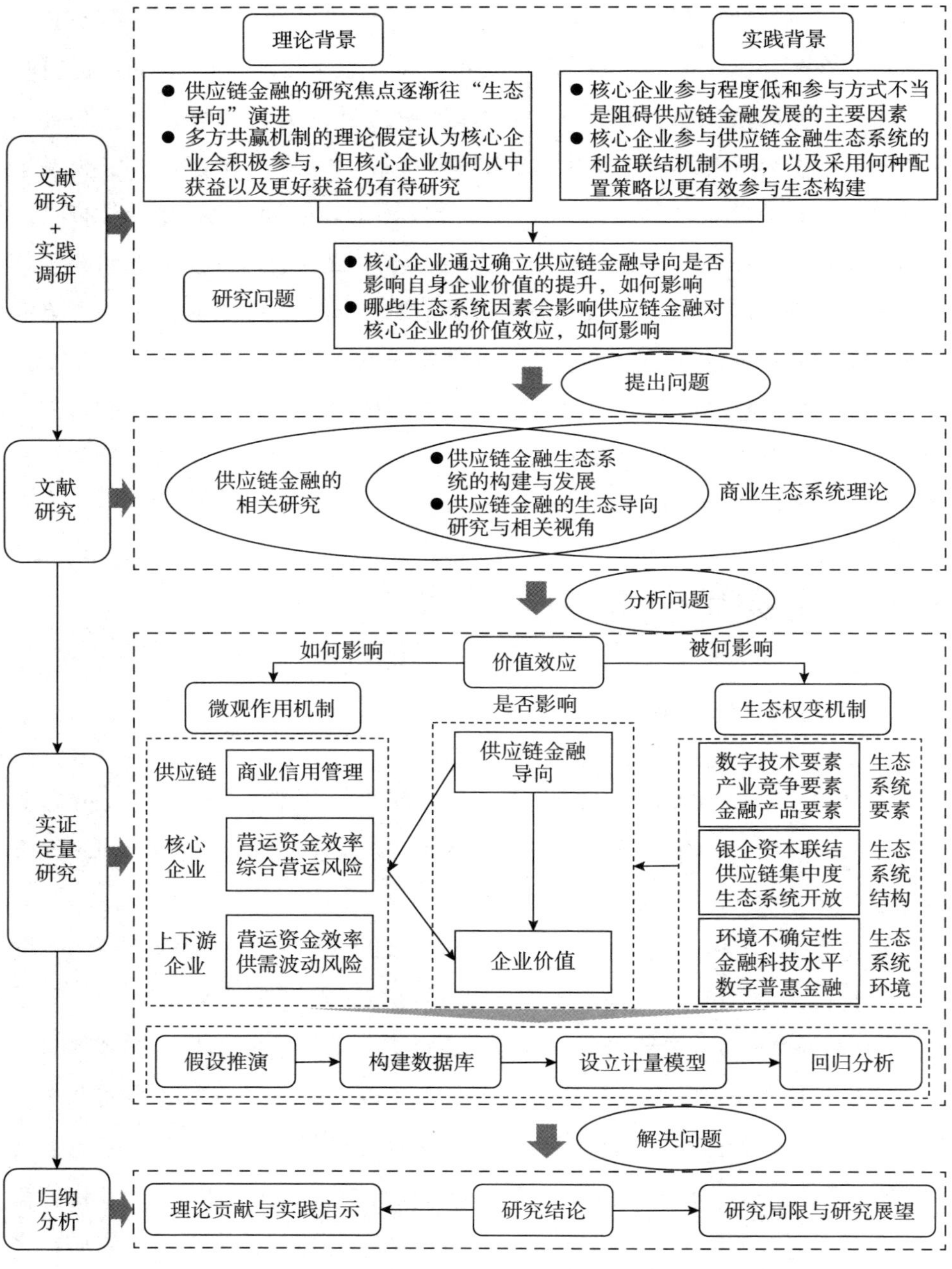

图 1-3 本书的技术路线图

围绕供应链金融相关研究和商业生态系统理论展开系统性的文献综述。其中，由于供应链二元的零和博弈视角和供应链网络等传统视角难以适用于解释生态系统情境中的复杂耦合结构和多元影响机制，因此选择商业生态理论作为主要研究视角。一方面，为探索核心企业供应链金融导向对其企业价值的影响效应及其在供应链资金流等层面的微观作用机制，本书针对性地梳理回顾了供应链金融导向的作用机制研究，以及商业信用管理与供应链营运资金协作等内容的相关研究。另一方面，为分析多种生态系统因素对于供应链金融价值效应的权变机制，本书还基于商业生态系统理论分析了组织内部特征和外部环境等特定因素如何与供应链金融相匹配而为核心企业实现更有效的价值获取。

在此基础上，本书进一步从“是否影响”“如何影响”“被何影响”三个方面剖析研究问题，并按照实证定量研究法的一般范式，通过推演和提出研究假设、构建相关数据库和选择变量、构建计量模型和回归分析，解决相应的研究问题。具体地，对于“是否影响”这一问题，本书实证检验了供应链金融导向对核心企业的价值效应，即供应链金融导向是否能提升核心企业的企业价值。针对“如何影响”这一问题，本书则系统地探究了多种微观作用机制，包括供应链金融对商业信用这类重要供应链资源的优化配置、对核心企业营运资金效率和营运风险管理的影响、对核心企业上下游的营运资金效率与供需波动风险的影响。而在回应“被何影响”上，本书基于“生态系统结构—生态系统要素—生态系统环境”的分析框架，分别探讨了三类要素因素、三类结构因素、三类环境因素如何影响核心企业的供应链金融导向对其自身的价值效应。

最后，本书根据上述实证研究结果，结合梳理分析的理论文献与实践调研内容，归纳总结了主要的研究结论、理论贡献和实践启示，以及讨论了本书存在的局限和未来可深入探索的研究方向。

1.3.2 研究方法

1. 文献研究法

文献研究法是一种被广泛应用于各类学科的重要研究方法，是指研究者基于特定研究目的或问题，通过检索收集、阅读分析和梳理总结等步骤，对相关研究领域的既有文献进行系统性综述的过程。文献研究法有助于呈现对应研究目的或问题的研究现状与演进脉络，进而促进识别现有研究缺口和研究机会。本书一方面将文献研究法用于回顾供应链金融的相关研究，包括不同阶段的研究主题、不同理论视角的应用、供应链金融导向对产业主体的绩效影响及其作用机制等内容，进而提出具体的研究问题，并由此确定本书的潜在理论贡献。另一方面，本书以研究问题为线索，有针对性地回顾了特定的理论文献，包括商业生态系统理论与供应链金融研究的基本内容及其潜在融合点，从而形成本书的理论基础。文献研究法的充分应用也为其后的理论框架构建、研究假设推演和理论贡献讨论等提供了坚实的文献依据。

本书收集的学术文献主要来自国内国际的几大主流文献数据库，包括国内的中国知网（CNKI）、国际的 Web of Science、EBSCO 和 Google Scholar 等，并重点关注发表在核心期刊特别是权威期刊中的相关文献，例如基于国内的南京大学核心期刊目录（CSSCI）和国际的 SSCI 期刊目录与 ABS 期刊①目录。

2. 实践调研法

实践调研法同样是一种常用的社会科学研究方法，是指研究者立足于社会实践内容而开展的资料收集与分析，具体的操作方法包括实地观察、调研访谈、公开素材整理等。实践调研法对于洞见真实世界的实践运行规律和识别实践发展困境及诉求具有重要作用。

近年来，随着供应链金融的产业实践如火如荼地开展，各种创新工具和商业模式不断涌现，在产生丰富的标杆实践的同时也催生了更为复杂多样的管理痛点与变革诉求。在此背景下，本书应用实践调研法，通过先后调研海尔、伊利等供应链金融核心企业和创捷、京东等平台企业，以及访谈行业内知名高管和专家，了解到当前供应链金融所面临的发展机遇和现实痛点，特别是核心企业参与供应链金融过程中存在的诸多瓶颈，为本书发现并提出实践问题提供了重要启示和依据。此外，还通过参加企业或行业协会组织的产业峰会论坛，例

① ABS 期刊指由英国商学院协会（ABS）发布的《学术期刊指南》（Academic Journal Guide，AJG）.

如万联网主办的“中国供应链金融创新高峰论坛”，以及收集公开或半公开的政策规定和产业深度调研报告，如中国银行保险监督管理委员会发布的《关于推动供应链金融服务实体经济的指导意见》和中国物流与采购联合会发布的《疫情下企业融资与供应链金融调研报告（2020）》，从而掌握供应链金融在行业和制度层面的发展趋势和诉求。基于上述多种方式，本书进一步归纳总结出亟待研究的多个实践问题，特别是如何推动核心企业参与和更有效地参与供应链金融生态建设。最后，本书还将实证研究结果与实践调研内容相结合，进而得出实践意义与管理启示。

3. 实证定量研究法

实证研究法的思想源于哲学中的实证主义（positivism），即现实世界中存在客观规律和事实，是可以通过研究者对研究对象的量化表达来观察、解释甚至预测对象间的因果联系。其中，由于自然科学和社会科学在本体论上存在差异，即前者的研究对象具有物理客观性而后者聚焦于人的社会性活动及其各种结构，社会科学的实证研究范式更接近于获取尽可能多的支持性论据以“证伪”，即做“有根据的论断”，在组织管理的研究中又具体表现为利用实地调查的数据在定性或定量分析的基础上推论变量或因素间的因果联系等关系（陈晓萍和沈伟，2018）。实证研究法主要包括案例研究、民族志等定性研究和实验法、问卷调查、二手数据等定量研究两类基本方法，而定量研究的一般设计步骤则包括针对研究问题的假设推演、变量的定量化与数据收集、假设检验与数据分析等环节。

本书主要采用了基于二手数据的定量研究法。首先，针对具体的研究问题，通过理论推演提出反映不同变量间关系的研究假设，例如，对于“供应链金融导向是否有助于提升核心企业的企业价值”这一问题，本书通过分析供应链金融导向的多种作用机制及其效应后提出假设“供应链金融导向正向提升核心企业的企业价值”。其次，根据相关假设选择研究样本和设计研究变量，同时从多个权威的上市公司二手数据库、上市公司年度报告等来源收集相关数据，构建了中国上市公司供应链金融导向的数据集。最后，选择统计学和计量经济学的相关方法进行假设检验，构造了各研究假设相对应的计量模型，并应用 Stata 16.0 等软件进行数据处理和分析。先后进行了样本数据的描述性统计分析、变量间相关性分析、基于面板数据的多元回归分析。在回归分析部分，本书主要采用了“个体—行业—时间”的多重固定效应模型以减轻因遗漏变量导致的问题。根据“中介效应逐步法”和Sobel检验、Bootstrap检验等方法检验微观作用机制的中介效应，还通过构造变量交乘项的方式进行检验生态权变机制的调节效应。此外，还对供应链金融导向影响核心企业价值的主效应进行了工具变量法、Heckman两阶段法、倾向匹配法与双重差分法等多种内生性检验，通过替换代理变量等方式对各研究假设进行稳健性检验。

1.4 研究结构安排

本书旨在系统探索核心企业参与供应链金融生态系统的价值创造及获取机制。立足于我国供应链金融实践的发展现状和当前供应链金融的研究进展，结合对商业生态系统理论等相关视角的文献研读与梳理，具体探析了核心企业供应链金融导向对其自身的“价值效应”及其在“供应链—核心企业—上下游”三个层面的微观作用机制，以及生态系统要素、结构和环境三个构成维度的特征因素对其“价值效应”的权变机制。本书的正文主体由三个部分组成，共包括七个章节，各章节的要点内容见图1-4。

其中，第一部分是研究概述与研究基础，涉及第1章和第2章。第1章是绪论，主要概述了本书的理论背景和实践背景、具体的研究问题、理论和实践意义，以及采用的实证定量法等多种研究方法。第2章是理论基础与文献综述，主要对本书涉及的供应链金融相关研究、商业生态系统理论等在内的理论基础和研究进展进行了全面翔实的回顾和梳理分析，并形成本书的总体研究框架。

第二部分是本书的实证主体部分，由第3~6章构成，同时也分别对应了四个子研究。

第3章是供应链金融导向对核心企业价值的影响及微观作用机制，即子研究一，主要是探讨核心企业采用供应链金融导向能否促进自身企业价值的提升，并提出相应的研究假设，以及通过构建固定效应模型进行假设检验。

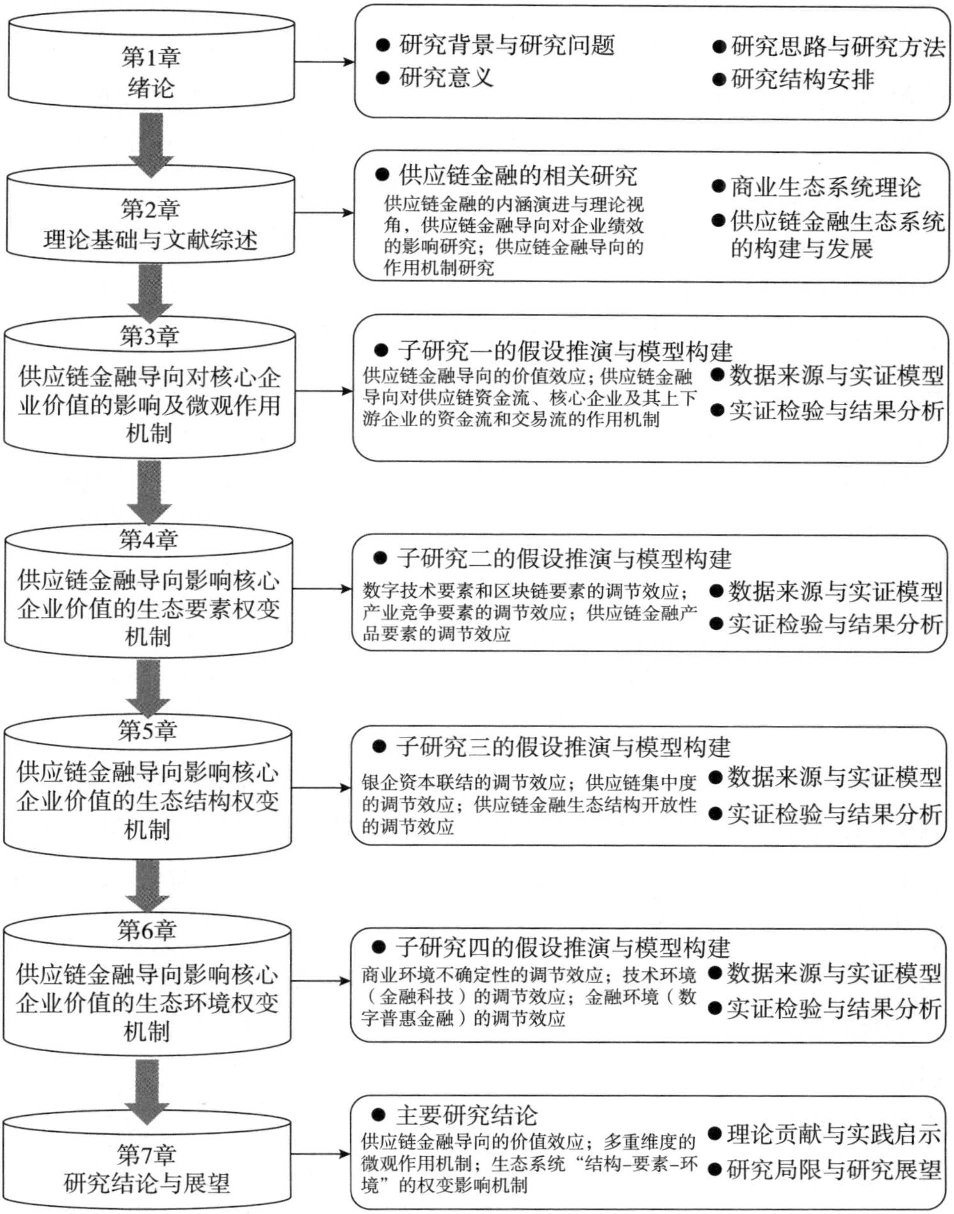

图 1-4　本书的内容安排图

同时，本书还进一步从供应链的商业信用管理、核心企业的营运资金管理效率和综合营运风险，以及上下游企业的营运资金管理效率和供需波动风险三个层面具体探究了供应链金融导向对企业价值的微观作用机制，同样也提出相应的研究假设和开展假设检验。本章还阐明了所涉及的样本数据来源、研究变量的定义及其度量，以及对变量的描述性统计和相关性结果进行阐述和分析。同时进行了稳健性检验和内生性检验以增强实证结果的可靠性。

第 4 章是子研究二，主要探索了供应链金融导向影响核心企业价值的生态系统要素权变机制，具体包括数字技术要素、产业竞争要素和供应链金融产品要素三类因素对供应链金融导向影响核心企业价值提升的调节效应机制，并通过构建固定效应模型进行相应假设的检验。此外，由于现有研究愈发关注“技术匹配性”而非“技术万能性”，即供应链金融的创新发展需要采用与之相适配的特定技术要素组合，因此子研究二还进一步探究了区块链要素的调节效应机制。

第 5 章是子研究三，主要探索了供应链金融导向影响核心企业价值的生态系统结构权变机制，具体涉及银企资本联结、供应链集中度和供应链金融生态结构开放性三类因素对供应链金融导向影响核心企业价值提升的调节效应机制，并通过构建固定效应模型进行相应假设的检验。

第 6 章是子研究四，主要探索了供应链金融导向影响核心企业价值的生态系统环境权变机制，具体包括商业环境的不确定性、技术环境中的金融科技水平、金融环境中的数字普惠金融三类因素对供应链金融导向影响核心企业价值提升的调节效应机制，并通过构建固定效应模型进行相应假设的检验。此外，由于不同层面的环境不确定性往往存在差异化的影响机制，子研究四还分别从核心企业面临的个体环境不确定性、行业环境不确定性和宏观制度层面的经济政策不确定性展开探讨。

本书的第三部分是研究总结，即第 7 章。这一章节阐述了本书的结论与展望，在对实证研究结果进行梳理总结外，还将其与现有文献的研究发现进行对比和探讨，并在此基础上进一步提炼出本书的理论贡献与实践启示。此外，该章还指出了本书的局限性，以及可展望的未来研究方向。

第2章

理论基础与文献综述

2.1 供应链金融的相关研究

2.1.1 供应链金融的内涵发展与现状

供应链金融的研究源自学界对于供应链资金流的关注。在21世纪初之前，供应链管理的既有研究重点探索了交易流、物流、信息流的相关问题，而有关资金流的协调和优化问题长期未得到重视，特别是资金流与其他供应链流程之间的协同整合问题。随着实践中供应链竞争的愈发激烈和金融危机等事件的冲击，供应链资金受限的问题引发了学者的高度关注与积极探讨，从而逐步由供应链管理与金融创新的交叉研究演化发展为一个相对成形的新兴领域，即供应链金融（宋华，2015；Gelsomino et al.，2016）。

本书梳理并列出了部分代表性文献对于供应链金融的定义（见表2-1）。可以看出，随着相关研究的持续推进，供应链金融的内涵不断得到拓展，形成了丰富的研究内容，并经历了从财务导向、金融导向、供应链导向、网络导向到生态导向的阶段性演进趋势（见图1-2）。具体而言，这种发展体现在以下几个方面。

表2-1 供应链金融的定义

代表性文献	定义	导向
（Randall & Theodore Farris，2009）	通过组织供应链成员参与企业的供应链财务管理，如协调改善现金流量周期，将个体为中心、局部优化的供应链财务管理扩展到以供应链整体协作为基础的、全局优化的供应链财务管理	财务
（Hofmann，2005）	供应链中的多个组织如核心企业和物流服务商，通过对组织间的资金资源开展有效的规划和控制，从而实现各方价值增长	供应链
（Camerinelli，2009）	由银行等金融机构提供的旨在优化供应链物流和信息流管理的一整套产品与服务	金融
（胡跃飞和黄少卿，2009）	由特定的金融组织者如金融机构和核心企业，为解决供应链生产组织体系中的资金流管理需求而提供的相关服务活动	金融

续表

代表性文献	定义	导向
(Wuttke et al., 2013a)	通过对供应链资金流进行以优化为目的的计划、管理、控制，从而推进供应链物料流的高效流动	供应链
(Gelsomino et al., 2016)	通过金融机构或技术服务商提供的金融解决方案或供应链优化策略，改善供应链组织间的资金流动，从而使其与物流和信息流相协调，促进供应链价值的提升	金融、供应链
(Caniato et al., 2019)	提供一系列金融、技术和管理工具，优化组织间营运资本，充分释放供应链流程和交易中的流动性。供应链金融服务提供方由传统金融机构拓展为多种专业平台服务商，如金融科技服务商	供应链、网络
(Bals, 2019)	由金融机构或技术服务商在跨组织间实现的资金流优化方案。用信息技术等手段实现组织间更广泛的连接和信息流动，推动供应链金融向生态化演进	网络、生态
(李健等, 2020)	在互联网等技术的应用下，由要素金融走向流程化金融，从借贷拓展为生态化金融，旨在依托供应链中广泛的商流、物流和信息流来促进金融资源的跨组织流动，同时又通过供应链金融的发展优化和发展产业供应链	网络、生态
(宋华等, 2022b)	通过整合商业生态系统中的主体与流程，以跨组织的方式实现基于资金优化的价值共创活动，在满足生态各方价值诉求的同时使能商业生态系统的跃迁	生态

资料来源：在参考相关文献的基础上，由笔者整理。

（1）参与主体方面，供应链金融的参与主体呈多元化、专业化的发展趋势。一方面，供应链金融研究在直接参与者的基础上引入了更多对支持性参与者的探讨，直接参与者主要包括供应链中存在直接交易关系的产业主体如核心企业及其上下游企业，支持性参与者则涉及了提供金融资源、物流管理和数字技术、征信管理等支持性服务的非交易性主体（Chakuu et al., 2019）。此外，在信息技术和数字技术驱动下，参与主体之间的连接广度和深度都显著增强，相关研究中参与主体之间的联结由“链式”垂直结构向“网状”规模化结构、“生态”集聚化结构演进（Carnovale et al., 2018；Villalba et al.,

2023)。另一方面,供应链金融服务提供商(Supply Chain Financial Service Providers)的概念开始形成,且在供应链金融活动的组织与协调中的作用愈发重要。除提供传统融资借贷服务的金融机构和物流管理的服务商外,一些提供定制化供应链金融服务的专业性组织开始成为现有研究的关注热点,特别是各类产业互联网平台和数字金融服务平台(Song et al.,2021b),这些新兴主体在推动模式创新中的变革性作用引发当前研究的探索积极性(Chen et al.,2021)。

(2)运营基础方面,供应链金融的运营可持续性依赖于产业供应链的真实贸易基础,而其中的运营要素不仅是供应链金融模式设计的基础,同时也是供应链金融风险控制的焦点。随着实践的推进,相关研究对于运营要素的探讨呈现出多维化和精细化的发展趋势。一方面,供应链金融的前期研究大多聚焦在营运资金等财务要素、供应链中的多种金融和交易业务要素(应收应付款项、交易合约、贸易单证、仓单、运单等)在金融服务中的应用(Gelsomino et al.,2016)。其后,供应链管理水平的提升和各类产业平台的搭建使得嵌入在供应链中的结构性要素和行为性要素(关系强度、网络位置、竞争优势、动态能力等)进入研究视野(Song et al.,2020a)。数字技术的融入进一步增强了产业数据要素的创造机会及其价值潜力,即更多反映产业运营流程和状态的要素通过数字化而得以应用于供应链金融,近期研究也开始将这类新兴要素纳入分析框架(Chen et al.,2021)。另一方面,要素维度不断丰富的同时也反映出对于产业运营基础的精细化管控能力得到显著强化,即从内部的资金类要素向外部的交易类、物流类和信息类要素拓展,实现多流程的系统整合,从静态的交易结果向动态的运营要素和行为要素延伸,实现过程性的全面管控。

(3)服务模式方面,现有研究对于供应链金融模式的探讨已不局限于直接发生的营运资金协作和传统的融资借贷,还涵盖了更为广泛与精准的金融服务,呈多样化、数智化的发展趋势。一方面,尽管既有文献仍主要围绕基于供应链特定环节的交易结果或流程信息而设计的传统融资模式展开探究,如基于应收应付款项的保理类模式、基于存货的库存质押模式、基于预付账款的预付融资模式、基于采购订单等合同票据的订单融资、基于供应链特定设备资产的固定资产融资等(Chakuu et al.,2019),但越来越多的学者开始结合新兴要素和主体需求探索多种服务模式创新,例如基于供应链运营信息的信用贷款模式、基于区块链平台的信用多级流转模式（Liu et al.，2021b）、基于供需信息匹配平台的动态折扣模式（Song et al.，2022）等。现有研究不仅涵盖了在途前、在途中和在途后全运营周期的服务模式（Martin & Hofmann，2019），还形成了营运资金优化、短期经营融资和长期战略投资等模式搭建的立体化服务网络（宋华，2019）。另一方面，在信息技术和数字技术不断应用的基础上，供应链金融研究的相关内容逐渐从二元三元的融资模式转向基于产业信息平台和数字平台的综合性金融服务模式。不仅关注新兴技术驱动下供应链金融模式的结构变革与流程创新，以及新模式对于产业主体和产业系统的价值效应，同时更聚焦于新兴技术的特性对传统模式的创新优化机制，例如如何实现融资决策和风险控制的自动化、智能化。

（4）实施目标方面，供应链金融研究从关注中小微企业的资金短缺问题延伸为响应不同类别参与主体的差异化价值诉求，呈多极化、可持续化的发展趋势。一方面，前期研究大多围绕如何解决产业“弱势”主体的资金困境展开探讨，包括如何提升其外部资金可得性和内部资金流转效率；其后，相关研究开始考虑其他参与主体的利益目标（Moretto et al.，2019），旨在优化整个产业供应链的资金流，实现“多方共赢”（Hofmann & Zumsteg，2015）。例如，如何助力核心企业提升供应链关系管理能力和降低供应链中断风险（Wuttke et al.，2013a），如何支持平台服务商打造更具竞争力的产业供应链体系（Chen et al.，2019）。另一方面，现有研究逐渐重视供应链金融的可持续性。一是供应链金融运作和发展的可持续性，即以实现包括各参与主体在内的整体价值协同为管理目标，重视对金融风险的有效管控和产融两端的有序协调，关注更广泛地激励各参与主体融入供应链金融生态系统（Bals，2019）。二是供应链金融促进产业环境和社会发展的可持续性，近期研究开始关注供应链金融对于产业可持续和高质量发展的重要使能作用，包括促进产业绿色化和低碳化转型、支持农业供应链建构升级等环境和社会绩效（宋华，2019）。特别地，随着贸易冲突和新冠疫情等重大事件对供应链脆弱性的挑战越发突出，供应链金融对于增强企业资金韧性和交易韧性、稳定和畅通产业链供应链的潜在作用受到积极关注（Moretto & Caniato，2021）。

综上，供应链金融已由交易主体间的财务协同拓展为多主体参与、多要素嵌入、多目标导向的产融生态系统。相关研究主题从关注金融服务模式创新转向探索供应链金融的可持续发展与产业价值潜力。

2.1.2 供应链金融研究的理论视角

供应链金融的研究文献一直呈快速增长之势，其内涵和内容也不断丰富和扩展，然而，供应链金融研究长期以来并未突破形成一个“通用性”的理论视角。有学者认为，这与供应链金融主题的新兴性和交叉性有关（Gelsomino et al.，2016），前者表明现有研究的理论探索还未成熟，后者则是指供应链金融作为供应链管理和金融等领域的交叉主题，相关研究之间往往比较分散且缺乏理论对话与融合。尽管当前有部分学者基于现有理论构建了供应链金融的相关理论分析框架（Bals，2019；Jia et al.，2020a），做出了一些积极有益的尝试，但总体而言，现有研究大多是借鉴或采用了其他领域的理论视角。

表 2-2 展示了主要应用和涉及的理论视角，具体包括财务与金融、运营与供应链、组织与战略管理和信息系统与管理等领域的相关理论视角。其中，在财务与金融领域，优序融资理论被用于阐释供应链金融相比其他融资工具的优势所在和影响企业融资决策的因素，金融中介理论则被用于解释供应链金融组织者如金融机构或专业服务商的中介作用。在运营与供应链领域，库存理论和系统理论均是基于供应链结构特征来探究供应链金融的运作模式及其对供应链绩效如库存成本的影响作用。在信息系统与管理领域，信号理论被用以探讨中小微企业等资金需求方如何通过反映企业竞争优势和履约能力的信号影响资金提供方的融资决策，信息处理理论则是为供应链金融组织者如何通过增强自身信息处理能力而进行整合提供重要的分析视角与解释机理（Jia et al.，2020a）。组织与战略管理领域的多种理论视角被积极引入供应链金融研究中的多个主题，主要包括交易成本理论、委托代理理论、企业基础观、企业能力观、网络理论、权力理论和社会交换理论等（Dekkers et al.，2020）。此外，旨在解释多方参与主体交互极其复杂场景的利益相关者理论和商业生态系统理论也开始受到研究者的关注。

表 2-2 供应链金融研究应用的主要理论视角

领域	理论视角	理论内涵	应用及代表性文献
财务与金融	优序融资理论	企业具有一定的融资偏好顺序，即优先选择内源融资，其次是外源融资中的间接融资如债务融资，最后是外源融资中的直接融资如股权融资	影响企业融资行为的因素（Zhang et al.，2022）；影响贸易信贷供需的因素（Lee et al.，2018a）
	金融中介理论	金融中介如何通过风险管理和降低交易成本，推动金融资源的有效流动和配置，进而促进价值增加	解释供应链金融组织者的角色及作用（Hofmann & Zumsteg，2015；Pfohl & Gomm，2009）
运营与供应链	库存理论	如何通过设计生产与库存系统，而使其成本最小化	用于说明供应链金融对库存决策的影响及其产生的经济效益（Huff & Rogers，2015）
	系统理论	只考虑对单一或局部功能中的特定交易决策进行优化会导致次优结果，从而对组织整体产生负面影响	探究基于系统协作的跨组织间资金优化（Randall & Theodore Farris，2009）
组织与战略管理	交易成本理论	解释组织如何选择调整组织间的交易关系。信息不对称和机会主义导致组织间存在交易成本。不确定性、资产专用性和交易频率是影响交易成本的主要来源	基于交易成本来源因素而解释供应链金融采用的影响机制（De Goeij et al.，2021）
	委托代理理论	委托代理关系是指代理人一方代表委托人一方的利益行使某些决策权。由于委托人和代理人的利益相冲突以及存在信息不对称，代理人的行为决策会损害委托人的利益	解释委托人和代理人在“买方—供应商”二元融资中的作用（Wandfluh et al.，2016）以及供应链财务协作的价值（Gomm，2010）
	企业资源观（资源基础观、拓展资源基础观、资源编排理论）	企业内部资源的价值性、稀缺性和不可模仿性等特征是影响竞争优势培育的重要因素。此外，企业还应当关注对组织间资源的获取，如供应链网络中的资源。在此基础上，企业捆绑和整合资源的方式才会直接影响其绩效表现	将供应链金融视为企业获取竞争优势的重要资源（Ali et al.，2018）；供应链网络资源的获取能力如何影响中小企业融资绩效（Lu et al.，2022a）

续表

领域	理论视角	理论内涵	应用及代表性文献
组织与战略管理	资源依赖理论（供应链权力视角）	企业需要与外部环境中的主体进行互动以获得生存所需资源，由资源诱导的相互依赖产生组织间的权力，最终影响组织行为。资源依赖是供应链交易伙伴之间的主要权力来源	供应链上下游的依赖性或权力关系将影响双方在供应链金融活动中竞争与合作的异质性决策（Cho et al.，2019；Liu et al.，2022a）
	网络理论（社会网络理论、协同网络视角）	组织的行为依赖于其所嵌入的网络及与之关联的其他组织。网络特征包括网络权力和凝聚性，强连接与弱连接，网络中心度等因素	供应链网络结构特征对财务绩效和融资绩效的影响（宋华和卢强，2017；Carnovale et al.，2018）
	企业能力观（动态能力理论）	企业需要不断整合、新增和调整内外部资源的能力，即动态能力，以保持自身竞争优势和应对不断变化的市场环境。企业具有多种能力维度，包括创新能力、吸收能力、整合能力等	供应链中多种动态能力（供应链整合与敏捷性）对财务绩效的影响（Eslami et al.，2021）；供应链金融也被视为提升竞争力的重要来源（Be-ka Be Nguema et al.，2021a）
	制度理论（合法性视角、制度压力视角）	制度是为组织提供社会意义的规制性、规范性和认知性结构，会对组织的行为活动施加约束，包括强制性、模仿性和规范性同构压力。组织通过获取合法性以获取更多资源和机会	解释供应商采用的驱动因素（Wuttke et al.，2019）
	社会交换理论（社会资本、信任与承诺）	组织或组织中个体之间的交换行为是由这些互动预期产生的回报所驱动的。这些预期回报和资源配置之间的平衡结果决定了关系的质量，包括社会资本、互惠信任等关系的形成	用以解释组织间信任和承诺等关系的发展在供应链金融中的作用（Dekkers et al.，2020）；各参与主体之间的利益共创机制（Wang et al.，2022a）
	创新采用和扩散理论	组织必须经过连续的决策过程阶段才能决定是否采用一项创新，包括议程设置、重构实施和惯例化等相互关联的阶段。组织的创新应用也会基于组织间关系向外扩散	解释供应链金融的采用动机和应用过程（Wuttke et al.，2013a）；解释供应链金融在供应链买方与供应商之间的扩散机制（Wuttke et al.，2016）

续表

领域	理论视角	理论内涵	应用及代表性文献
组织与战略管理	利益相关者理论	推动企业目标由"个体/股东经济利益最大化"向"利益相关者利益最大化"发展。认为企业组织应当综合平衡各方的利益要求，有助于满足商业伦理要求和获得更广泛的战略资源与支持	探究供应链金融对各利益相关者的效益与挑战（Moretto et al.，2019）；平衡各方在追求利益最大化中的竞争与合作而实现互利共赢（王丛等，2018）
	商业生态系统理论	基于共生共存和共同进化的生态理念，多组织及其资源要素相互协调和聚集的价值创造系统。生态系统中具有动态演化的属性，包括产生、拓展、领导、自我更新的不同阶段	构建供应链金融生态系统的研究框架（Bals，2019）；探究供应链金融与其依托的商业生态系统之间的互动机制（宋华等，2022b）
信息系统与管理	信号理论	在信息不对称的前提下，具有信息含量的信号由信号发送者在外部环境因素的影响下发送至信号接收者，并接收其反馈的过程	探究资金需求方对资金提供方融资决策的信号影响因素与机制（Song et al.，2021b）
	信息处理理论	企业是一类信息处理系统，通过（结构设计和协调控制）增强收集、处理和应对信息的能力来降低（任务特征和环境、组织间任务依赖性）产生的各种不确定性	解释和指导供应链金融服务提供商如何发展自身的信息处理能力，促进整合供应链金融系统（Jia et al.，2020a；Yu et al.，2021b）

资料来源：在参考相关文献的基础上，由笔者整理。

尽管有相当广泛的理论视角被应用于推动供应链金融研究的创新发展，但这些理论视角与当前生态导向的供应链金融研究趋势的契合性较低，特别是适用于供应链金融生态系统场景中的内容创新和机制探讨的相关理论视角仍缺乏引入。

2.1.3 供应链金融导向对企业绩效的影响研究

由供应链金融的内涵发展脉络可知，现有研究经历了从组织间财务协作活动到基于供应链结构或要素的特定融资工具，再到综合性的供应链资金流优化行为的认知过程。基于此，相关文献已将供应链金融视为是一种广泛的跨组织资金融通模式，并从产融两端多主体协作的角度探讨了供应链金融模式的运行机制和创新设计。在此基础上，部分研究从关注整体模式层面的运营体系进一步聚焦到各参与主体层面的采用决策和战略实施，即企业或组织个体所具有的供应链金融导向（Wetzel & Hofmann，2019）。本书借鉴供应链导向的理论概念，将供应链金融导向界定为参与主体对供应链金融这一跨组织产融协作模式的采用意愿和战略决策，即将应收账款融资等供应链金融模式用于实现资金优化等管理目标的重要导向（凌润泽等，2021；Pan et al.，2022）。具有供应链金融导向的企业会更加重视供应链金融的绩效影响，并相应地调整其内部的组织结构与规范，以及外部的战略决策与组织间的协同。对不同属性的参与主体而言，供应链金融导向的内涵及其目标诉求也存在显著差异（Chakuu et al.，2019），例如，供应链上下游的企业作为资金优化或融资的直接需求方，其导向大多表现为采用保理类融资、供应链信贷融资等工具获取资金资源，而核心企业则旨在通过与金融机构等主体合作而为其上下游企业提供相关金融服务支持，其导向反映为对供应链资金资源的内外部整合与协调。

供应链金融导向与各参与主体绩效之间的影响关系一直是供应链金融研究的关注焦点，并且随着研究的不断深入，存在由理论假定“多赢”到基于预期绩效的采用意愿研究，再到实际绩效检验的演进趋势。

早期研究大多从理论概念层面探讨了供应链金融如何实现各方的协作共赢（Hofmann，2005），强调供应链金融的主要目标即为产融两端所有参与者创造价值，包括金融机构或服务方的业务机会拓展与运营风险降低（Pfohl & Gomm，2009），以及产业主体的资金约束缓解（胡跃飞和黄少卿，2009）。供应链金融的潜在绩效优势使其受到积极推动，然而实践中各方主体的实际采用意愿并非如假定一般强烈，并由此引发了不少学者对影响供应链金融采用的因素的探究，进而形成从理论推导到实证研究的重要转变。其中，相关文献普遍指出，各主体对确立供应链金融导向所感知到的预期绩效或目标绩效是最为重要的影响因素，包括了融资利率、支付优惠条款、管理成本和风险费用等财务成本与收益因素（Wuttke et al.，2013a，2016），以及合法性获取、供应链关系、运营整合等非财务效益因素（Wuttke et al.，2019）。

近年来，随着供应链金融的持续开展，越来越多的学者开始关注供应链金融对各主体特别是产业主体的绩效的实际影响（Gelsomino et al.，2016），强调通过绩效检验以进一步明确供应链金融的利益联结机制，从而为各主体确立供应链金融导向提供更为有力的实证依据。这类研究在绩效维度上具有从短期资金融通等财务绩效向长期竞争优势等非财务绩效延伸的趋势，而在主体维度上又以供应链上下游的中小微企业绩效为主要分析对象。

具体地，一部分研究首先围绕供应链金融对中小微企业等资金需求方的影响效应展开讨论，主要发现了其在融资绩效和财务收益等方面的正向作用（Wuttke et al.，2016）。同时，还就如何提升中小微企业的供应链融资绩效展开了充分讨论，特别是基于 Gomm（2010）提出的“融资绩效三角”（融资量、融资成本、融资速度），发现具有不同融资能力和网络结构等特征的中小微企业并非都能有效地通过确立供应链金融导向而获益（宋华和卢强，2017；Lu et al.，2022c；Song et al.，2020a），从而揭示了供应链金融对资金需求方的异质性影响效应。其后，部分学者还进一步探讨了供应链金融对中小企业的供应链效率、供应链竞争力、运营成本和风险韧性等非财务绩效的实际影响（Liu et al.，2021a）。此外，少数文献还从金融服务提供商的角度，探索并发现了供应链金融对其股市反应和金融服务拓展的积极影响，以及对业务风险的有效降低（Lam & Zhan，2021）。

与此同时，对于产业核心企业这一关键参与主体，其供应链金融导向的绩效影响却在相当一段时间里未得到充分关注。直到近年来，一些学者开始意识到，供应链金融不仅仅是为供应链上下游提供资金融通服务的“扶弱”手段，还作为“助强”工具增强核心企业对资源的整合和流程的协同，以提升其供应链竞争优势，具有更多待发掘的作用绩效（Pan et al.，2020）。其次，一系列实证研究发现核心企业的供应链金融导向可以缓解自身的资金约束、加快资本结构调整的速度、提高现金持有水平和降低财务风险，以及支持其创新投入和数字化转型（潘爱玲等，2021；张黎娜等，2021）。部分研究还指出，核心企业从供应链金融运作中获取的财务收益是比较有限的，而更多的是获得在供应链稳定性和运营效率等方面的供应链绩效的提高（宋华等，2021；Zhang et al.，2019）。此外，一些学者还进一步从可持续发展绩效的角度探索了供应链金融导向对其社会责任表现和环保投入等方面的积极影响（Chen et al.，2022a）。

由此可见，现有文献围绕供应链金融导向对核心企业的短期财务绩效、供应链绩效和战略绩效等维度的影响效应已开展了较多的实证研讨。然而，当前研究对于以企业价值为典型的长期绩效尚未有效触及（凌润泽等，2021）。企业价值作为衡量企业绩效的综合性指标，同时也是现代企业管理所追求的终极价值目标，有效反映企业通过经营和战略活动而实现的增长潜力与预期盈利能力。对于核心企业而言，自身所面临的资金约束压力较小，其对供应链运营的整合能力与外部竞争能力也相对较强，因而核心企业更看重长期竞争优势的维持和提升，以及企业整体价值的创造与增值（Chen et al.，2019）。因此，核心企业的供应链金融导向对其自身企业价值的影响更具有实质性的管理意义。

2.1.4 供应链金融导向的作用机制研究

传统供应链金融模式的出现是由于外部信贷融资的显著减少和内部资金成本的增加而导致的供应链现金流短缺（Gelsomino et al.，2016）。随着供应链金融内涵的不断丰富和发展，供应链金融的运营基础及其作用对象也经历了从传统企业内部融资的金融视角到超越企业边界资金协同的供应链视角的一个跃阶变化（Wandfluh et al.，2016）。相应地，供应链金融导向的作用机制研究不再局限于对单一主体的资金需求满足（Pfohl & Gomm，2009），而是更多探讨供应链企业间的资金成本改善和资金流优化，及其在资金协同过程中对交易流、物流等其他流程的系统整合，以及产业主体与金融机构和第三方服务商等主体的价值协作体系构建（李健等，2020；Caniato et al.，2019）。此外，在信息和数字技术广泛应用和产业平台化、生态化的趋势下，供应链金融自身的不断创新使其具有更为显著和深入的作用机制及功能效应（Chen et al.，2021；Villalba et al.，2023）。因此，供应链金融导向的更多内在机制有待进一步发掘。

1. 供应链金融导向的三类基本作用机制

现有文献主要从“资金融通”“关系促进”“流程优化”三个方面探索了供应链金融导向对于产业主体的作用机制。

（1）“资金融通”强调了金融属性，是指供应链金融不仅可以将外部金融机构的丰富金融资源有效导入并充实供应链的资金流，还可以促进产业主体之间基于交易往来的营运资金协作，从而有效缓解上下游企业的资金约束和增强对产业实体的金融服务支持，即具有“资金池”的作用。借助保理类融资、库存融资和预付账款融资等工具，金融机构可以从多个供应链运营环节进行切入，并激活供应链上的特定资产或资源，从而搭建起产业企业与资金提供方的融通渠道（Chakuu et al.，2019）。

（2）“关系促进”则突出了供应链属性，是指供应链金融通过形成多主体参与的产融协同机制，推动各方开展多种价值共创活动，从而有效降低核心企业及其上下游、供应链服务商等产业主体之间的信息不对称，显著提高主体间交易互动的频率，进而实现组织间信任等关系维度的提升，即产生“黏合剂”的作用（Wandfluh et al.，2016）。一方面，供应链金融的可持续运作建立在有效缓解各方信息不对称和降低产业运营风险的基础上，核心企业或供应链服务商通过相应的组织结构设计、协调与控制机制、数字技术应用来提高管理能力，促进财务与信息等要素的联通和流通（Jia et al.，2020a），从而显著降低产业主体之间的交易成本（Chen et al.，2019）。另一方面，供应链金融导向在产业主体中的确立还推动形成互惠的合作关系（Li et al.，2023；Wuttke et al.，2013a），供应链金融的价值共创可以激励组织间开展更多和更为持续的交易活动，增强各方的互动黏性，进而有助于组织间信任关系的培育和发展。

（3）部分研究还进一步揭示了供应链金融的“流程优化”作用，即供应链金融的服务效能还体现在对供应链整体资金流配置效率的提升（Martin & Hofmann，2019），以及对商流、物流和信息流等其他流程的系统整合与优化（Zhang et al.，2019）。供应链金融以资金优化为共同价值目标和利益联结基础，通过形成联动核心企业、上下游企业和服务商等多主体的流程协调机制，可以提升整体供应链及其延伸生态体系的协同水平，从而可以更好地优化财务、销售、生产、采购和物流等流程环节，提升交易质量和运营效率（宋华等，2022b）。在此基础上，各方主体通过协同规划、决策和合作，有助于系统性整合产业中各种资源和能力，促进各要素的充分流动，进而推动构建供应链层面的战略联盟和韧性管理等利益共同体，以及实现跨组织、跨业态的整体流程优化和转型升级（Wang et al.，2022a）。

2. 供应链金融导向对供应链资金流的作用机制

供应链金融的本质特征之一即为对供应链资金流等资源的优化协调。长期以来，相当多的研究文献在理论概念上强调或阐明了这一重要内涵（Gelsomino et al.，2016）。其中，商业信用和供应链营运资金作为供应链资金流的两类典型对象，也被积极纳入供应链金融的研究主题。然而，现有研究大多是基于供应链金融的相关理论视角去分析商业信用管理和营运资金协作效率的影响因素以及绩效后果，将二者视为供应链金融的采用工具或应用程度，却鲜有重视商业信用和营运资金作为供应链资金流实体的资源属性并探讨供应链金融导向对其的内在作用机制。

（1）商业信用（Trade credit）又称为贸易信贷，是企业与供应链上游供应商和下游客户之间基于贸易行为而发生的延期收付款或预先收付款。商业信用作为一种由供应链交易活动所导致的资金占用结果，被视为资金占用方的一种短期融资来源，特别是当企业面临银行信贷不足等外部融资约束时，商业信用可发挥替代性作用。商业信用的相关研究兴起较早，并在前期一直被认为是市场交易主体之间通过博弈形成的静态产物，其后部分学者意识到企业可以通过主动获取或向外提供商业信用资源而动态配合自身的经营策略（Lee et al.，2018a）。由于商业信用在交易主体之间的配置具有供应链资金互动的特征，与供应链金融的理论内涵存在部分重叠（Gelsomino et al.，2016），因而在一些文献里也被视为供应链金融的早期雏形（宋华，2019）。

现有研究指出，企业对商业信用的管理存在典型“悖论”（Pattnaik et al.，2020）。一方面，企业既希望将商业信用作为短期融资来源，通过扩大对上下游商业信用的占用来降低自身的经营资金成本（Yang & Birge，2018），为企业的战略转型和创新发展提供资金支持。另一方面，随着供应链管理成为获取竞争优势的重要内容，商业信用作为企业间的供应链协作工具，企业通过让渡自身商业信用以维护和促进其与上下游的交易关系，特别是当上下游大多为中小微企业时，商业信用供给的重要性愈发得到重视。因此，对于企业而言，获取商业信用带来的融资收益与提供商业信用而得到的供应链竞争优势之间的平衡就导致了商业信用管理中的“两难”抉择。

同时，部分研究还进一步探讨了商业信用作为银行信贷资源“二次配置”的经济有效性。传统信贷资源经正式的金融机构传递给企业即为初次配置，而获得资金的企业再将其通过交易或投资的形式传递给其他企业则为“二次配置”。传统观点认为，银行信贷可以通过商业信用从财务状况较好的企业重新分配到较弱的企业，形成“涓滴效应”，而相比银行等非产业主体，企业在资金的使用方式和风险管理上更具有信息优势。但也有学者指出，供应链商业信用不仅没有对传统银行信贷形成有益的外部补充，反而对产业强势主体如核心企业有明显的倾斜，导致信贷资源的过度集中，而并未有效流向更多的资金需求主体，并由此引发了企业结构性债务问题，加剧了企业股价崩盘等风险。

针对上述商业信用“悖论”及“二次配置有效性”问题，既有文献大多仍从单一企业个体的角度予以探讨（Lee et al.，2018b)，包括企业获取或提供商业信用的影响前因和绩效后果，如市场地位与竞争力等影响因素，以及对库存优化等供应链绩效的作用。

近年来，部分文献开始基于供应链金融的相关视角或场景而探索商业信用资源的跨组织流动与配置。当前，相关研究主要形成了三类研究主题：一是商业信用对供应链风险传播和分担的影响；二是相较于传统银行信贷等融资方式的潜在优势（Kouvelis & Zhao，2012)；三是在供应链竞争环境等特定条件下对信贷期限和折扣比例等商业信用条款的设置与优化（Lee et al.，2018b)。然而，这类研究虽然借鉴了供应链金融的一些分析框架，但其研究对象仍然是企业的商业信用决策或实际结果，与供应链金融的典型模式或工具缺少理论关联，特别是鲜有探索企业的供应链金融导向会对商业信用这一资金资源的配置产生何种影响。事实上，已有个别学者开始关注数字普惠金融等创新金融模式对企业商业信用管理的作用机制（钟凯等，2022)。此外，由于具有强大议价能力和管控重要资源的核心企业在商业信用管理中往往也处于主导地位，其上下游的中小微企业只能被动接受，因此，探索核心企业的供应链金融导向对供应链商业信用的影响具有更为重要的现实意义。

（2）作为另一类供应链资金流资源的典型来源，企业的供应链营运资金（Working capital）也受到不少研究关注。供应链营运资金是指企业与供应链上下游企业之间在整个交易周期内发生的营运性资金流结果，主要包括应收账款、库存成本和应付账款等，与商业信用的内涵存在一定重叠。供应链营运资金同样存在与“商业信用悖论”相似的“两难”问题。一方面，企业通过加快库存周转或向供应商延长付款周期，可以有效提高自身的营运资金周转效率，从而缓解营运资金短缺压力，另一方面，这一做法往往意味着向供应链上下游转移库存压力或占用上游供应商的营运资金，不利于供应链网络生态的可持续发展。针对此，更多的研究基于企业个体的角度而倾向于支持采取积极或激进的营运资金管理策略，即认为企业维持较高的营运资金周转效率有利于正向提升企业绩效。

在供应链金融领域，供应链组织间的营运资金管理也是重要的研究内容之一。但与传统研究不同的是，供应链金融研究将营运资金管理的分析视角由组织个体内部管理向跨组织的协同优化进行拓展（Hofmann & Kotzab，2010；Huang et al.，2022b）。一部分文献探索了如何利用各种工具或实践方法以促进供应链整体的营运资金效率提升，如供应链经理之间的联合协商、建立企业间的共同营运资金池。同时，另一部分文献则是将企业的营运资金周转效率视为其供应链金融的运作结果，并实证分析不同效率水平对企业绩效产生的影响（Wetzel & Hofmann，2019）。然而，现有研究同样是将供应链营运资金与企业的供应链金融导向或主流工具采用之间的理论边界相模糊，缺少对二者影响关系的探讨（Gelsomino et al.，2016）。事实上，营运资金周转效率在本质上只是供应链资金流的一类关键绩效指标（Theodore Farris & Hutchison，2002），并非表征企业具体的供应链金融战略实践，而且供应链金融在其研究伊始便以优化供应链企业间营运资金周转水平为管理目标，关注金融、技术和管理工具相组合，以释放供应链交易中的流动性（Caniato et al.，2019）。近年来，部分学者也开始关注各类供应链金融工具对企业营运资金的重要作用，但主要是以构建运营模型的方法开展研究，例如讨论了反向保理、库存融资和动态折扣（Song et al.，2022）在响应营运资金需求和优化成本上的效益。由此可知，企业的供应链金融导向对其营运资金效率的作用机制，仍有待进一步实证探索。

3. 供应链金融导向的供应链传递机制

供应链金融导向的作用机制研究大多从理论层面阐述和推导了企业采用供应链金融对其合作伙伴的潜在影响，然而相应的实证研究却鲜有涉及（Wetzel & Hofmann，2019）。对这一研究缺口的探索有助于明晰供应链金融在主体间是否存在有效的供应链传递机制，从而有利于促进供应链企业间的积极协作，推动构建广泛的利益联结体系（Hofmann & Zumsteg，2015）。

在紧密的供应链关系之中，链上企业的行为活动都有可能对其上下游企业产生影响，甚至相关效应可以沿着供应链网络逐级传递和扩散，特别是企业采取的供应链战略或导向往往需要依靠上下游的利益相关者互相协作，或是需要间接作用于供应链合作伙伴而发挥效应。因此，现有研究逐渐重视各类影响因素在供应链企业之间的传递机制，例如关注了企业的可持续发展、绿色创新、风险管理等行动是否会促进供应链网络成员的跟随模仿或对其形成有效的辐射带动。

处于供应链网络中心位置的核心企业更加需要考虑其战略决策或导向是否可以借助供应链传递机制发挥更大效应。一方面，核心企业具有资源、技术和市场优势，可以利用自身网络地位深刻影响与其相关联的庞大产业主体，其作为核心主体的属性决定其在客观上需要承担起对整体网络的组织和治理角色。另一方面，日益复杂的商业网络生态的形成加剧了供应链之间的竞争，使得核心企业既定目标的实现更加离不开对上下游企业的整合与协同。因此，供应链传递机制对于核心企业自身的价值实现具有重要意义。例如，有学者研究发现，企业的供应链协调通过提高上下游的协调性与创新性而间接实现自身的财务竞争力提升（Li et al.，2018）。

对于核心企业的供应链金融导向而言，这种供应链传递机制的重要性显得更加重要。这是因为在供应链金融体系内，核心企业作为关键组织者而负责协调多种金融服务与产业特定资产的匹配对接（Li et al.，2023），但模式成功运作的关键还取决于核心企业的上下游众多企业能否有效获得金融支持（Wuttke et al.，2013a）。Caniato等（2016）强调，推动供应链金融可持续发展的重要支撑包括了确保核心企业上下游的资金流优化。近期的一些研究还指出，供应链金融服务难以沿着核心企业的供应链渗透到更多的上下游企业正是限制其作用效能的主要阻碍因素。然而，当前文献大多仅关注了各产业主体的供应链金融导向对其自身的影响作用，还鲜有探索核心企业与其上下游之间交互的供应链传递机制。

2.2 商业生态系统理论与供应链金融研究

2.2.1 商业生态系统理论

1. 内涵、流派、特征和构成维度

商业生态系统的概念脱胎于自然生态系统，即生物学和生态学用以描述一定空间内各种生物之间以及生物与环境之间进行能量流动和物质循环的集合系统。管理学家Moore在1993年将生态系统的视角引入商业研究领域，并首次正式提出“商业生态系统”，认为其是一个商业环境中各类企业和组织基于产品供需关系相互联系和作用的经济联合体（Moore，1993，1998），是市场和层次结构之外的第三种描述组织间关系的形式。在此基础上，其后的研究从构成要素、参与主体、联结机制和功能结构等维度对其内涵进行了丰富和发展（Jacobides et al.，2018）。商业生态系统概念及其理论内涵的形成提供了一个超越企业间单一结构和跨产业边界的系统性分析视角，有利于认识和理解跨产业、跨集群的多元主体是如何围绕特定价值目标进行广泛协作的，以及单个企业或组织是如何在一个由多边主体和多维要素构成的复杂商业网络中进行价值创造和获取的（Adner，2017；Iansiti & Levien，2004）。

商业生态系统理论的内涵基础与利益相关者理论、商业模式创新、产业生态视角、平台管理、价值链系统和供应链网络等内容紧密相关。其中，利益相关者理论为识别商业生态系统内外部的组织成员提供了重要依据，包括

如何扩展生态系统边界，构建并维持与诸多利益相关者的价值联系（Lu et al.，2014）。商业模式创新则为生态系统中多方创造和捕获价值而配置资源能力和重构商业活动指明研究方向（Yi et al.，2022）。产业生态视角往往被用于分析整个产业系统中物质和能量流动及其与环境的相互作用，描述了众多子系统如何向复杂系统演化发展，并实现共生、稳定和韧性，而这一分析视角和系统属性也被广泛引入到商业场景之中。平台管理探讨了供应商、补给者、分销商、开发者等主体如何依托信息或数字平台相连接和互动，并形成竞争、协作和互补等战略关系，其对平台动态开放机制的强调也深刻影响了商业生态系统理论的演化属性。此外，价值链和供应链研究中关于价值关联、供需结构和多运营流程的概念也被积极纳入到商业生态系统的研究内容之中，供应链生态系统也被视为其中一类子系统（陈剑和刘运辉，2021）。

总体而言，商业生态系统理论采用了更为系统的视角来理解生态成员及其资源要素之间是如何协同而创造和获取价值的（Yi et al.，2022）。但基于具体分析视角的差异，逐渐形成了两类流派，一类是从结构主义视角将商业生态系统定义为“为实现共同价值主张而需要互动和相互依赖的多边参与主体的协调结构”（Adner，2017），而另一类则强调生态系统的演化属性，将其界定为“一个由相互关联和相互作用的参与主体所组成的自适应系统，并通过外部动态环境保持开放互动而持续创新进化”。前者多强调各参与者以共同认可的价值主张为联结，通过形成一定的相互依赖和匹配的模块化结构而平衡系统内部的价值创造与获取（Adner，2017），即基于特定价值目标的主体间从属结构与互补性关系是产生生态系统独特性的主要原因（韩炜和邓渝，2020）。后者则围绕生态系统进化动力展开探讨，包括系统内部主体的微观协同进化、系统和外部环境之间的宏观协同进化，并强调进化过程中的资源交换和动态能力塑造是维持系统活力的关键所在。此外，也有学者尝试将从属结构引入共同进化的联合体中而提出综合性分析框架。

现有研究还进一步探讨了商业生态系统的特征，主要集中在结构耦合性、功能互补性、价值共创性以及协同演化性等方面（Jacobides et al.，2018）。首先，商业生态系统在结构上具有鲜明的松耦合特征，各方主体间的结构并非基于强制的契约安排或制度约束而得以形成和维系，而是基于一定产业逻辑或经济关系而相互关联，且与外部环境中的主体或要素保持着开放性互动机会（Jacobides et al.，2018；Moore，1993）。其次，商业生态系统的联结基础在于各方在功能属性上所实现的有效互补，且这类互补性具有相互依赖性、难替代性的、特定的甚至是定制化的特点（Jacobides et al.，2018），互补性水平决定着系统内部成员及其资源能力的配置结构。最后，价值共创是生态系统中的基本活动，生态成员之间既是价值创造者也是价值获取者，通过相应的商业模式设计或价值交换行为而实现既定的发展目标。此外，生态成员之间亦不是单一、静态的竞争或合作关系，而是置身于一个复杂价值创造系统中具有共生共存的关系，且此类关系会随着时间的推移和外部环境的动态变化而协同演化，从而影响生态系统从新兴、多元化、融合到更新和衰退的阶段性演进过程（Scaringella & Radziwon，2018）。

相关研究还主要从商业要素配置（Clarysse et al.，2014）、主体结构协同（Adner，2017；Rong et al.，2013c）和外部环境影响（Lu et al.，2014）等构成维度对商业生态系统进行全面分析（Scaringella & Radziwon，2018）。其中，商业要素是影响生态系统价值创造与获取的重要组成部分，是生态成员在经营和创新等过程中用以构建价值体系的关键元素，往往包括了各成员自身的资产、知识、技术、信息等资源和能力。参与主体之间的结构不仅反映了生态内部不同成员之间的业务联系和关联属性，同时也表征了内部关系质量等内容，如合作紧密度和多样性（Adner，2017）。外部环境既是商业生态系统生存和演化的重要载体，又是生态系统持续与之交互流动的经济场域。现有研究强调了外部环境在生态系统演化过程中的多层、嵌入式影响，环境因素不仅包括了动态性和成熟性等特征以及宏观制度和技术趋势等内容，也涵盖了国家、地区、行业等不同层级。

2. 商业生态系统中的核心企业及其生态型战略

商业生态系统内部嵌入着大量多元的、异质性的主体，Iansiti 和 Levien（2004）描述了其中一种典型的参与主体，即“基石角色”（Keystone），认为该角色是系统中的核心企业，发挥着协调管理和提供稳定性的支撑性作用。部分学者还使用了“架构者”（Architect）的概念来凸显这一处于关键生态位的主体在生态系统构建中的重要贡献（谭劲松等，2021）。此外，一些研究还将商业生态系统界定为隶属于核心企业的多边网络或平台社群（Adner, 2017），并将核心企业视为整个系统的设计者（Designer）、协调者（Coordinator）和领军者（Captain），负责引领各方进行价值共创活动和协同进化。不管使用何种“隐喻”形式，现有文献均强调了核心企业的“核心”属性。

正是由于核心企业的重要性，相当多的研究选择基于核心企业的主体角度而系统分析商业生态系统的演化规律，并结合商业生态系统的三类构成维度探讨了核心企业在其间的功能机制，主要包括如何提高要素配置效率、如何协调主体结构关系以及如何与外部环境互动。首先，核心企业不仅自身在技术、资金、知识、人力资本等要素上具有相对优势，同时往往掌控着系统内部的核心资源，因而核心企业需要主动优化对整个系统要素的培育、流动、更新等配置活动的效率。通过引入外部先进要素和引导内部要素迭代（Rong et al., 2013a），核心企业的有效编排可以帮助塑造和建立生态系统整体的资源与能力优势，创新价值创造模式和引领产业转型升级（Su et al., 2018）。其次，核心企业占据了生态系统中的重要生态位，可以对有着直接关联结构的产业上下游交易主体和存在间接互补关系的其他参与主体施加影响，进而改变生态系统的边界和组合结构。基于众多结构性联系，核心企业需要发挥自身的桥梁性和凝聚性作用，通过协调和规范生态成员之间的竞争与合作关系，积极推动生态架构的延展和重塑（Amit & Zott, 2015），从而引导和激励各方围绕一定的价值共创目标而协同演进（Jacobides et al., 2018）。此外，核心企业在商业生态系统与其所处外部环境的持续交互中同样发挥着统筹性作用（Adner, 2017）。针对嵌入多层次环境中的影响，核心企业需要关注整个生态系统的稳定性和成长性。这使得核心企业不仅需要及时感知和消除外部环境动态的不确定性，同时还应有预见性地响应环境中的制度、技术和知识等维度的变化趋势。

不同于传统二元结构或核心企业主导控制的单一网络，商业生态系统中大量异质性主体之间维持着松耦合的关联结构，生态边界也呈收敛或开放的动态演化状态，因此核心企业需要采取与之相适应的创新性战略，即如何有效协调各方价值主张、整合与优化各类资源，以实现生态系统的可持续发展（谭劲松等，2021；Yi et al., 2022）。现有研究探索并提出了多种生态型战略，如平台战略（Platform strategy）和二元性战略（Ambidexterity strategy）。其中，平台战略是指核心企业通过投资一定的物理或信息通信设施而搭建起多方交易合作的产业平台，在促进生态内部成员互联互通的同时也旨在提高生态边界的开放性和延展性。平台的构建有益于建立并增强核心企业与生态内外利益相关者特别是互补者的联系，帮助生态系统更有效地摄入外部资源和能力等要素，从而加速提高资源共享效率、产品及服务的创新能力，增强生态系统的活力和创造性。二元性治理战略则是基于核心企业在商业生态系统中的二元角色而制定设计的，即核心企业既是生态整体的协调者和架构者，也是生态内部特定的交易主体。这一属性要求核心企业平衡个体利益与整体利益，采用系统性视角以平衡自身与其他利益相关者的竞争和合作，特别是在生态动态演化过程中考虑新入主体的互补性与竞争性。因此，核心企业需要设计和发展可实现多方互利共赢的价值共创活动，并通过共同愿景、共同合作和成果共享等机制，有效增强对生态成员协同进化的规范与治理。

2.2.2 供应链金融生态系统的构建与发展

随着商业竞争程度加剧和企业间联结日益复杂，商业生态系统理论愈发受到关注，并被积极引入供应链管理、企业创新和创业、数字化转型等研究领域，从而被概念化为不同类型的商业生态系统，例如，供应链生态系统（陈剑和刘运辉，2021）、创新生态系统（Su et al.，2018）、创业生态系统（Cantner et al.，2021）和知识生态系统（Scaringella & Radziwon，2018）。在每种细分类型中，相关研究基于商业生态系统的理论内涵，分别结合特定主题的业务场景和价值目标等内容，推动了相应商业生态系统体系的构建与发展。

通过梳理既有文献，本书对比分析了几种类型的生态系统在价值主张、特定要素、参与主体和影响环境等维度的差异，其结果总结于表 2-3。其中，供应链生态系统是由众多上游供应商、下游客户和多种供应链服务商基于一定供需关系而组成的多层网络，并在采购、制造和分销等环节中嵌入大量的商品、信息、物流基础和资金等要素，各参与方围绕商品交易及配套服务等供应链增值活动展开广泛协作，从而实现运营效率提升、供应链流程创新等价值目标。创新生态系统是指一组专注于创新研发活动的、相互关联的主体网络，旨在通过构建多方交互的创新社区和促进广泛的协同创新而实现基于创新收益的价值创造。与一般性的商业生态系统相比，创新生态系统更侧重于多样化的参与者，例如，创新行动者（如商业企业，政府、大学和科研机构等非商业主体）、创新需求方（大多为终端用户）以及资金和技术等资源的提供方。创业生态系统则是以支持新创企业的培育、生存和发展的微观目标和经济可持续发展的宏观目标为纽带，由个体创业者、初创公司等直接创业者以及政府、风险投资、服务中介等支持者所组成的创业孵化平台。创业生态系统易受外部环境的影响，并被认为在以创业文化为导向的新兴经济体中最为活跃（Cantner et al.，2021；Scaringella & Radziwon，2018）。此外，知识生态系统以新知识的协同探索为利益联结机制，由不同类型的知识所有者及相关服务者通过知识分享、集体学习和知识再造等核心活动而联系在一起（Clarysse et al.，2014）。

表 2-3 几类生态系统的特征属性比较

类型	价值主张	特定要素	参与主体	影响环境
供应链生态系统	提高各主体运营效率，加快供应链流程创新，增强系统的敏捷性和韧性	基于从原材料到产品或服务的商品、信息、物流基础和资金	基于供应链关系的大量供应商、客户、供应链服务商	由市场形势、经济政策和供需结构等构成的产业环境
创新生态系统	提升产品或服务的创新绩效，通过敏捷、持续创新来响应市场需求	用于创新活动的人力资本、知识资源、技术标准、协同创新机制	创新行动者、创新需求方、创新资源提供者等支持方	由创新政策、区域创新系统、市场创新导向等构成的创新环境
创业生态系统	支持新创企业的培育、生存和发展，提升创业企业数量和存活率	企业家精神，创业文化，用于创业的投融资、咨询服务和人力资本等资源	个人创业家、创业团队、公司，以及风险投资家、律师事务所、会计师等支持者	由政治和法律制度、企业家文化、区域和产业集群等构成的创业环境

续表

类型	价值主张	特定要素	参与主体	影响环境
知识生态系统	推动新知识的涌现、创造和扩散；协同探索有价值的创新知识	特定行业或技术的知识资源、知识服务和知识价值转化机制	知识机构、科技公司、大学和公共研究机构等知识载体，以及区域政府组织、风险投资家等	由全球和区域的专业知识系统、知识创新氛围、知识要素市场等构成的知识环境

资料来源：在参考相关文献的基础上，由笔者整理。

由上述分析可知，尽管不同类型的生态系统是基于不同主题而细分衍生的，但均强调了生态成员及其特定要素是如何围绕一定的价值主张而实现多方互利共赢，以及系统所处外部环境的影响和交互的。这为构建和发展供应链金融生态系统提供了重要参考与理论指向。事实上，现有研究鼓励将商业生态系统理论与更多研究主题相结合，从而推动该理论的应用场景延伸和相应主题的理论创新。

尽管当前供应链金融生态系统的理论内涵尚未成形，但现有研究已开始展开积极探索（Chen et al.，2021；Zhou et al.，2022）。其中，Bals（2019）首次将商业生态系统理论引入供应链金融这一领域，并在融合利益相关者理论和生命周期视角的基础上提出了“供应链协同—组织—金融—技术—市场与规制—产品”六个中心维度的分析框架。Zhou 等（2022）基于金融生态视角而进一步将其细分为八个维度，具体包括利益相关者领域中的“参与主体”维度，生态平台领域中的“金融服务方案”“金融工具”“技术”“平台”和“供应链协同”维度，以及外部环境领域中的“监管规制”和“可持续供应链金融”维度。此外，部分学者围绕数字技术应用等新兴趋势（Chen et al.，2021）和生态联盟型服务（宋华等，2022b）等创新模式进行了丰富与拓展。

结合现有研究结果，本书将供应链金融生态系统界定为“在数字技术持续赋能的态势下，以产融价值共创为基本活动单元，广泛链接产业核心企业及其上下游、各类金融资源供给者和金融服务提供方，通过高度吸收和整合财务要素、交易要素、运营要素等产业要素而促进供应链资金流的整体优化畅通”。这一定义强调了产业端和金融端中各参与主体相联结的价值主张，即基于产业特定资产与金融服务匹配而响应供应链流动性需求（Gelsomino et al.，2016）。此外，本书通过梳理相关文献，进一步从供应链金融生态系统的要素、参与主体及结构、外部环境三个维度进行探索性建构。

（1）供应链金融生态系统的要素主要包括了支撑供应链金融运营的基础性要素和促进性要素，以及以金融产品或服务方案为代表的结果性要素。基础性要素涉及供应链金融运作所依托的各类产业要素，如与资金流动相关的应收账款等财务要素（胡跃飞和黄少卿，2009；Camerinelli，2009）、与企业间交易相关的订单和交易结构等交易要素（Blackman et al.，2013）、与供应链运营相关的库存效率和韧性能力等运营要素（Song et al.，2020a），对应 Bals（2019）关注的“金融”维度。促进性要素是指供应链金融活动中的各类辅助性和支持性的工具或应用，特别是多种信息技术与数字技术，而这也对应 Bals（2019）和 Zhou 等（2022）共同强调的“技术”维度。数字技术在供应链金融生态系统中的不断嵌入显著提升了主体连通性和数据可得性，极大地推动了既有模式的创新和重塑（Chen et al.，2021）。此外，结果性要素是指基于基础性要素而形成的联结各参与主体的金融产品或服务方案，对应了 Bals（2019）提出的“产品”维度和 Zhou 等（2022）提出的“金融服务方案”和“金融工具”维度。保理类融资是被广泛采用的一类产品，但随着研究和实践的持续深入，一些创新产品如信用多级流转（Liu et al.，2021b）、动态折扣（Song et al.，2022）也逐渐受到关注。

（2）供应链金融生态系统的参与主体主要涉及交易企业等产业端主体与金融机构等金融端主体（Martin & Hofmann，2019），随着服务模式的深化，供应链服务商、平台服务商、金融科技公司、公共管理部门、行业协会等支持性主体也积极嵌入其中（Song et al.，2021b）。产业端的交易性主体与金融端的金融性主体分别是供应链金融服务的直接需求方和供给方，而各类支持性主体则在其运作过程中提供数据处理、风险管理、规范治理等增值服务（宋华，2019）。多种参与主体分别基于交易关系、借贷关系、服务关系和治理关系等属性而形成相互关联的结构特征，例如，生态系统中广泛存在的核心企业与其上下游之间的交易结构、金融机构与核心企业之间的协作结构

(Gelsomino et al.，2016)。此外，除了既有主体之间的关联结构外，生态系统演进过程中内外部主体交互结构的动态变化也是重要的结构特征之一，即生态系统结构的开放性（Daymond et al.，2022），这反映了内外部主体之间开放协作的可能性。上述内容也对应 Bals（2019）提及的“供应链协同”“组织”维度，以及 Zhou 等（2022）提出的“参与主体”“平台”和“供应链协同”维度。

此外，供应链金融生态系统的外部环境是指支持整个系统良性可持续运行所需的政治与经济等宏观环境、产业与区域等中观环境、企业生存与发展所依托的微观环境（Zhou et al.，2022）。对此，Bals（2019）在“金融”“技术”和“市场与规制”维度的交集中指出，金融环境和技术环境对于供应链金融的发展具有突出影响。金融环境具体包括一定空间环境中的金融要素流动性与丰富度、金融市场成熟度、金融监管制度与政策等构件，不仅影响供应链金融的金融资源供需情况，也会引导和规范其创新发展趋势（宋华，2021）。技术环境则涉及区域或产业环境中与供应链金融运营相关的技术发展程度，旨在降低交易成本和增强融资风险控制。近年来，金融科技水平的快速提升深刻影响着金融服务和风险管理模式的革新发展（Chen et al.，2021）。同时，商业生态系统理论还强调了生态自身在与外部环境的持续交互中需要关注环境的动态变化。而在供应链金融生态系统中，这种动态性往往反映为外部环境的不确定性，从而影响系统对外部主体及要素的摄入，以及内部经营风险和融资风险的变化。现有研究也开始关注不同层级的环境动态性对供应链金融可持续发展的权变影响，包括宏观制度环境的经济政策不确定性（周兰和吴慧君，2022）和产业经营环境的不确定性（Beka Be Nguema et al.，2021a）。

图 2-1 系统展示了供应链金融生态系统在“参与要素—主体结构—外部环境”维度的层级概念框架。

2.2.3 商业生态系统理论下的供应链金融研究

随着供应链金融研究向生态导向持续演进，更为丰富多样的主体和要素及其相互作用关系被纳入研究范畴，从而塑造了参与范围更广、价值渗透更深的产融协作生态场景，随之也涌现出一系列有待探讨解决的理论问题

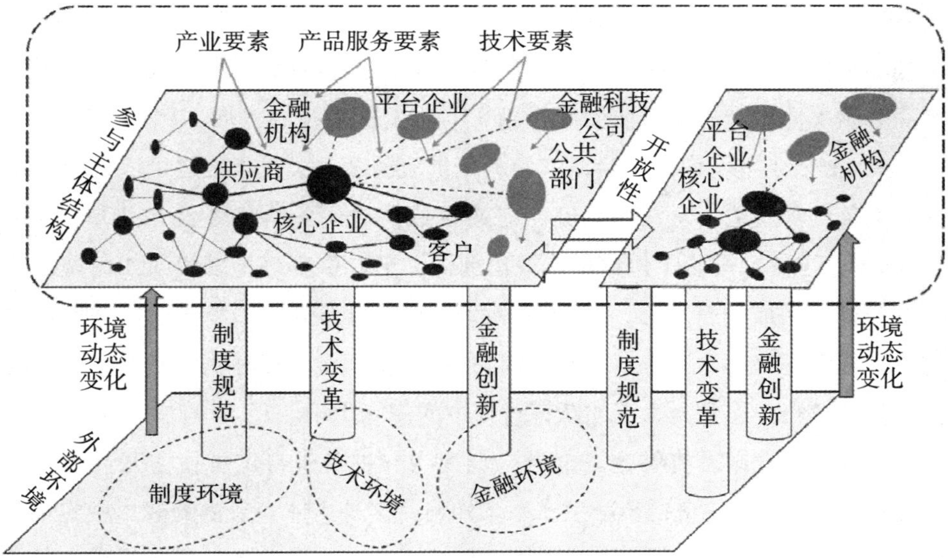

图 2-1 供应链金融生态系统层级概念框架

(Bals，2019；Zhou et al.，2022)。然而，当前研究大多仍以供应链二元或三元的传统链式视角和供应链网络视角来展开探索，难以相适应地解构生态系统中的复杂耦合结构和创新作用机制，不可避免地迟滞了对供应链金融生态系统的理论建构和发展。在此背景下，商业生态系统理论的引入不仅顺应了供应链金融研究的现有发展趋势，同时也有助于进一步扩展供应链金融的理论体系（Dekkers et al.，2020）。

尽管近期研究已逐步认识到商业生态系统理论与供应链金融研究相融合的重要性，并相继提出“供应链金融生态系统”“产融生态系统”等概念（Bals，2019；Moretto & Caniato，2021），但相关探索仍十分有限，主要包括了两类研究方向：一是探究供应链金融与商业生态系统的耦合交互关系，二是围绕如何构建和发展供应链金融生态系统而展开研究。

第一类研究是将供应链金融与其所处的商业生态系统相剥离，从而探讨二者之间的影响关系。其中，一部分研究将供应链金融视为商业生态系统发展过程中涌现的一类商业模式创新，即商业生态系统是供应链金融运作的重要基础，并主要探讨了各类参与主体在其所处供应链网络或生态系统中的结构特征或属性对供应链金融运营的影响效应及机制。例如，生态系统的健康性有利于提升中小企业的供应链融资质量（Song et al.，2021a）。另一部分研究则不再仅将供应链金融与商业生态系统的交互视为单向、被动的影响关系，转而开始关注供应链金融如何反作用于商业生态系统的发展。例如，Chen 等（2019）分析了电子商务平台商如何利用供应链金融实践来促进供应链内部协作和竞争优势塑造，从而增强其生态系统成员之间的合作黏性与质量。Ning 和 Yuan（2021）则基于价值创造视角剖析了平台供应链金融模式如何通过拓展客户群和增加利润来源，提升商业生态系统的丰富性和多样性，从而产生网络外部性优势的。宋华等（2022b）还进一步探讨了多种供应链金融模式在商业生态从自生态到元生态的跃迁过程中的使能作用。

第二类研究则是将供应链金融自身视为一种基于特定价值主张而形成的生态系统，并关注供应链金融生态系统如何在多种主体和要素的嵌入中实现构建与发展。例如，部分研究探索了供应链核心企业或专业金融服务提供商是如何利用互联网等技术构造由多主体组成的产融平台网络或生态系统的，以及数字技术等新兴要素如何驱动供应链金融生态系统演化的赋能机制。对此，本书在上一章节中已介绍了相关研究如何基于商业生态系统理论而探讨供应链金融生态系统在多个维度的理论内涵建构（Bals，2019；Zhou et al.，2022）。

综上可知，现有文献对于商业生态系统理论与供应链金融研究二者之间的理论融合尚不深入，特别是缺乏引入生态视角中关于生态成员之间的价值主张和参与要素、主体结构、外部环境等构成维度的基本内涵。此外，商业生态系统理论还强调了核心企业作为组织者和架构者在生态演化过程中的重要作用与战略手段，因而在供应链金融生态系统中，产业核心企业如何参与生态塑造以及采用何种组织方式也应得到积极探索。

一方面，商业生态系统理论关注动态开放和协同进化场景下的多方价值共创的主张，强调生态成员形成互利共赢的利益联结机制（Jacobides et al.，2018），而供应链"零和博弈"视角和传统的上下游协同视角则受限于对企业个体价值创造的分析，关注利益在有限主体之间的转移和分配而忽视了更广泛的价值协作（Chen et al.，2021）。因此，当前研究应当基于生态视角而重新审视各参与主体的价值创造和获取机制。以核心企业为例，传统视角侧重于核心企业的主体信用让渡，以及承担协同各方和管理风险的成本（Liebl et al.，2016），而生态视角则帮助人们认识到，核心企业如何通过生态系统延伸发展而获得竞争优势提升等长期价值（宋华，2021；Wang et al.，2022a）。另一方面，相比于传统视角，商业生态系统理论围绕特定价值协作活动，从参与要素、主体结构、外部环境三个构成维度提出了丰富多样的生态情境因素（Scaringella & Radziwon，2018；Yi et al.，2022），有利于全面、系统地分析生态成员在复杂商业环境中进行价值获取的权变影响机制。对于核心企业而言，生态视角无疑为探索其如何更好地参与供应链金融生态构建提供了更多研究方向。例如，探索如何在网络生态中配置数字技术等要素，如何调整多方主体之间的协作结构，以及如何适应环境不确定性、金融发展水平等环境特征（Jia et al.，2020a）。

2.3 本章小结

本章根据上一章预设的两类研究问题，梳理回顾了供应链金融研究和商业生态系统理论的相关文献，并系统总结了相应的研究基础与研究缺口，整体的综述结构可见图 2-2。

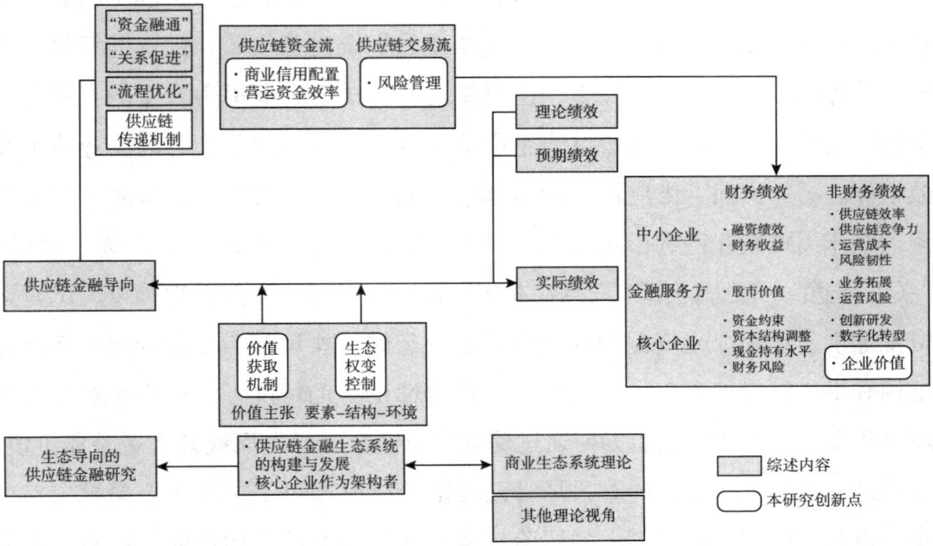

图 2-2 本章综述结构图

第一，本章综述了供应链金融由交易主体间的财务协同拓展为多主体参与、多要素嵌入、多目标导向的产融生态系统的内涵发展趋势，以及生态导向的供应链金融研究现状。随着供应链金融向生态化和数字化持续演进，现有文献更加关注复杂生态场景中多元参与主体之间的关联结构、数字技术等新兴要素驱动下的运营创新，以及供应链金融的可持续性及其对产业发展的价值潜力，特别是联结各参与主体的价值实现机制。然而，通过进一步梳理总结供应链金融研究中相关理论视角的应用现状后可知，尽管包括金融中介理论、交易成本理论等在内的多种理论视角被用于推动研究创新，但缺乏适用于解释和发展供应链金融生态系统场景中多主体交互协作等机制的相关理论视角，如商业生态系统理论。这无疑迟滞了生态导向的供应链金融研究的创新和发展。

第二，本章围绕供应链金融对参与主体的利益联结机制，分别综述了供应链金融导向对企业绩效的影响研究及其作用机制研究。一方面，供应链金融导向作为企业的一种价值协作理念和策略，早期研究大多从理论概念层面阐述其如何实现多方互利共赢，或是基于供应链金融采用的角度探讨参与主体所感知的预期绩效或目标绩效。近年来，随着产业实践的持续开展，供应链金融导向对参与主体绩效的实际影响受到积极关注，但这类研究又多以供应链上下游的中小微企业为分析对象，缺少对核心企业这一关键主体的相应讨论。尽管近期已有少数学者从核心企业的短期财务绩效、供应链绩效和战略绩效等维度进行了一定探索，但仍缺乏涉及核心企业更为看重的长期竞争优势等绩效指标，如能有效反映企业增长潜力与价值增值能力的企业价值绩效指标。另一方面，供应链金融内涵的不断丰富，使得供应链金融导向的更多内在作用机制有待进一步发掘。既有文献主要探索并发现了“资金融通”“关系促进”“流程优化”三类基本作用机制，但对于商业信用和供应链营运资金等供应链资金流资源的优化协调机制还缺乏实证探索。特别地，在商业信用和供应链营运资金二者均存在管理“悖论”的情况下，核心企业作为供应链资金流的主要影响者如何通过确立供应链金融导向而提升产业整体价值，有待进一步实证研究。同时，尽管已有部分研究探讨了供应链金融导向对中小企业在供应链交易维度上的风险韧性和交易效率的作用机制，但对于核心企业而言，对供应链金融导向的作用机制分析仍局限于供应链资金流维度，尚未拓展到供应链交易流等其他流程维度，如核心企业的风险管理水平。此外，既有文献大多仅关注了各主体的供应链金融导向对其自身的作用机制，鲜有探索核心企业与其上下游之间交互的供应链传递机制，特别是对于处在重要生态位和作为间接受益方的核心企业而言，其价值实现更加取决于供应链传递机制的有效发挥。

第三，本章还系统综述了商业生态系统理论的内涵、流派、特征和构成维度，并在此基础上结合 Bals 等学者的相关探索，尝试进行了供应链金融生态系统的理论建构。具体地，商业生态系统理论不仅采用了更为系统的视角来理解生态成员及其资源要素之间是如何协同而实现价值创造和获取的，如结构耦合性、功能互补性、价值共创性以及协同演化性等机制，同时还从商业要素配置、主体结构协同和外部环境影响等维度融合了丰富多样的构成因素。同时，商业生态系统理论还指出，核心企业作为生态系统中的“架构者”和“基石”发挥着协调管理和提供稳定性的支撑作用，因而相关研究更关注从核心企业的主体角度来探讨生态系统的演化规律，特别是核心企业如何引领实现多方共赢的价值共创，以及如何提高要素配置效率、如何协调主体结构关系，以及如何与外部环境互动等。基于此，本章进一步从供应链金融生态系统的参与要素、参与主体及结构、外部环境三个维度进行探索性建构，阐述了数字技术要素、产业要素、产品服务要素、核心企业及其上下游的交易结构、核心企业与金融机构的协作结构、生态系统结构开放性、金融环境、技术环境和外部环境动态性等特征因素。此外，本章还梳理了商业生态系统理论下的供应链金融研究现状，并发现既有文献主要探究了供应链金融与商业生态系统的耦合交互关系，以及如何构建和发展供应链金融生态系统，但仍然缺乏引入生态视角中关于生态成员之间的价值主张和参与要素、主体结构、外部环境等构成维度的理论内涵。

综上，结合“核心企业通过确立供应链金融导向是否影响自身企业价值的提升，如何影响”和“哪些生态系统因素会影响供应链金融导向对核心企业的价值效应，如何影响”两类研究问题，本章进一步整合形成了本书的总体理论模型，即研究框架（见图 2-3）。具体地，子研究一以核心企业的企业价值为绩效目标，拟探究核心企业供应链金融导向的价值效应，并结合“供

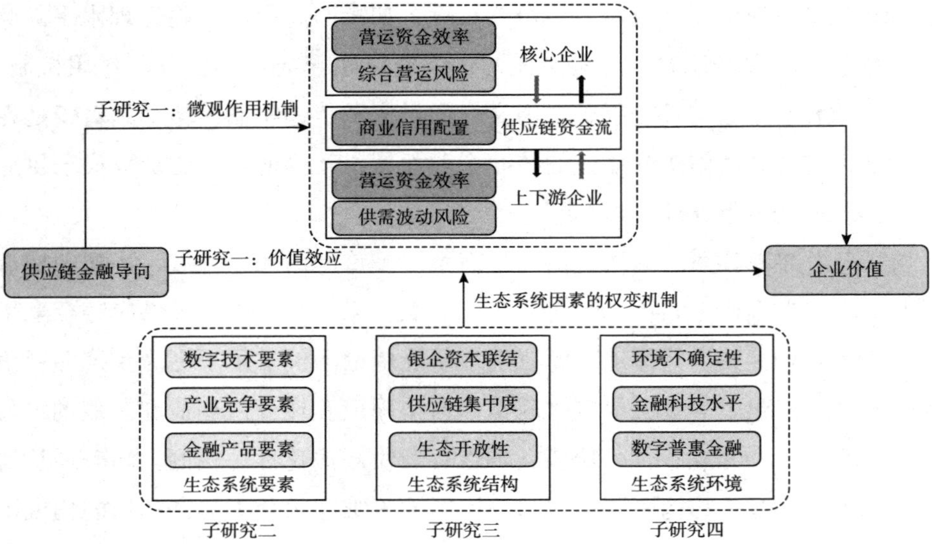

图 2-3　研究框架总图

应链—核心企业—上下游企业”三类主体维度和“资金流—交易流”两类供应链流程维度，拟探究供应链金融导向对商业信用管理、营运资金效率和风险管理能力等的微观作用机制。子研究二、三、四则分别基于生态系统要素、生态系统结构和生态系统环境三类构成维度，拟探究数字技术要素等诸多特征因素的权变机制。

第3章

供应链金融导向对核心企业价值的影响及微观作用机制

核心企业作为供应链金融生态系统中的“基石”角色，发挥着产融协调和风险管理的作用，是一类重要的参与主体（Bals，2019）。然而，当前研究中供应链金融对于核心企业的利益联结机制仍然不够明晰，极大地抑制了核心企业的参与意愿，进而影响整个生态体系的构建和发展。尽管已有部分文献从核心企业的短期财务绩效、战略绩效等维度展开了一定的探索（凌润泽等，2021；Pan et al.，2022），但对于核心企业更为关注的长期竞争优势和价值创造能力等绩效尚缺乏探讨。针对此，本章以企业价值为主要绩效目标，实证探究“核心企业通过确立供应链金融导向是否影响自身企业价值的提升”这一研究问题，即检验供应链金融导向对核心企业的价值效应是否存在。

在此基础上，本章还旨在进一步探索供应链金融导向在影响核心企业的企业价值过程中的微观作用机制，即回答“如何影响”这一延伸问题，并选择结合“资金流—交易流”两类供应链流程维度和基于供应链传递机制的“供应链—核心企业—上下游企业”三类主体维度展开分析。具体地，本章首先探讨了核心企业供应链金融导向对商业信用这一典型供应链资金流资源的优化作用，特别是核心企业对其上下游的商业信用管理，以期揭示供应链金融导向对“商业信用悖论”的潜在解决机制。其次，本章在核心企业维度分别探究了供应链金融导向对其自身营运资金效率和综合营运风险的作用，以探索供应链金融导向在供应链资金流和交易流中的潜在影响。最后，本章还进一步从上下游企业维度检验了供应链金融导向对营运资金效率和供需波动风险的作用，从而明晰核心企业的供应链金融导向能否沿着供应链渠道实现对上下游企业的服务支持，即是否存在有效的“供应链传递机制”。

3.1 理论基础与研究假设

3.1.1 核心企业的供应链金融导向对其企业价值的影响关系

如上一章所述，现有研究指出，供应链金融作为一种产融协同的价值共创模式，对各产业参与主体具有“资金融通”“关系促进”“流程优化”的显著作用。“资金融通”是指供应链金融可以通过引入外部金融机构的资金资源和促进交易主体之间的营运资金协同，有效增强对产业实体特别是上下游企业的金融服务支持，即充实产业中的“资金池”（Chakuu et al.，2019）。“关系促进”则指供应链金融通过形成多主体参与的产融协同机制，可以推动各方开展多种价值共创活动，有效降低核心企业及其上下游、供应链服务商等主体之间的信息不对称和信任壁垒，从而实现组织间信任等关系维度的提升，即具有参与主体间“黏合剂”的作用（Li et al.，2023；Wandfluh et al.，2016）。近期，相关研究还进一步揭示了供应链金融的“流程优化”作用，认为供应链金融通过联结各方以实现协同规划、决策和合作，有助于系统性整合各类资源和能力，促进各要素的充分流动，从而提升供应链整体资金流的配置效率（Martin & Hofmann，2019），同时还进一步整合与优化了商流、物流和信息流等其他供应链流程（Zhang et al.，2019），即存在“整流器”的协调作用。

对于核心企业而言，供应链金融的“资金融通”“关系促进”和“流程优化”等作用机制同样具有适用性。首先，核心企业通过确立供应链金融导向，可以帮助其上下游企业利用与核心企业交易过程中产生的应收款项、预付款项、存货等特定资产，相应地采用应收账款融资、预付款融资、动产质押融资、动态折扣等供应链金融工具，从而有效地获取外部金融机构的融资和协调企业间的资金周期（李健等，2020）。供应链上下游企业的融资约束得到缓解，也会间接促进核心企业自身资金流的畅通优化，例如，来自下游客户的销售货款回收效率会显著提升，来自上游供应商采购的催款压力也会降低（De Goeij et al.，2021）。

其次，供应链金融导向也反映出核心企业与其上下游的价值协作意愿和供应链关系导向（Hofmann & Kotzab，2010；Wetzel & Hofmann，2019）。核心企业借助多种供应链金融模式的运作，可以增强与上下游企业的交易互动和运营关联。特别是在资金流优化的利益驱动下，上下游企业进行信息分享和运营协作的主动性和积极性也得到显著增强。例如，上游供应商为应对自身融资困境而更愿意与提供应收账款融资等模式的核心企业形成良好的合作关系，包括融入核心企业的采购生态体系，从而增强核心企业的供应商关系管理能力（Liu et al.，2021a）。随着更为广泛的利益联结纽带的形成，核心企业与其上下游企业会在频繁良性的交易活动和金融服务过程中进一步融合为利益共同体，从而强化企业间的信任水平和协作水平（宋华等，2022a），进而提高供应链关系质量（Villalba et al.，2023；Wandfluh et al.，2016）。

供应链金融导向的采用还进一步帮助核心企业实现对资金流与物流、交易流和信息流等供应链流程之间的高效整合与协同，即具有“流程优化”的重要作用。供应链金融在形成和塑造利益共同体的同时，也推动构建起联动核心企业、上下游企业和供应链服务商等多主体的流程协调机制，从而使核心企业通过协同各利益相关方而优化财务、销售、生产、采购和物流等流程环节，提升交易质量和运营效率。例如，基于订单和库存的融资模式可以使核心企业及时获知上下游企业的采购、库存计划及其运营信息，有效地感知供应端和需求端的变化，从而更好地与上下游企业进行协同规划和决策，如开展联合采购和库存转移等行为，进而提升企业资源的利用和配置效率。此外，各类主体及其要素在供应链层面的有效整合，还推动了核心企业与其关联主体之间基于信息共享、知识共享和能力互补而形成的一系列流程优化和转化升级活动，诸如协同创新和产业韧性体系构建（凌润泽等，2021；Potter & Wilhelm，2020）。

由此可见，供应链金融的上述服务效能可以使作为重要参与主体的核心企业在资金、关系和流程等方面具有重要竞争优势，特别是促进供应链关系管理和流程协同整合，均有效增强了核心企业的供应链竞争力和拓展价值创造活动，从而有益于企业价值的整体提升。

然而，也有部分研究指出，核心企业参与构建供应链金融生态往往需要承担较高的建设和管理成本，例如，核心企业搭建产融协同平台，需要投入建设信息和数字技术设施的大量成本，需要重构或新增应收账款确认、运营流程监控、信息校验等业务环节（Li et al.，2023；Song et al.，2021b），以及面临因维护运营而产生的增信担保压力和信用评估风险（Zhang et al.，2022）。同时，因采用供应链金融导向而导致的一系列组织变革，也会对核心企业的既有网络关系产生一定冲击，影响核心企业与其上下游之间的交易结构和联结关系。此外，还有学者指出，供应链金融通过“让渡”核心企业的优质信用，也会占用其在金融机构的信贷额度，从而导致自身流动性风险增加。上下游企业在获得充足的资金资源后可能会提高其在供应链中的议价能力，这也可能会在一定程度上削弱核心企业在既有供应链中的竞争优势。

从传统供应链协作的内部视角来看，上述因素的确对核心企业的企业价值产生潜在的负面影响，而这也是导致核心企业参与积极性受阻和利益获取机制不明（Zhang et al.，2019）的重要原因之一。但随着当前企业走向更大范围的竞争和合作场景，核心企业更关注内部供应链之外的供应链网络或生态系统中的竞争优势获取，更强调构建一个多方高效协作的商业生态系统。在商业生态系统理论的拓展性视角下，有研究指出，供应链金融可以通过平台化和生态化链接更多利益相关者及其资源和能力，并增强生态成员之间的合作黏性与协同度，帮助核心企业构建和延伸供应链生态圈，从而显著提升其在整个产业中的竞争优势（潘爱玲等，2021；Chen et al.，2019）。一方面，核心企业的价值获取不只限于与其上下游的“零和博弈”，而是更多地以生态系统的整体视角去关注生态之间的竞争，作为生态的主要组织者和架构者，系统整体竞争力的增强会对核心企业带来更加可持续的长期价值。例如，小米和京东利用供应链金融打造产业生态圈，丰富其参与主体和利基活动，进而促进其生态的扩展与高阶跃迁（宋华等，2022b；Chen et al.，2019）。另一方面，生态视角所关注的对象不只是既有交易主体，还更强调与内外部主体的动态关联，供应链金融导向的确立有利于核心企业动态地吸纳新的合作主体和持续更新既有成员（Villalba et al.，2023）。随着生态系统的不断延伸，核心企业在数字设施建设和风险管理等方面的边际成本也随之降低，其在金融机构的主体信用闲置利用率也得到提升。多样、壮大的供应链生态也使得核心企业面对其他竞争对手的议价能力得到增强。

综上，供应链金融在多个维度均有助于核心企业的产业竞争优势的培育和长期价值获取能力的增强，特别是随着商业生态系统之间竞争趋势的加剧，供应链金融导向对于核心企业提升企业价值的影响效应愈发显著。因此，本章提出以下假设：

H1：核心企业的供应链金融导向能正向提升其企业价值。

3.1.2 微观作用机制一：供应链金融导向与供应链商业信用管理

如前所述，供应链中的商业信用是发生于企业与其供应链上下游之间基于交易业务的资金占用形式，如延期付款、应收款项和预收款项，是一种嵌入在供应链组织之间的一种资金流资源（Pattnaik et al.，2020）。商业信用管理则是指企业对其上下游的商业信用管理策略，可依据资金的占用关系而划分为商业信用供给和商业信用获取两类行为。同时，受供应链权力影响，商业信用管理的主动权往往集中于供应链网络中的核心企业。

由于商业信用同时具有资金属性和关系属性，使得企业特别是核心企业的商业信用管理存在典型“悖论”（Pattnaik et al.，2020）。一方面，商业信用常被视为一种企业间的非正式融资来源，企业可以通过获取上下游的商业信用来降低自身的经营资金成本。另一方面，商业信用的过度占用也会导致供应链关系的恶化和被占用方的融资约束加剧，而且随着供应链关系逐渐成为获取竞争优势的重要内容，企业也会通过提供自身商业信用以促进其与上下游的交易关系。

此外，尽管商业信用也被视为银行信贷资源的二次配置结果，是传统信贷的间接补充，但近年来，商业信用管理的有效性开始受到挑战。有学者认为商业信用被占据主导的核心企业所“垄断”，并未有效流向其上下游等更多资金需求方。究其原因，与商业信用的形成方式和各方的配置动机密切相关。商业信用主要受市场竞争和企业利益动机的影响而形成（Kouvelis & Zhao，2012）。前者是正常市场交易中由双方议价能力和竞争优势的差异而导致的，且往往与交易条款中的其他内容如交易价格和折扣相联动，即企业通过平衡商业信用成本与交易收益而采取延迟或提前收付款的配置策略。后者则与交易双方之间的信息不对称和机会主义动机相关，由于商业信用具有资金属性，企业会出于获利动机而“过度”向其上下游获取商业信用等低成本的资金资源，同时出于防御动机而减少商业信用等资源的对外提供。特别地，在缺乏沟通和协调的商业竞争环境中，供应链交易各方相互占用资金的情况更为普遍，导致商业信用管理效率低下。

现有研究还鲜有直接探讨核心企业的供应链金融导向会如何影响其商业信用管理结果及效率，本章则试图对此展开探索，并进一步分析其在供应链金融导向的价值效应中作为内在作用机制的重要性。

首先，核心企业通过积极确立供应链金融导向，向供应链上下游企业引入外部金融资源和促进内部资金协作，使上下游企业的融资可得性和便利性得到极大提升（Ali et al.，2018）。多种融资工具的应用有效地拓展了上下游企业的资金融通渠道，使其减少了从核心企业处获取商业信用等资金资源的需求，从而缓解了核心企业向外提供商业信用的配置压力。其次，供应链金融导向通过发挥其“关系促进”作用，使核心企业在与上下游企业的交易协作过程中，有效降低各方之间的信息不对称及其产生的交易成本，增进各方信任和依赖关系（Villalba et al.，2023），从而使上下游企业基于防御动机而额外占用商业信用的需求也被显著抑制。此外，对核心企业而言，多种供应链金融工具通过充分利用核心企业的应收账款、预付账款等商业信用供给内容（Chakuu et al.，2019），形成了有效的“替代效应”，即在减少核心企业直接的商业信用供给的同时仍然实现了对其上下游企业的资金支持。

由此可见，供应链金融导向的确立，不仅抑制了上下游企业的商业信用获取需求，也作为一类具有替代作用的创新管理工具而直接减少核心企业的商业信用供给，使得其供给水平得以显著下降。与此同时，商业信用供给往往意味着核心企业需要让渡自身的商业信用等资金资源，容易增加核心企业的资金成本和流动性风险（Pattnaik et al.，2020），因此，商业信用供给的降低无疑有利于缓解核心企业自身的资金约束，增强其利用资金资源进行创新研发和战略转型等价值创造活动的潜在能力，从而有助于提升其企业价值（凌润泽等，2021）。综上，本章提出以下假设：

H2a：供应链金融导向会减少核心企业对供应链上下游的商业信用供给，进而提升企业价值。

相应地，供应链金融导向也会影响核心企业对其上下游的商业信用获取。供应链金融的采用会助力上下游企业缓解资金约束，使核心企业主导的供应链网络中的资金资源得到充实，间接缓解核心企业自身的资金占用压力（De Goeij et al.，2021），如销售端加速回款、采购端资金垫付，从而也同样降低了核心企业对获取供应链商业信用资源的需求。特别地，核心企业基于防御动机而过度占用商业信用的需求也随之降低。由于交易双方的信息不对称和信任壁垒，核心企业以往需要获取额外的商业信用而防范客户等交易对手的各种机会主义行为，例如，在信息高度不对称的环境中，为避免货物销售后难以回款的损失，核心企业会要求部分资质较差的下游经销商在交易前预付相当比例的货款。

尽管有研究指出，核心企业可能会利用供应链金融工具“侵占”上下游企业的商业信用，如要求上下游企业附加延长应付账期或增加预收账期等条款，即供应链金融的“异化”现象（宋华，2021），然而，更多的研究表明，上下游企业对于供应链金融的采用会充分权衡经济利益的变化，核心企业的“侵占”行为会引起上下游的反对而拒绝采用（De Goeij et al.，2021），导致供应链金融难以可持续运作。更重要的是，供应链金融模式中往往会引入金融机构和平台服务商等第三方主体（宋华，2019；Caniato et al.，2019），可以通过相关利益协调机制而发挥一定的外部“治理效应”来抑制此类“侵占”行为。此外，供应链金融导向的核心企业主张通过传递自身信用资源以支持供应链的稳定和发展，具有较强的对外协作动机（Wetzel & Hofmann，2019），这也在一定程度上表明此类企业会避免因过度获取商业信用而恶化供应链关系。

综上，供应链金融导向会降低核心企业对外部商业信用的获取。尽管商业信用的获取会带来直接的经济效益，但同样也会导致供应链关系恶化而造成间接损失。而且由上述分析可知，供应链金融更多的是减少核心企业因防御动机而过度占用的商业信用，这有利于优化供应链资金流在不同主体间的协调配置，从而有益于核心企业的企业价值提升。因此，本章提出以下假设：

H2b：供应链金融导向会减少核心企业对供应链上下游的商业信用获取，进而提升企业价值。

3.1.3 微观作用机制二：供应链金融导向与核心企业营运资金效率和综合营运风险

作为又一类供应链资金流资源的典型形式，企业的供应链营运资金也长期受到研究关注。营运资金是企业与供应链上下游企业之间在整个交易周期内发生的营运性资金流结果，主要包括应收账款、库存成本和应付账款等（宋华，2019）。供应链营运资金同样存在与“商业信用悖论”相似的“两难”问题，即在传统供应链二元结构中，企业通过加快库存周转或向供应商延长付款条件，可以有效提高自身的营运资金周转效率，从而缓解资金短缺压力。但这一做法往往意味着向供应链上下游转移库存压力或占用营运资金，不利于供应链网络生态的可持续发展。

现有研究逐渐将供应链协同的观点应用于供应链组织之间营运资金协作的优化策略中，旨在实现整体的营运资金效率最优。其中，兼具组织间资金协作和外部融资功能的供应链金融就是最为主流的管理工具。然而既有研究大多是定性或理论性探讨其间的优化机制，缺乏探索供应链金融导向对产业主体营运资金效率的实际影响（Li et al.，2022b）。

事实上，供应链金融有助于释放冻结在供应链中的流动性资源，以实现优化各方营运资金的重要目标，对于作为重要参与主体的核心企业而言，这种优化效应同样存在。一方面，多种供应链金融工具的应用，为核心企业与其上下游之间搭建起应收应付款项等营运资金的协作机会，同时也通过直接缓解上下游的资金压力而抑制其占用核心企业营运资金的激进策略，从而对核心企业提升营运资金效率具有积极作用（Chakuu et al.，2019）。在供应链金融服务商或平台服务商的协调与撮合机制下，核心企业与其上下游会基于各自营运资金的成本与收益而开展有序的跨组织协作活动（Hofmann & Kotzab，2010；Wetzel & Hofmann，2019）。应收款项融资和库存融资等模式还能通过引入外部资金资源而充分释放被嵌入和冻结在供应链中的营运资金（Martin & Hofmann，2019），如将核心企业为在途库存而占用的营运资金提前收回，从而推动这部分资金及时高效地投入下一周期的运转。另一方面，供应链金融的实施还有助于促进核心企业与上下游的多流程协同（Wandfluh et al.，2016），强化多方之间的信任关系，由此也会减少核心企业在各环节的营运资金占用，加快营运资金在整个运营周期的周转效率。仍以库存环节为例，核心企业通过与上下游企业开展库存商品的联合管理和成本优化，提高库存调拨的准确性和及时性，可以减少库存商品的日常积压，从而加快基于库存的营运资金的周转效率。

因此，供应链金融导向会有效提升核心企业的营运资金效率，提高其直接的财务绩效，同时也表明核心企业对资金资源的利用和转化能力得到显著增强（Chakuu et al.，2019），有利于其在竞争环境中获得更多的发展机会。从个体角度而言，现有研究也普遍认为企业维持较高的营运资金周转效率能正向提高多个方面的企业绩效，进而提升企业价值。特别地，核心企业供应链金融导向的服务机制是基于组织间协同的优化，而非零和竞争的过度“侵占”，是一种长期可持续的价值共创模式。综上，本章提出以下假设：

H3a：供应链金融导向会提高核心企业的营运资金效率，进而提升企业价值。

供应链金融导向在交易流维度的一个重要效益，体现在对产业主体的风险管理上，即供应链金融的运作有助于降低供应链的整体风险（Pellegrino et al.，2018）。然而现有研究大多关注了供应链金融导向如何增强供应链上下游的中小企业应对外部风险的韧性能力（Beka Be Nguema et al.，2021a；Liu et al.，2021a），鲜有探索其对核心企业营运风险的缓解效果。

对核心企业而言，供应链金融导向可在财务风险和运营风险等多个方面发挥其稳定交易、协同各方的积极作用，从而提升核心企业的综合性风险管理能力。一方面，通过确立供应链金融导向，核心企业可以引入多种创新融资工具，显著降低其上下游企业的资金流中断风险，特别是难以触及传统信贷服务的中小企业，从而使自身在交易过程中的回款风险、投资风险等财务风险也相应降低（Gelsomino et al.，2016）。同时，供应链金融服务的开展是基于对产业真实交易和运营状态的管控，特别是第三方服务商的有效介入，不仅帮助核心企业监管资金流在供应链交易中的流动，还会具有分担和转移财务风险的作用。例如，保理类融资可以允许高风险供应商降低其与核心企业的交易信用风险，这是由于保理商承担了对交易订单履约和采购资金的回收、使用等的监管责任（Liebl et al.，2016），进而也降低了核心企业的流动性风险。

另一方面，供应链金融导向对供应链组织间协作和跨流程协调的促进，也有利于降低各参与主体的产业运营风险，特别是处于重要生态位的核心企业。核心企业通过确立供应链金融导向，可以推动构建产融协作机制，使核心企业得以高效协调生态系统中的多方主体及其信息、资源、能力等要素，不仅提高了对外部供应波动和需求变化等风险的感知与响应能力（Lam & Zhan，2021），还增强了核心企业与其生态成员协同应对各类不确定性的整体韧性能力。例如，核心企业构建基于供应链金融的产业平台，可以通过对多方交易流程和业务信息的有效把握而扩大其对运营风险的管控范围与深度。此外，在面临交易中断等风险事件时，核心企业也能基于供应链金融的资金融通机制而为重新组织生产和恢复交易合作提供资金支持，利用多方的关系促进和流程协调而形成应急状态下的快速信任（宋华和杨雨东，2022），从而减少运营风险所造成的潜在损失。

综上可知，供应链金融导向的确立有利于核心企业同时降低面临的财务风险和运营风险，以及增强相应的韧性能力，即有效降低综合营运风险（钟凯等，2022）。现有研究普遍认为，企业在日常营运过程中的资金短缺和经营波动等风险会严重损害企业的正常利润创造活动及其经营绩效，危及企业生存和发展的基础。相反，有效的综合风险管理与韧性体系强化能显著增强企业参与产业竞争的优势，从而提升企业价值（Ambulkar et al.，2015）。因此，本章提出以下假设：

H3b：供应链金融导向会降低核心企业的综合营运风险，进而提升企业价值。

3.1.4 微观作用机制三：供应链金融导向与供应链上下游营运资金效率和供需波动风险

现有研究从供应链上下游企业的单一主体维度探究了其采用供应链金融

工具对自身资金流和交易流的影响，特别是营运资金效率（Hofmann & Kotzab，2010）和风险管理水平（Pellegrino et al.，2018）。然而，针对核心企业供应链金融导向能否基于供应链传递机制而跨组织的影响上下游企业的相关绩效，却尚未有文献予以实证检验（Wetzel & Hofmann，2019）。对供应链传递机制有效性的探索有助于厘清核心企业供应链金融导向对其重要利益相关者的服务效能，为推动核心企业构建广泛的利益联结体系提供重要理论依据（Hofmann & Zumsteg，2015）。

在紧密的供应链关系中，供应链企业的行为活动都易于沿着供应链网络向其上下游逐级传递和扩散。现有研究已发现供应链传递机制广泛存在于多种供应链场景之中，例如供应链的可持续发展、绿色创新和风险管理。此外，处于重要生态位的供应链核心企业的战略决策或导向往往具有更为显著的传递效应。因此，对核心企业而言，其确立的供应链金融导向能通过供应链的传递机制而辐射影响上下游企业的经营行为和绩效。上下游企业均有机会被纳入核心企业构建的供应链金融生态体系中，从而受益于营运资金协调、保理类融资等供应链金融服务的资金融通和流程优化等作用机制（Ali et al.，2018）。特别地，由于供应链金融的直接服务对象即为核心企业的上下游企业，且具有二者相互协作的关联属性，因而更有利于供应链传递机制的发挥。

在资金流维度，核心企业的供应链金融导向为其上下游企业提供了多种资金流优化的重要途径与工具，从而为上下游企业提高营运资金效率创造了机会（Gelsomino et al.，2016）。例如，上下游企业可以通过营运资金的跨组织协同和外部金融机构的资金垫付服务，进一步加快资金回款速度和延长支付周期，以及通过联合库存协调释放因库存而占用的营运资金（Huang et al.，2022b）。

现有研究普遍强调营运资金效率提升对企业自身绩效的积极作用，对于面临较大资金约束压力的上下游企业而言，资金流的优化更是对其生存和发展具有重要意义。与此同时，上下游企业的资金流健康有序也有益于核心企业所处供应链的稳定和可持续性，进而实现“双赢”式的协同发展（Hofmann & Zumsteg，2015；Pan et al.，2020）。基于生态系统视角，核心企业通过与生态成员企业的共同进化而实现更为广泛和长久的生态价值，从而提升反映长期竞争优势的企业价值。综上，本章提出以下假设：

H4a：供应链金融导向会提高供应链上下游企业的营运资金效率，进而提升企业价值。

同样，核心企业供应链金融导向也会基于供应链传递机制而影响上下游企业在交易流维度的相关绩效。由于自身资源有限和外部依赖性强，上下游企业在交易过程中往往需要应对来自供应链的波动风险，其来源不仅包括因供需信息扭曲而逐级放大波动风险的“牛鞭效应”（杨志强等，2020），还包括由核心企业等重要主体的波动风险而向外传导的“涟漪效应”（Scarpin et al.，2022）。对此，核心企业的供应链金融导向也将有助于降低其上下游企业的供需波动风险。

一方面，核心企业通过构建基于供应链金融的流程协调机制，实现供应链层面的多方信息共享，有助于平抑因供需信息扭曲和失真而导致的“牛鞭效应”风险。供需波动风险的重要体现之一在于上游采购波动和下游客户需求波动的不一致（杨志强等，2020），并因此损害企业对供应链资源的配置效率和生产经营安排的合理性。供应链金融导向的确立使得核心企业与其上下游企业协作开展包括供需信息共享和联合运营决策在内的多种战略合作，同时也增强了上下游企业在核心企业构建的供应链网络与生态体系之中的协同能力，从而极大地促进上下游企业对采购和销售决策的优化。另一方面，如前所述，供应链金融导向也有利于增强核心企业自身感知和应对外部风险波动的韧性能力，使核心企业所处生态系统更具稳定性和健康性（Song et al.，2021a），同时也使得其上下游企业等生态成员缓解因“涟漪效应”导致的潜在损失（Scarpin et al.，2022）。

因此，供应链金融导向有利于核心企业的上下游企业有效平抑多种供需波动风险，从而降低供需决策失衡和外部扰动造成的成本损失，以及优化供应链资金的配置策略。更为重要的是，上下游企业风险管理水平的提高同样反作用于核心企业自身的供应链管理能力，使其在产业环境中更具系统性、体系化的竞争优势，进而提升自身的企业价值。综上，本章提出以下假设：

H4b：供应链金融导向会降低供应链上下游企业的供需波动风险，进而提升企业价值。

基于上述假设推导，本章（子研究一）的理论假设模型见图 3-1：

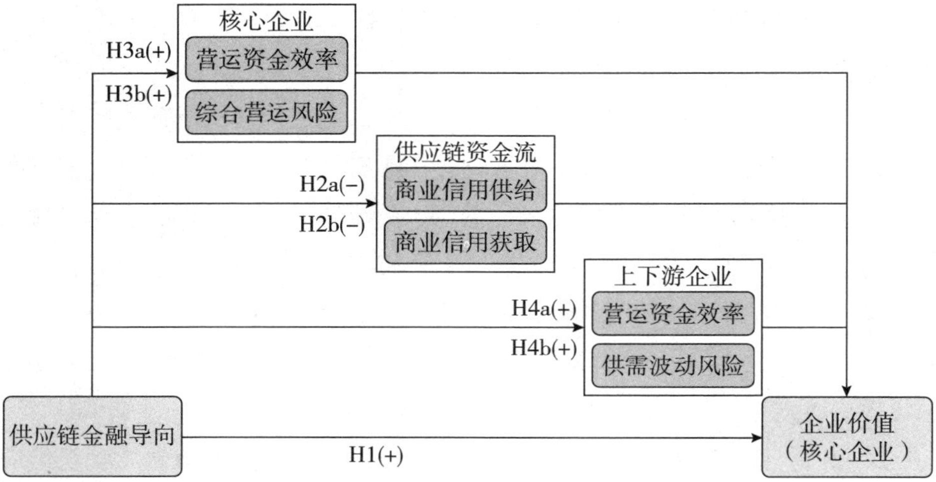

图 3-1　子研究一的理论假设模型图

3.2　数据来源与实证模型

3.2.1　数据来源和样本描述

1. 中国上市公司供应链金融数据库的构建过程与样本描述

供应链金融作为基于供应链运营的一种较为新兴的产融协作模式，在现有公开数据库中难以找到可供直接研究的数据，现有的实证研究大多以案例访谈或小样本问卷的方式收集数据。部分研究还通过财务指标等二手数据来间接反映供应链金融的实施程度，例如，使用商业信用供给或获取来表征对应的供应链融资提供或获得（Lee et al.，2018a），使用短期借款、应付票据和应付账款等指标之和作为获取供应链融资的综合水平。然而这一做法不仅难以单独反映供应链金融的具体表现，同时也混淆了供应链金融导向与其绩效后果之间的关系。近年来，部分研究开始利用上市公司年度报告和公告等文本内容识别企业的供应链金融采用或导向（Lam & Zhan，2021；Pan et al.，2020），但是这种做法往往只能构造出相应的虚拟变量，所提供的信息量有限。对此，部分学者还采用了词频统计的文本分析法（张黎娜等，2021），通过对供应链金融相关词汇的识别和统计而构造了基于词频指标的连续变量，但由于相关词汇仍难以有效反映企业自身真实的供应链金融内容（例如，词汇与其他主体相关联），且难以区分企业属于供应链金融中的核心企业还是上下游企业（例如，部分词汇与向外支持上下游获得供应链金融服务有关，而部分词汇与上下游直接获取金融服务有关），使得这类变量容易糅杂多种混合信息。

由于本书旨在探讨核心企业的供应链金融导向及其部分特征内容，需要区分样本企业在供应链金融场景中的主体属性，因此，首先应用文本分析的方法以获取中国 A 股上市公司年度报告、公告和新闻等文本中与供应链金融相关的内容。其次，参考 Pan et al.（2020）和凌润泽等（2021）的做法，为避免文本分析导致的“粗分类”问题，即难以区分主体属性和企业是否有实质性行为，本书进一步通过人工判断上市公司是否作为核心企业而具有供应链金融导向来构造虚拟变量，并识别与供应链金融相关的生态开放性、金融产品类型等具体内容以构造相应变量。最后，为进一步避免主要解释变量（供应链金融导向，SCF_ focal）作为虚拟变量而导致的信息量有限，本书还针对所识别的核心企业样本进行了年报文本的词频统计，从而构造出连续变量，并将其用于稳健性检验。具体的构建过程如下：

第一步，建立供应链金融文本词典。首先通过收集国内政策文件（如国务院办公厅“84 号文”）、知名产业白皮书（如中国物流与采购联合会物流与供应链金融分会发布的《供应链金融服务企业分类与评估指标》）、国内外术语目录（如广东省商业保理协会发布的《供应链金融：基本术语》、国际金融与贸易银行家协会和国际商会银行委员会等多家机构联合发布的 Standard Definitions for Techniques of Supply Chain Finance），并综合国内外权威文献而得到供应链金融产品模式的“种子词汇”43 个（李健等，2020；宋华，2019；Chakuu et al.，2019）。其次，本书利用 Word2Vec 机器学习的方式扩展了“种子词汇”，即基于 42553 份年报文本，利用机器学习算法对“种子词汇”进行词汇相似度计算（选择相似性前 20 的近义词）而生成 490 个近义词。最后，经过多名领域学者和产业专家的评估和筛选，一致得到最终的 80 个词汇，并按照 Martin 和 Hofmann（2019）依据业务发生时点的划分方式进行分组，其结果详见表 3-1。

表 3-1　供应链金融产品与模式词典

模式类型	发生时点			关键词
	装运前	在途	装运后	
综合类	√	√	√	供应链金融、供应链融资、产业链金融、产业链融资、价值链金融、价值链融资、供应链贷款、供应链借款
应收账款类	—	—	√	商业保理、反向保理、保理融资、单保理、双保理、（无/附/不附）追索权保理、应收账款保理、应收账款融资、应收款项融资、应收账款质押（融资、贷款）、应收款项质押（融资、贷款）、应收账款贴现
票据和单据类	—	—	√	（发、商、银、商业承兑汇、银行汇）票融资、（发、商、银、商业承兑汇、银行汇）票贴现、（发、商、银、商业承兑汇、银行汇）票保贴、票据融资、票据贴现、信用证融资、信用证贴现、信用证借款、信用证贷款、福费廷、票据池融资、供应链票据、信用流转、（出口、进口、项下、信用证）押汇（借款）
供应商综合类	—	—	√	动态折扣、动态贴现、供应商融资、卖方融资、卖方信贷、供应链资产证券化、供应链ABS①、供应链ABN②、应收账款ABS、应收账款资产证券化、保理资产证券化
客户综合类	—	—	√	延期支付、延迟支付、应付账款融资、应付款项融资、经销商融资（渠道融资）、买方融资、买方信贷

① 供应链ABS是一种以核心企业信用为依托，通过资产证券化（Asset-Backed Securitization，ABS）技术将上游供应商的应收账款打包成可交易金融产品的融资模式。

② 供应链ABN（Asset-Backed Notes）是指将未贴现的供应链票据作为基础资产，通过结构化设计转化为可在债券市场流通的标准化金融产品。

续表

模式类型	发生时点			关键词
	装运前	在途	装运后	
物流类	—	√	—	物流金融、物流贷（款）、库存融资、存货融资、仓储融资、质押授信、存货质押（融资、贷款）、仓单融资、仓单质押（融资、贷款）、动产融资、动产质押（融资、贷款）、现货质押融资、提货单融资、提单融资
订单类和预付类	√	—	—	订单融资、采购融资、预付款融资、预付账款融资、货权质押融资、未来货权（融资、质押）、保兑仓（融资）、融通仓融资
贸易类	√	√	√	贸易金融、贸易融资、贸易信贷、战略（关系）融资、（商业）信用融资、融资租赁

第二步，以表 3-1 供应链金融产品与模式词典中的关键词为基准，应用 Python（一种编程语言）从上市公司年报中进行词频统计，得到各上市公司历年的供应链金融相关词汇分布表，并根据类别进行词频加总。其中，本书收集了 2007—2021 年的年报共计 42553 份，涉及了 4815 家上市公司。本书认为，相比于其他类别的关键词，综合类中的“供应链金融”等词汇具有较强的代表性，因此将“综合类”词频数大于 0 的企业样本进行标注，得到 680 家样本公司，约占总体上市公司样本的 14%。

第三步，为全面识别上市公司发展并使用供应链金融的情况，本书将文本收集范围从公司年报进一步拓展到公司发布的重要公告。基于东方财富网 2007—2021 年中国 A 股上市公司发布的 300 余万篇公告，本书以综合类中的“供应链金融”等词汇展开搜索，得到 20663 条公告。其中，与“供应链金融”相关的公告有 14086 条，与“供应链融资”相关的公告有 4386 条，与“产业链金融”相关的公告有 1594 条，与“产业链融资”相关的公告有 361 条，与“供应链贷款”相关的公告有 150 条，与其他词汇相关的公告有 86 条，共涉及上市公司 800 家。

第四步，将基于年报的供应链金融相关词汇分布表与所得公告进行交叉匹配和填充，并逐一进行人工阅读，以识别出上市公司是否存在作为供应链核心企业而向上下游提供供应链金融服务的实际导向。如果通过既有年报和公告无法判断其是否作为核心企业开展供应链金融，则进一步基于供应链金融产品与模式词典年报中的“商业保理”等其他关键词去获取相关年报和公告内容，以及通过百度搜索“上市公司名称+供应链金融关键词”的方式收集相关新闻文本，其后再做逻辑判别。

第五步，基于现有文献对企业行为导向的界定，即反映企业行为风格、过程和实践，推动开展特定战略行动或模式的重要决策倾向（Sahi et al.，2020），本书将“样本企业是否明确采用供应链金融工具进行相应的商业模式创新或战略变革”作为识别企业是否具有供应链金融导向的重要依据，而并非供应链金融相关工具的简单应用。在具体的文本内容阅读和人工识别过程中，主要采取了以下步骤。首先，判断样本公司是否有披露开展“事实性”的供应链金融行动，而非“计划性”或“意向性”的未实际发生的内容。例如，省广集团（股票代码 002400）在其 2014 年年度报告的未来战略及展望部分提到“建立供应链合作关系为目标的供应链融资业务”，但公司并未有实际战略行动，因而不符合要求。其次，在开展供应链金融战略行动的样本公司中进一步区分其属于何种主体类型，即判断该公司是资金的直接需求方、金融资源的直接提供方、供应链金融服务方，还是本书所关注的向上下游提供相关服务的供应链核心企业。例如，制造行业中的 TCL 科技（股票代码 000100）在其年报中明确提出“报告期内，集团以产融协同的商业模式推动金融服务业务布局，建立面向产业链合作伙伴的供应链金融服务平台”。最后，进一步识别了供应链金融战略行动的持续性，即判断核心企业的供应链金融战略行动是否持续开展。例如，西部材料（股票代码 002149）在 2017 年董事会报告中首次提出“公司打通了从海绵钛到钛材日用品的完整钛产业链，并实现了供应链金融服务业务”，但在之后的年度里没有相关公告或新闻提及供应链金融行动，故只能剔除该样本。

经过上述筛选过程，本书共识别出 259 家具有明确供应链金融导向的核心企业样本。本书还结合识别出的 65 家金融资源直接提供方和 64 家供应链金融服务方的样本，绘制了 2007—2021 年上市公司首次提供供应链金融服务的年度数量趋势图（排除了资金的直接需求方），并基于相关产业实践发展和制度规范确立进行分析。（见图 3-2），自 2006 年 6 月，深圳发展银行（现平安银行）于国内首次提出了“供应链金融”概念并推出多项金融服务解决方案（宋华，2015），之后，我国上市公司中的商业银行等金融机构作为金融资源直接提供方逐渐开始拓展供应链金融业务，这一阶段也符合前述“金融导向”的产业阶段特征。进入 2012 年，频繁发生的供应链金融爆雷事件使金融机构开始审慎对待甚至停滞了业务开拓，其中比较具有代表性的事件有 2012 年 5 月发生的“上海钢贸案”，即出现大量仓单重复质押的银行贷款诈骗事件。在 2015 年之后，供应链金融进入新的发展阶段。一方面，供应链核心企业开始积极参与并逐渐作为主要组织者和采用者，即具有“产业企业导向”的属性特点；另一方面，随着移动支付、大数据分析、区块链等金融科技工具的不断应用和创新，金融科技公司和数字供应链服务商等供应链金融服务方崭露头角，走向“金融科技导向”的又一个阶段。从此，国家级制度政策的发布使得全行业迎来供应链金融的实践热潮，其标志性文件是 2017 年国务院办公厅发布的“84 号文”《关于积极推进供应链创新与应用的指导意见》。

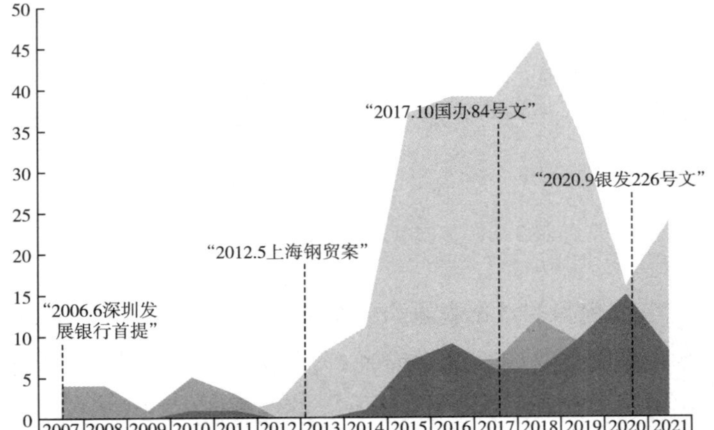

	2007	2008	2009	2010	2011	2012	2013	2014	2015	2016	2017	2018	2019	2020	2021
核心企业	0	0	1	1	1	2	8	11	37	39	39	46	34	16	24
金融资源直接提供方	4	4	1	5	3	0	0	1	2	7	7	12	9	4	6
供应链金融服务方	0	0	0	1	1	0	0	1	7	9	6	6	10	15	8

图 3-2　不同类型主体首次采用供应链金融导向的年度趋势图

值得关注的是，以2020年“银发226号文”《关于规范发展供应链金融 支持供应链产业链稳定循环和优化升级的意见》为代表的一系列政策频发，推动了供应链金融进入有序、规范、可持续的新发展阶段。

图3-3还进一步显示了具有供应链金融导向的核心企业的行业分布情况。首先制造业是我国上市公司中具有最多供应链金融导向的核心企业的行业，包括了119家企业，占总体比例的46%，反映出作为实体经济重要主体的制造型企业同样也是当前推动产融结合的主力军。其次是批发和零售业，以及交通运输、仓储和邮政业两类流通经济中的重要参与方，分别包括了34家、21家企业。此外，房地产业有19家核心企业采用了供应链金融，这也在一定程度上反映了近年来房地产业探索应用供应链金融解决行业供应链主体融资难题的现状，特别是供应链资产证券化等产品得到了积极应用。

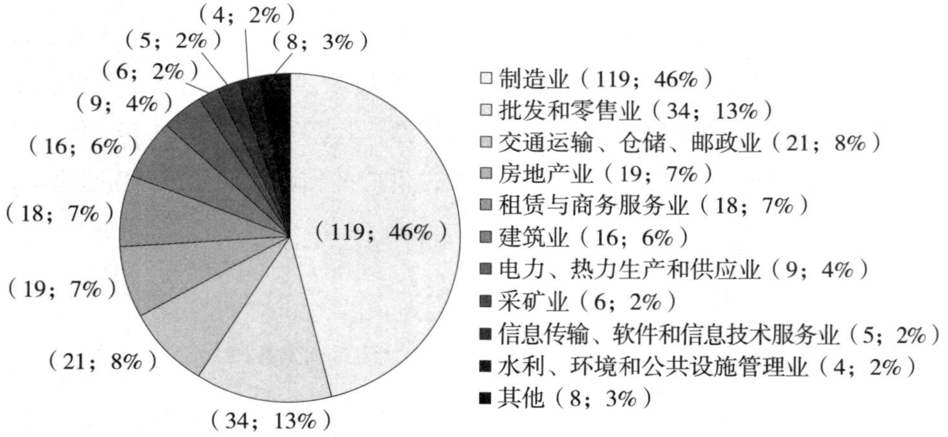

图3-3　具有供应链金融导向的核心企业的行业分布

2. 其余变量的数据来源和样本描述

本书的其余变量数据则均来自国泰安经济金融研究数据库（CSMAR）、中国研究数据服务平台（CNRDS）、万得数据库（WIND）等国内主流的上市公司二手数据库。本书首先通过对多个数据库中的同类数据进行了一定程度的交叉检查及查漏补缺，以进一步确保研究数据的完整性和可靠性。例如，CNRDS数据库披露了营运资金效率（即现金流量周期）的具体数值，但由于该变量是多个财务数据计算而成的合成型指标，因此本书利用从 CSMAR 数据库中获取的应收账款、存货等变量数据，根据相应公式计算得到的营运资金效率数据，与 CNRDS 中的同一变量数据进行校核和补缺。

其次，本书具体选择了 2007—2021 年中国 A 股所有上市公司作为样本，并对上述所需变量数据按“上市公司—会计年度”的标准做精准匹配，以形成面板数据。此外，本书还按以下步骤进行数据清洗：①剔除了当年具有退市风险标识（ST、PT）的公司样本；②如样本公司在整个会计年度（2007—2021 年）中存在已退市的情况，则删除与之相关的所有年度观测值；③剔除所有金融行业上市公司的样本；④考虑到具有供应链金融导向的核心企业样本从 2011 年才开始大量出现，因此剔除了 2011 年以前年度的样本及其观测值；⑤为避免变量中极端值对实证结果带来影响，本书对所有连续变量在 1%和 99%分位数上按年份进行缩尾处理，并通过均值加减三倍标准差的“3 西格玛”方法进行检查；⑥为缓解量纲差异过大的问题，本书对营业收入和总资产等取值较大的连续变量进行对数化处理；⑦本书还进一步剔除了营业收入存在缺失或营业收入为负的样本及其观测值。

最后，本书获得了 2011—2021 年的 3610 家上市公司的供应链金融导向数据和相关财务数据，并将此数据集记为主数据集。

3. 核心企业与供应链上下游企业相匹配的样本与数据

由于本书在微观作用机制三中需要探讨核心企业的供应链金融导向能否通过供应链传递机制有效提升上下游企业的营运资金效率和营运风险管理水平，涉及基于供应链交易关系的企业间数据匹配，因此本书借鉴国内外主流研究做法，利用中国 A 股上市公司在年报中披露供应商和客户名称的信息，构建“供应商—核心企业—客户”结构的数据集（Li et al.，2021）。具体地，本书首先从 CNRDS 数据库的供应链研究库中获取 2001—2021 年上市公司前五大供应商和客户的名称、是否属于上市公司、股票代码等条目内容，有鉴于非上市公司的营运活动绩效等数据难以公开获得，因此本书仅保留了供应商或客户属于上市公司的样本对象，并记录其与核心企业的供应链关联关系，共获得 6099 条观测值。其次，将上一步骤获得的观测值与前述主数据集按“上市公司—会计年度”的标准进行精准匹配，可得到 4483 条“核心企业供应链金融导向—核心企业供应商或客户的上市公司代码”的匹配关系，从而构建起核心企业供应链主体的新数据集，该数据集以作为上市公司的供应商或客户为样本企业，核心变量为“该公司是否处于具有供应链金融导向的核心企业的供应链”。需要注意的是，由于存在某一供应商或客户同时处于多家上市公司的供应链之中，因此本书进行了去重处理，即如果多家上市公司中有至少一家企业具有供应链金融导向，则赋值为1，否则为0。最后，本书将新构建的数据集与主数据集再次进行精准匹配，补充得到供应商或客户的相关财务数据，形成了共计1885条观测值的供应链数据集。

3.2.2 变量含义及测量

1. 企业价值

企业价值是反映企业长期绩效和长远竞争优势的重要变量指标。本书借鉴了国际主流研究中常用的托宾Q值作为企业价值的代理变量，该变量源于詹姆斯·托宾衡量一项资产的市场价值与其重置成本之间关系的理论学说（Tobin，1969）。托宾Q值在国内主流研究中也被广泛应用于评估上市公司的企业价值（刘行和李小荣，2012），常常用总市值与总资产的比值进行度量。

2. 商业信用管理

商业信用管理是指企业与供应链上游供应商和下游客户之间基于贸易行为而发生的延期付款或预先收款等资金配置活动，可根据资金的占用关系被划分为商业信用供给和商业信用获取两个维度。商业信用供给是指企业分别向上游供应商和下游客户提供预付货款和赊销货款，而商业信用获取则被视为是一种非正式融资，包括对上游供应商的应付款项和来自下游客户的预收款项。此外，商业信用获取与商业信用供给之间的差额也被视为企业从供应链获得的综合性资金资源，即净商业信用（钟凯等，2022）。本书还参考相关文献，将上述指标除以营业收入（王竹泉等，2017）。

3. 营运资金效率

营运资金效率是反映企业与供应链上下游交易主体之间营运资金协作水平的重要指标，表现为企业自身的营运资金周转效率。现有研究常用现金流量周期（Cash Conversion Cyle）这一指标来度量，该指标代表了企业从产品生产到销售完工直至获得现金的整个产业周期，是企业进行综合供应链成本控制和营运活动绩效评估的一种重要工具（宋华，2019）。现金流量周期主要由应收账款周期、库存周转周期和应付账款周期三部分构成，涵盖了供应链活动的全过程。根据 Theodore Farris 和 Hutchison（2002）的计算公式可知：现金流量周期=应收账款周期+库存周转周期-应付账款周期（Theodore Farris & Hutchison，2002）。该指标的数值越小，反映出企业的营运资金周转效率越快（胡海青等，2014；Carnovale et al.，2018；Wetzel & Hofmann，2019）。

4. 综合营运风险

综合营运风险是指企业在日常营运过程中面临的经营波动和资金短缺等不确定性风险，主要包括经营风险和财务风险（钟凯等，2022）。经营风险是指企业受到内外部环境或经营策略影响而导致的不稳定经营状态，例如，突发的供应链中断事件或动荡多变的市场需求会导致企业面临较高的经营风险而需要被动做出适应性调整。该变量常用经营利润的波动程度作为测量指标（王竹泉等，2017），本书具体使用了 T-1 至 T+1 三年间经营利润率进行滚动回归以计算其标准差，其值越小，则意味着企业面临的营运风险越低。财务风险则是企业在营运活动中遭遇各类难以预料的风险性事件后在财务方面所表现出来的潜在损失，是影响企业财务流动性安全的重要因素。现有研究对财务风险形成了多种测量模型，其中著名的是 Altman 基于企业破产样本和数理统计模型构建的由 22 个财务指标组成的 ZScore 模型（Altman，1968；Altman et al.，2017），由该模型计算得到的 Z 值被广泛应用于衡量企业营运活动中的财务风险或破产风险。需要注意的是，Z 值越大，企业发生破产的可能性也就越小，即财务风险越低，2.67 和 1.81 分别是两个临界值，当 Z 值大于 2.67 时意味着企业财务状况良好，Z 值小于 1.81 时代表企业有极大可能性面临严重财务困境。

5. 供需波动风险

供需波动风险反映出企业应对供应链上游采购波动和下游客户需求波动的协调难度。由于缺乏供应链整体层面的信息共享，交易信息的波动性从企业需求端向供应端传导时往往会产生逐级放大的现象，从而扰乱企业对供应链营运资源的配置（杨志强等，2020）。因此，能否有效平抑供需波动风险，成为评估企业缓解供需决策失衡和优化供应链交易结构的重要指标。借鉴国内外对于供应链波动性影响的实证研究，本书选择将供需波动偏离度作为供需波动风险的代理变量（杨志强等，2020）。该变量是测算企业在一个营运周期内供应端采购成本标准差与需求端销售收入标准差的比值，如果比值越大，往往意味着企业更容易受到所在供应链上交易波动的影响。

6. 供应链金融导向

受测量工具和数据可得性的限制，现有研究对于供应链金融采用或供应链金融导向的变量测量以问卷或间接的财务指标构成为主（Zhang et al.，2019）。近年来，部分研究开始基于上市公司年报和新闻公告等文本内容识别相关企业是否采用供应链金融，以及是否属于核心企业、上下游企业或供应链金融服务商（潘爱玲等，2021；Lam & Zhan，2021）。然而这一方法往往只能构建出是否具有供应链金融导向这一虚拟变量，难以表征供应链金融的参与程度和模式丰富性等更多内涵。对此，部分学者尝试借助词频统计等文本分析方法构建相应的连续变量（张黎娜等，2021；周兰和吴慧君，2022），但是这一方法过于笼统化，不仅难以确保相关词汇具有实际意义，也无法直接判断样本企业在供应链金融场景中的主体属性（即是否为核心企业）。

因此，为了优先保障所选变量与研究内容的契合性，本书选择采用“文本内容+人工识别”的方法构造核心企业供应链金融导向的虚拟变量。核心企业的供应链金融导向是指企业主动披露作为供应链核心企业向上下游企业提供供应链金融服务的战略行动，包括商业保理和存货融资等多种金融服务模式（Pan et al.，2020）。基于前述构建的上市公司供应链金融导向数据库，本书将具有此类导向的企业的变量值设为1，否则设为0。此外，本书基于已构建的供应链金融词典（见表3-1），针对具有核心企业供应链金融导向的特定样本进行相应的文本词频分析，并将所构造的连续变量用于稳健性检验。

7. 控制变量

由于本书旨在探讨特定导向对于企业价值绩效的影响，因此将财务基本面、公司治理结构和相对价值等方面的典型变量作为控制变量纳入研究模型。具体而言，本书在财务基本面采用了企业年龄、企业规模、资产负债率和营业收入增长率作为控制变量。这些变量反映了企业的盈利能力、负债能力和经营生命周期等内容，对企业战略部署和长远竞争优势具有潜在的重要影响，同时也是国内外企业层面研究中常被控制的变量指标。本书还采用了两职合一、产权性质、管理层持股比例和董事会规模四个反映企业治理结构的指标作为控制变量。企业治理结构能通过影响企业决策权力配置和内外部治理效应而影响企业战略计划和实施等行为及其后果，因而同样需要被控制。此外，相关研究还认为代表上市公司成长性的相对价值指标——账面市值比，对企业价值等长期绩效具有重要影响，因此本书也将其作为控制变量而纳入实证模型。

子研究一的变量定义与测量方式详见表 3-2。

表 3-2　子研究一的变量定义与测量方式

变量名称		变量定义	测量方式
被解释变量	企业价值（TobinQ）	企业的市场评价与长期绩效	*TobinQ* ＝ 总市值 / 总资产； 总市值 ＝ 流通股股份数 × 每股市场价格 ＋ 非流通股股份数 × 每股净资产 ＋ 负债账面值
	商业信用供给（Credit Provision）	企业向供应链上下游交易对手提供的商业信用额度	*CreditProvision* ＝（应收账款＋应收票据＋预付账款）/ 营业收入
	商业信用获取（CreditAccess）	企业从供应链上下游交易对手中获取的商业信用额度	*CreditAccess* ＝（应付账款 ＋ 应付票据 ＋ 预收账款）/ 营业收入
	净商业信用（NetCredit）	企业从供应链上下游交易对手中获得的商业信用净额	*NetCredit* ＝ *CreditAccess* － *CreditProvision*
	现金流量周期（CCC）	企业营运周期中的营运资金周转效率	*CCC*＝应收账款周期+库存周转周期−应付账款周期； 应收账款周期＝（应收账款/营业收入）×360 库存周转周期＝（存货/营业成本）×360 应付账款周期＝（应付账款/营业成本）×360

续表

变量名称		变量定义	测量方式
被解释变量	企业经营风险（OperRisk）	企业盈利的波动程度	$OperRisk = \sqrt{\frac{1}{T-1} \times \sum_{i=1}^{T}\left(E_{i,t} - \frac{1}{T}\sum_{i=1}^{T} E_{i,t}\right)^2}$ $\mid T = 3$ $E_{i,t} = EBIT_{i,t}/A_{i,t-1}$； $EBIT_{i,t}$ 是第 i 家公司第 t 年的息税前利润； $A_{i,t-1}$ 是第 i 家公司第 t-1 年的总资产
	企业财务风险（ZScore）	企业遭遇资金流困境或面临破产风险的可能性	$Zscore = 1.2X_1 + 1.4X_2 + 3.3X_3 + 0.6X_4 + 0.999X_5$ X_1 =（流动资产-流动负债）/总资产 X_2 = 留存收益/总资产 X_3 = 息税前利润/总资产 X_4 = 所有者权益的市场价值/总负债的账面价值 X_5 = 营业收入/总资产
	供需波动风险（SDRisk）	企业上游与下游供需波动偏离度的比值	$SDRisk$ = 年度供应波动 / 年度需求波动 年度供应波动 = Var(当年各季度采购成本) 年度需求波动 = Var(当年各季度营业收入)
解释变量	供应链金融导向（SCF_focal）	企业作为核心企业开展向其上下游提供供应链金融服务的选择	基于上市公司年报和新闻公告，判断其是否作为核心企业参与向上下游的供应链金融服务。如若具有此类供应链金融导向，则设为1，否则为0。在稳健性检验部分还应用基于供应链金融词典的词频数来反映核心企业供应链金融导向的不同程度
控制变量	企业年龄（Age）	企业自成立以来到观测期的时长	$Age = Ln$（观测期年份 - 企业成立年份 + 1）
	企业规模（Size）	企业年度总资产大小	$Size = Ln$（年末总资产 + 1）
	资产负债率（Lev）	企业负债占资产总额的比例	Lev = 年末总负债 / 年末总资产
	营业收入增长率（Growth）	本年度相比上一年的营业收入增减变化	$Growth$ =（本年营业收入/上一年营业收入）-1

续表

变量名称		变量定义	测量方式
控制变量	两职合一（Dual）	董事长与总经理任职重合度	如若企业董事长与总经理由同一个人承担则取值为 1，否则为 0
	产权性质（SOE）	企业是否由国资委或国有企业控股	如若企业为国有控股则取值为 1，否则为 0
	管理层持股比例（Mshare）	企业管理层持股比例	*Mshare* = 管理层持股数据 / 总股本
	董事会规模（Board）	董事会人数	*Board* = *Ln*（董事会人数 + 1）
	账面市值比（BM）	企业成长性，值越大越具有投资价值	*BM* = 股东权益 / 总市值

资料来源：在参考相关文献的基础上，由笔者整理。

3.2.3 实证模型

基于所提假设，本书采用多元线性回归的统计方法加以检验，并构建相应实证模型。由于本书所用数据集是面板数据，故先进行 LR 检验和 Hausman 检验，以决定实证检验中选用混合 OLS 模型、随机效应模型（Re）还是固定效应模型（Fe）。检验结果表明固定效应模型优于混合 OLS 模型（$P<0.001$），随机效应模型优于混合 OLS 模型（$P<0.001$），而固定效应模型优于随机效应模型（$P<0.001$），因此本书选择使用个体固定效应模型。同时，个体固定效应模型有助于控制个体与个体之间不随时间变化的差异，从而解决一定程度的遗漏变量问题。此外，考虑到不同行业类型对供应链战略、资金流优化及其价值效应也存在一定的影响差异，以及企业研究中常存在某些随时间变化却不可观测的因素，如政策冲击或产业发展趋势，因而本书还进一步增加了对行业固定效应和时间固定效应的控制，即本书

的主模型为“个体—行业—时间”的多重固定效应模型。需要补充说明的是，本书的模型检验均考虑了个体聚类的稳健标准误以增强实证结果的可靠性。

1. 检验供应链金融导向与核心企业价值之间关系的计量模型

$$TobinQ_{i,t} = \beta_0 + \beta_1 \times SCF\_focal_{i,t} + \lambda \times Controls_{i,t} + u_i + v_t + \gamma_z + \varepsilon_{i,t} \tag{3.1}$$

其中，i 代表样本企业个体维度，t 为面板数据的时间（年度）维度，u_i 为个体固定效应项，v_t 为时间固定效应项，γ_z 为行业固定效应项，$\varepsilon_{i,t}$ 为回归残差项，β_0 为常数项。$SCF\_focal_{i,t}$ 是指样本企业 i 在第 t 年是否具有供应链金融导向，β_1 是该变量的回归系数。λ 是企业年龄等控制变量（$Controls_{i,t}$）的一系列回归系数。基于模型（3.1），本书可以对假设 H1 进行实证检验，如果回归系数 β_1 显著为正，则支持假设 H1 中关于供应链金融导向可以促进企业价值提升的理论推断。

2. 检验供应链金融导向与供应链商业信用管理之间关系的计量模型

$$CreditProvision_{i,t} = \beta_0 + \beta_1 \times SCF\_focal_{i,t} + \lambda \times Controls_{i,t} + u_i + v_t + \gamma_z + \varepsilon_{i,t} \tag{3.2}$$

$$CreditAccess_{i,t} = \beta_0 + \beta_1 \times SCF\_focal_{i,t} + \lambda \times Controls_{i,t} + u_i + v_t + \gamma_z + \varepsilon_{i,t} \tag{3.3}$$

$$TobinQ_{i,t} = \beta_0 + \beta_1 \times SCF\_focal_{i,t} + \beta_2 \times CreditProvision_{i,t} + \lambda \times Controls_{i,t} + u_i + v_t + \gamma_z + \varepsilon_{i,t} \tag{3.4}$$

$$TobinQ_{i,t} = \beta_0 + \beta_1 \times SCF\_focal_{i,t} + \beta_2 \times CreditAccess_{i,t} + \lambda \times Controls_{i,t} + u_i + v_t + \gamma_z + \varepsilon_{i,t} \tag{3.5}$$

$$NetCredit_{i,t} = \beta_0 + \beta_1 \times SCF\_focal_{i,t} + \lambda \times Controls_{i,t} + u_i + v_t + \gamma_z + \varepsilon_{i,t} \tag{3.6}$$

其中，$CreditProvision_{i,t}$ 和 $CreditAccess_{i,t}$ 分别指样本企业 i 在第 t 年对其供应链上下游企业的商业信用供给和商业信用获取。模型（3.2）和模型（3.3）也分别被用以检验核心企业供应链金融导向是否会影响核心企业对其上下游的商业信用供给和商业信用获取，如果两个模型中的变量系数 β_1 均显著为负，则支持了假设 H2a 和 H2b。为了进一步检验商业信用管理是否在供应链金融导向与企业价值间的关系中具有微观作用机制，本书还参考了组织管理研究中常用的“中介效应逐步法”分析思路（温忠麟和叶宝娟，2014；Baron & Kenny，1986），设立了模型（3.4）和模型（3.5），即将假定的机制变量或中介变量重新纳入主效应模型（3.1）中。通过观察机制变量系数 β_2 的显著性与方向，以及解释变量系数 β_1 分别在模型（3.1）和模型（3.4）、模型（3.5）中的变化，可以在一定程度上表明微观作用机制的存在。此外，为探索核心企业在采用供应链金融导向前后，其净商业信用会发生什么样的变化，本书还设定了模型（3.6），即将 $NetCredit_{i,t}$ 作为被解释变量，检验 $SCF\_focal_{i,t}$ 的变量系数 β_1 的正负以及是否在统计上具有显著意义。

3. 检验供应链金融导向与核心企业营运资金效率和营运风险管理之间的关系的计量模型

$$CCC_{i,t} = \beta_0 + \beta_1 \times SCF\_focal_{i,t} + \lambda \times Controls_{i,t} + u_i + v_t + \gamma_z + \varepsilon_{i,t} \tag{3.7}$$

$$OperRisk_{i,t} = \beta_0 + \beta_1 \times SCF\_focal_{i,t} + \lambda \times Controls_{i,t} + u_i + v_t + \gamma_z + \varepsilon_{i,t} \tag{3.8}$$

$$Zscore_{i,t} = \beta_0 + \beta_1 \times SCF\_focal_{i,t} + \lambda \times Controls_{i,t} + u_i + v_t + \gamma_z + \varepsilon_{i,t} \tag{3.9}$$

$$TobinQ_{i,t} = \beta_0 + \beta_1 \times SCF\_focal_{i,t} + \beta_2 \times CCC_{i,t} + \lambda \times Controls_{i,t} + u_i + v_t + \gamma_z + \varepsilon_{i,t} \tag{3.10}$$

$$TobinQ_{i,t} = \beta_0 + \beta_1 \times SCF\_focal_{i,t} + \beta_2 \times OperRisk_{i,t} + \lambda \times Controls_{i,t} + u_i + v_t + \gamma_z + \varepsilon_{i,t} \tag{3.11}$$

$$TobinQ_{i,t} = \beta_0 + \beta_1 \times SCF\_focal_{i,t} + \beta_2 \times Zscore_{i,t} + \lambda \times Controls_{i,t} + u_i + v_t + \gamma_z + \varepsilon_{i,t} \tag{3.12}$$

为检验供应链金融导向对核心企业营运资金效率和营运风险管理的影响，本书选取核心企业营运资金效率的代理变量现金流量周期（$CCC_{i,t}$）作为模型（3.7）的被解释变量，分别采用经营风险（$OperRisk_{i,t}$）和财务风险（$Zscore_{i,t}$）作为模型（3.8）和模型（3.9）的被解释变量。如果模型（3.7）中的主要解释变量（$SCF\_focal_{i,t}$）的回归系数 β_1 均在统计上显著为负，则假设 H3a 得到实证支持。如果系数 β_1 在模型（3.8）中显著为负或在模型（3.9）

中显著为正，则分别从经营风险和财务风险角度支持了假设 H3b 的理论推断。同样，本书也进一步设定了模型（3.10）、模型（3.11）和模型（3.12）来进一步佐证和检验核心企业营运资金效率和营运风险管理是否发挥了微观作用机制的作用。

4. 检验供应链金融导向与供应链上下游企业营运资金效率和供需波动风险之间关系的计量模型

$$CCC_{j,t} = \beta_0 + \beta_1 \times SCF\_focal_{i,t} + \lambda \times Controls_{j,t} + u_j + v_t + \gamma_z + \varepsilon_{j,t} \tag{3.13}$$

$$SDRisk_{j,t} = \beta_0 + \beta_1 \times SCF\_focal_{i,t} + \lambda \times Controls_{j,t} + u_j + v_t + \gamma_z + \varepsilon_{j,t} \tag{3.14}$$

由于供应链金融导向与供应链上下游企业营运资金效率和供需波动风险之间关系的实证检验是基于供应链匹配样本，即“核心企业—供应商/客户”的配对型数据，因此本书将上下游企业的营运资金效率和供需波动风险分别以 $CCC_{j,t}$ 和 $SDRisk_{j,t}$ 作为代理变量构建了模型（3.13）和模型（3.14）。其中，$CCC_{j,t}$ 是指上下游企业 j 在第 t 年的现金流量周期，$SDRisk_{j,t}$ 是指上下游企业 j 在第 t 年的供需波动风险水平，而主要的解释变量 $SCF\_focal_{i,t}$ 则指上下游企业 j 的供应链上的核心企业 i 在第 t 年是否具有供应链金融导向。如果模型（3.13）和模型（3.14）中的系数 β_1 显著为负，则表明假设 H4a 和 H4b 得到了一定程度上的实证支持。此外，由于数据结构的特殊性，难以通过传统的“中介效应逐步法”进行检验，故本书参考当前主流研究中对于内在作用机制或者中介机制的检验方式（江艇，2022），从理论方面加强对上下游企业的营运资金效率和供需波动风险与核心企业价值之间关系的探讨与说明。

3.3 实证结果分析

3.3.1 描述性统计与相关性分析

表 3-3 呈现了子研究一中主要变量的描述性统计情况，提供了样本数据

的均值、标准差和最值等内容。由结果可知，经过缩尾处理后的各变量的标准差与最值间关系基本处在可接受范围内，即异常值问题并不严重。整体变量的观测值数量在 2.8 万条左右，考虑到尽可能保证样本完整性以及后续研究还将涉及样本匹配的问题，故并未对主数据集做观测值数量的统一。由表 3-3 可知，具有供应链金融导向的样本观测值只有 3%，再结合图 3-2 的年度趋势，当前上市公司具有供应链金融导向的广度（覆盖范围）和深度（持续时间）仍十分有限，但已呈现出不断加快的采用趋势，未来研究有待持续关注。

商业信用供给和商业信用获取的均值分别为 0.35 和 0.33，表明每年由供应链主体间相互占用的资金资源均达到了营业收入的 1/3。同时，现金流量周期的均值为 191 天，超过了半年，甚至极值可高达 2700 余天（约 7.5 年），这表明即使拥有更多筹资机会和资源的上市公司也同样面临较长的营运资金回收周期。根据国际知名咨询公司科法斯发布的《2022 年中国企业付款调查》，在 2021 年，受访企业一方面遭遇了更为严重的逾期付款问题，平均逾期付款天数增加至 86 天，面临超长期逾期付款（超过 180 天）的企业比例也上升至 19%；另一方面，受访企业对其供应链上下游提供的商业信用期限仍处在高位，持续保持在 77 天。因此，如何缓解企业的供应链资金占用压力、提升企业营运资金效率，仍是现阶段亟须探讨解决的重要问题。

表 3-4 汇报了子研究一中主要的被解释变量企业价值（TobinQ）、解释变量供应链金融导向（SCF_focal）和控制变量之间的相关性系数。据表 3-4 可知，企业规模（Size）等控制变量几乎都与企业价值和供应链金融导向存在显著的相关性关系，这在一定程度上支持了本书对于控制变量选择的合理性。此外，供应链金融导向和企业价值之间同样显著相关，但相关性系数为-0.066<0，与预期假设并不一致。考虑到变量间影响关系难以简单地通过相关性分析进行识别，需要考虑更多因素的控制与计量模型的有效性，因此本书将进一步开展回归分析，从而更准确地检验供应链金融导向和企业价值的关系（连燕玲等，2014）。

表 3-3 子研究一主要变量的描述性统计（已缩尾处理）

变量名称	变量简称	样本数量	均值	标准差	最小值	中位数	最大值
企业价值	TobinQ	27934	2.04	1.43	0.80	1.59	17.73
供应链金融导向	SCF_focal	28412	0.03	0.18	0.00	0.00	1.00
商业信用供给	CreditProvision	28426	0.35	0.28	0.01	0.28	1.59
商业信用获取	CreditAccess	28462	0.33	0.31	0.01	0.24	2.14
净商业信用	NetCredit	28385	-0.02	0.35	-1.11	-0.03	1.75
现金流量周期（主数据集）	CCC_i	28038	191.56	347.00	-234.45	101.20	2705.34
现金流量周期（供应链数据集）	CCC_j	1702	108.29	203.01	-204.38	57.86	2233.65
经营风险	OperRisk	20824	0.05	0.09	0.00	0.03	0.65
财务风险	ZScore	28257	5.00	6.07	-0.89	3.14	60.82
供需波动风险	SDRisk	1663	1.01	0.34	0.31	0.98	5.84
企业年龄	Age	28473	18.38	5.96	1.00	18.00	65.00
企业规模	Size	28512	22.13	1.29	19.52	21.95	26.40
资产负债率	Lev	28512	0.42	0.21	0.03	0.41	0.92
营业收入增长率	Growth	28498	0.16	0.43	-0.66	0.10	4.33
两职合一	Dual	28512	0.29	0.45	0.00	0.00	1.00
产权性质	SOE	28512	0.33	0.47	0.00	0.00	1.00
管理层持股比例	Mshare	27708	0.14	0.20	0.00	0.01	0.70
董事会规模	Board	28470	2.13	0.20	1.10	2.20	2.89
账面市值比	BM	28473	1.02	1.17	0.05	0.64	10.14

表 3-4 子研究一变量的相关性分析

变量名称	供应链金融导向	企业价值	企业年龄	企业规模	资产负债率	营业收入增长率	两职合一	产权性质	管理层持股比例	董事会规模	账面市值比
供应链金融导向	1.000	—	—	—	—	—	—	—	—	—	—
企业价值	-0.066*** (0.000)	1.000	—	—	—	—	—	—	—	—	—
企业年龄	0.093*** (0.000)	0.005 (0.452)	1.000	—	—	—	—	—	—	—	—
企业规模	0.217*** (0.000)	-0.376*** (0.000)	0.190*** (0.000)	1.000	—	—	—	—	—	—	—
资产负债率	0.137*** (0.000)	-0.223*** (0.000)	0.180*** (0.000)	0.520*** (0.000)	1.000	—	—	—	—	—	—
营业收入增长率	0.012** (0.045)	0.019*** (0.001)	-0.050*** (0.000)	0.037*** (0.000)	0.020*** (0.001)	1.000	—	—	—	—	—
两职合一	-0.016*** (0.009)	0.058*** (0.000)	-0.105*** (0.000)	-0.184*** (0.000)	-0.148*** (0.000)	0.028*** (0.000)	1.000	—	—	—	—
产权性质	0.032*** (0.000)	-0.137*** (0.000)	0.140*** (0.000)	0.371*** (0.000)	0.299*** (0.000)	-0.073*** (0.000)	-0.296*** (0.000)	1.000	—	—	—

续表

变量名称	供应链金融导向	企业价值	企业年龄	企业规模	资产负债率	营业收入增长率	两职合一	产权性质	管理层持股比例	董事会规模	账面市值比
管理层持股比例	-0.058*** (0.000)	0.008 (0.194)	-0.242*** (0.000)	-0.355*** (0.000)	-0.336*** (0.000)	0.063*** (0.000)	0.254*** (0.000)	-0.464*** (0.000)	1.000	—	—
董事会规模	0.020*** (0.001)	-0.134*** (0.000)	0.053*** (0.000)	0.265*** (0.000)	0.152*** (0.000)	-0.017*** (0.004)	-0.175*** (0.000)	0.257*** (0.000)	-0.190*** (0.000)	1.000	—
账面市值比	0.194*** (0.000)	-0.403*** (0.000)	0.169*** (0.000)	0.651*** (0.000)	0.564*** (0.000)	-0.047*** (0.000)	-0.145*** (0.000)	0.334*** (0.000)	-0.271*** (0.000)	0.167*** (0.000)	1.000

注：变量系数显著性对应标识为* $p<0.10$，** $p<0.05$，*** $p<0.01$，系数下方括号汇报的是 P 统计值。

3.3.2 假设检验

1. 供应链金融导向与核心企业价值之间关系的实证分析

本书通过构建“个体—行业—时间”的多重固定效应模型以检验核心企业供应链金融导向对其企业价值的影响关系。表 3-5 展示了相关回归结果，其中列（1）是将所有控制变量对被解释变量进行回归，可以看出除企业年龄（Age）和董事会规模（Board）外，其余变量均对企业价值在统计意义上具有显著影响。列（2）则是在列（1）模型的基础上纳入供应链金融导向（SCF_focal）这一主要解释变量，该变量的回归系数为 0.121，在 5%的置信水平上显著。这一结果表明具有供应链金融导向的核心企业能有效提升自身长期价值。此外，本书在列（3）中还进一步将被解释变量替换为企业价值（TobinQ）的未来一期（FTobinQ），以检验当期（t）采取供应链金融导向对未来一期（$t+1$）的价值绩效是否有所影响。由列（3）结果可知，供应链金融导向的系数为 0.159，在 1%的置信水平上显著，从而进一步说明了供应链金融导向对企业价值的重要积极影响，假设 H1 得到支持。因此，核心企业对其供应链上下游提供获取供应链金融服务的机会，有利于增强核心企业自身的供应链竞争优势，进而反映为企业价值的有效提升。

表 3-5 主效应的实证分析结果（核心企业价值）

变量名称	(1)	(2)	(3)
	企业价值		企业价值的未来一期
供应链金融导向	—	0.121** (2.43)	0.159*** (3.24)
企业年龄	-0.003 (-0.27)	-0.003 (-0.27)	0.094*** (17.90)
企业规模	-0.555*** (-14.47)	-0.559*** (-14.48)	-0.437*** (-11.85)
资产负债率	0.656*** (5.55)	0.665*** (5.62)	0.491*** (3.94)

续表

变量名称	(1)	(2)	(3)
	企业价值		企业价值的未来一期
营业收入增长率	0.047** (2.53)	0.047** (2.53)	0.017 (0.78)
两职合一	-0.069** (-2.44)	-0.069** (-2.44)	-0.060** (-2.11)
产权性质	-0.199*** (-3.25)	-0.198*** (-3.24)	-0.167** (-2.13)
管理层持股比例	-1.044*** (-8.14)	-1.042*** (-8.15)	-0.849*** (-6.52)
董事会规模	-0.102 (-1.33)	-0.105 (-1.37)	-0.207** (-2.47)
账面市值比	-0.143*** (-8.45)	-0.146*** (-8.62)	-0.074*** (-5.13)
常数项	13.821*** (16.22)	13.905*** (16.25)	10.091*** (12.24)
行业	控制	控制	控制
年份	控制	控制	控制
R^2	0.262	0.263	0.253
adj. R^2	0.261	0.262	0.252
F	81.130	79.295	78.752
N	27122	27062	23051

注：变量系数显著性对应标识为* $p<0.10$，** $p<0.05$，*** $p<0.01$，系数下方括号汇报的是经聚类稳健标准误调整过的 t 统计值。

2. 供应链金融导向与供应链商业信用管理之间关系的实证分析

本书进一步检验了供应链商业信用管理是否作为供应链金融导向与企业价值之间关系的一类微观作用机制，并细分为商业信用的供给和获取两类维度展开探究，具体结果详见表 3-6。

表 3-6 微观作用机制一的实证分析结果（供应链商业信用）

变量名称	(1)	(2)	(3)	(4)	(5)
	商业信用供给	企业价值	商业信用获取	企业价值	净商业信用
供应链金融导向	-0.023** (-2.14)	0.118** (2.36)	-0.026* (-1.85)	0.117** (2.35)	-0.003 (-0.19)
商业信用供给	—	-0.138* (-1.87)	—	—	—
商业信用获取	—	—	—	-0.136** (-2.39)	—
企业年龄	0.000 (0.06)	-0.003 (-0.27)	0.006 (0.61)	-0.003 (-0.21)	0.005 (0.53)
企业规模	0.037*** (5.53)	-0.555*** (-14.24)	0.037*** (5.28)	-0.554*** (-14.24)	-0.003 (-0.35)
资产负债率	0.015 (0.69)	0.674*** (5.70)	0.439*** (18.26)	0.742*** (6.00)	0.410*** (15.03)
营业收入增长率	-0.059*** (-14.74)	0.038** (2.03)	-0.063*** (-12.60)	0.042** (2.26)	-0.001 (-0.14)
两职合一	0.003 (0.52)	-0.071** (-2.53)	0.003 (0.63)	-0.070** (-2.47)	-0.002 (-0.27)
产权性质	0.009 (0.51)	-0.199*** (-3.25)	0.040** (2.44)	-0.193*** (-3.15)	0.036* (1.71)
管理层持股比例	0.001 (0.06)	-1.040*** (-8.13)	-0.033 (-1.51)	-1.043*** (-8.13)	-0.030 (-1.08)
董事会规模	-0.029* (-1.81)	-0.107 (-1.39)	-0.013 (-0.84)	-0.102 (-1.33)	0.010 (0.51)
账面市值比	0.001 (0.19)	-0.147*** (-8.71)	0.002 (0.47)	-0.146*** (-8.67)	-0.002 (-0.38)
常数项	-0.620*** (-3.67)	13.839*** (16.08)	-0.805*** (-3.85)	13.771*** (15.96)	-0.117 (-0.49)
行业	控制	控制	控制	控制	控制
年份	控制	控制	控制	控制	控制
R^2	0.063	0.263	0.134	0.263	0.071
adj. R^2	0.061	0.262	0.133	0.262	0.070

续表

变量名称	(1)	(2)	(3)	(4)	(5)
	商业信用供给	企业价值	商业信用获取	企业价值	净商业信用
F	13.295	78.010	25.052	77.257	15.889
N	27558	26991	27585	27015	27520
Sobel Z	—	1.866	—	3.638	—
Sobel Z–P value	—	0.062	—	<0.001	—
Bootstrap Z	—	2.16	—	2.79	—
Bootstrap Z–P value	—	0.031	—	0.005	—

注：变量系数显著性对应标识为* $p<0.10$，** $p<0.05$，*** $p<0.01$，系数下方括号汇报的是经聚类稳健标准误调整过的 t 统计值。

其中，列（1）的被解释变量为核心企业对供应链上下游的商业信用供给，解释变量供应链金融导向（SCF_focal）的回归系数为-0.023，且在5%的置信水平上显著，即与其他企业相比，具有供应链金融导向的企业会减少对其上下游企业的商业信用供给。参考“中介效应逐步法”的检验步骤，本书在列（2）中检验了企业价值作为被解释变量、商业信用供给和供应链金融导向被纳为自变量的计量模型，其结果显示商业信用供给的回归系数显著为负（系数为-0.138，P<0.1），供应链金融导向的回归系数仍显著为正（系数为0.118，P<0.05）且低于表3-5列（2）中的系数值（0.121）。这一结果可推知，商业信用供给具有“部分中介效应”，且对上下游的商业信用供给越少，企业价值提升越多。然而，现有研究对于“中介效应逐步法”在内生性问题和模型检验效力等方面提出了诸多质疑和改进方法（温忠麟和叶宝娟，2014；Malhotra et al.，2014；Zhao et al.，2010）。因此，本书还进一步开展了Sobel检验和Bootstrap检验（王分棉等，2021）来检验商业信用供给的潜在中介机制。列（2）末尾给出了Sobel检验和Bootstrap检验的P值，分别为0.062（在10%的置信水平上显著）和0.031（在5%的置信水平上显著），表明企业的供应链金融导向存在通过降低自身向外提供商业信用的“负担”成本而提升企业价值的作用路径。综上可知，假设H2a得到了有力的实证支持。

同样，列（3）中供应链金融导向对企业价值的回归系数也显著为负（系数值为-0.026，P<0.1），即企业积极开展服务上下游的供应链金融业务也会显著降低企业向外获取的商业信用的需求及其结果。本书也在列（4）中检验了商业信用获取是否在供应链金融导向与企业价值之间的关系中存在“中介效应”。列（4）结果显示，由商业信用获取对企业价值的回归系数为-0.136，在5%的置信水平上显著，而处于同一模型中的供应链金融导向对企业价值的系数仍然显著为正，也小于未纳入商业信用获取时的系数（0.121），由此表明商业信用获取的“部分中介效应”存在。Sobel 检验和 Bootstrap 检验也被用于进一步增强研究结果的可靠性，列（4）末尾分别列示了 Sobel Z 和 Bootstrap Z 的 P 值（P<0.001，P=0.005），即支持了“中介效应”的存在。据此，本书认为假设 H2b 也得到了充分的支持，具有供应链金融导向的企业通过减少自己获取来自供应链上下游的商业信用，有助于缓和上下游企业的资金被占用压力而增进供应链整体关系，进而提升核心企业的长期价值。

此外，在实证发现具有供应链金融导向的核心企业会同时降低对供应链上下游的商业信用供给和商业信用获取之后，本书还拟进一步探讨核心企业与供应链交易主体发生的商业信用净额是否会在供应链金融战略部署前后发生变化，即商业信用供给与获取之间的下降幅度有无明显差异。对此，本书在列（5）中将净商业信用（NetCredit）作为被解释变量，检验供应链金融导向（SCF_focal）对其回归的计量模型。由列（5）结果可知，供应链金融导向的回归系数为-0.003，但 t 值仅为-0.19，并未具有统计意义上的显著性，即未发现核心企业通过确立供应链金融导向而改变与供应链上下游整体发生的商业信用净额。这一结果反映出企业与其上下游因市场竞争博弈而形成的商业信用结果并未因为供应链金融的引入发生结构性改变，这不仅在一定程度上回应了假设推导中关于核心企业是否会利用供应链金融而强化“侵占”上下游企业商业信用的问题，也为供应链金融导向与商业信用管理之间的影响关系增添了新的研究见解。核心企业对其供应链上下游的双向净商业信用保持了“平衡”，发生显著下降的只是相互被占用的商业信用资源，也即“激活”了供应链资金流中的“冗余”资源。这一研究发现为供应链金融如何优化商业信用管理提供了更多的实证依据。

3. 供应链金融导向与核心企业营运资金效率之间关系的实证分析

本书也检验了供应链金融导向对于核心企业资金流优化的影响效应，即是否有助于提高核心企业营运资金效率，具体的回归结果见表 3-7。其中，列（1）显示了全行业样本下供应链金融导向（SCF_focal）对现金流量周期（CCC）的回归系数（系数值为-1.979，但并未在统计意义上显著）。本书认为，回归系数的不显著可能与变量的指标构造和样本行业范围有关，因为现金流量周期的一个重要组成指标是库存周转周期，而该指标在一些以服务贸易而非实物产品为主的行业中可能缺乏适用性。因此，考虑到制造型企业往往在营运活动中具有较大比例的库存产品且更为关注自身的库存周转效率，本书在制造业行业的样本中再次检验了两个变量间关系。列（2）显示了相关回归结果，供应链金融导向的回归系数为-17.485，在1%的置信水平上显著，表明积极采取供应链金融导向的核心企业可以有效地优化自身营运资金效率，促进供应链资金流的循环畅通。结合前文描述性统计中样本企业的平均现金流量周期为 191.56 天，供应链金融导向的介入有望减少近 10%（17.485/191.56）的周期天数，这也反映出该变量在经济意义上的重要性。作为对微观作用机制是否存在的检验，本书也对核心企业营运资金效率先后进行了“中介效应逐步法”、Sobel 检验和 Bootstrap 检验，其结果展示在列（3）。据列（3）结果可知，现金流量周期对企业价值（TobinQ）的回归系数为-0.001，在 1%的置信水平上显著，而 Sobel 检验和 Bootstrap 检验的值也均显著为负（P=0.002，P<0.001），从而共同支持了假设 H3a 在制造业行业样本中的成立。

表 3-7　微观作用机制二的实证分析结果（核心企业营运资金效率）

变量名称	(1)	(2)	(3)	(4)
	全样本	制造业		
	现金流量周期	现金流量周期	企业价值	库存周转周期
供应链金融导向	-1.979 (-0.15)	-17.485*** (-2.69)	0.280*** (5.30)	-16.424*** (-2.75)
现金流量周期	—	—	-0.001*** (-4.91)	—

续表

变量名称	(1)	(2)	(3)	(4)
	全样本	制造业		
	现金流量周期	现金流量周期	企业价值	库存周转周期
企业年龄	5.909 (0.73)	0.792 (0.48)	0.016*** (8.79)	−0.181 (−0.13)
企业规模	7.410 (1.13)	−12.425** (−2.11)	−0.262*** (−15.63)	−8.851 (−1.48)
资产负债率	84.157*** (3.36)	48.402** (2.31)	0.305*** (3.78)	73.839*** (3.79)
营业收入增长率	−80.094*** (−16.10)	−61.496*** (−15.07)	0.103*** (3.63)	−45.914*** (−14.37)
两职合一	−1.299 (−0.23)	−2.427 (−0.55)	−0.005 (−0.26)	−3.308 (−0.92)
产权性质	−3.571 (−0.21)	−0.516 (−0.03)	0.100*** (4.25)	15.414 (0.81)
管理层持股比例	−41.984** (−2.25)	−30.472 (−1.59)	−1.056*** (−21.56)	−19.782 (−1.12)
董事会规模	−15.881 (−0.93)	−13.496 (−0.80)	−0.219*** (−4.54)	−7.513 (−0.47)
账面市值比	5.023 (1.19)	6.149** (2.17)	−0.541*** (−22.93)	4.568* (1.72)
常数项	17.752 (0.09)	489.503*** (3.51)	8.037*** (22.94)	385.581*** (2.88)
行业	控制	控制	控制	控制
年份	控制	控制	控制	控制
R^2	0.092	0.074	0.308	0.056
adj. R^2	0.091	0.073	0.307	0.055
F	9.750	15.499	156.366	14.363
N	27221	18099	17725	18116

续表

变量名称	(1)	(2)	(3)	(4)
	全样本	制造业		
	现金流量周期	现金流量周期	企业价值	库存周转周期
Sobel Z	—	—	-3.114	—
Sobel Z-P value	—	—	0.002	—
Bootstrap Z	—	—	-3.65	—
Bootstrap Z-P value	—	—	<0.001	—

注：变量系数显著性对应标识为 * $p<0.10$，** $p<0.05$，*** $p<0.01$，系数下方括号汇报的是经聚类稳健标准误调整过的 t 统计值。

此外，本书还在列（4）中将库存周转周期（Inventory）作为被解释变量进行回归分析，该变量的测量指标是年度期末存货余额除以营业成本后再乘以计算期天数（以一年 360 天为基准），其值越小，企业的库存周转效率越快。在列（4）中，供应链金融导向的回归系数为-16.424，在 1%的置信水平上显著，表明核心企业积极开展对上下游的供应链金融服务也能有效地加快自身库存运转，降低库存积压成本与风险。

4. 供应链金融导向与核心企业综合营运风险之间关系的实证分析

本书还检验了供应链金融导向与核心企业营业风险管理之间的影响关系，分别从经营风险和财务风险两个维度进行了实证分析。首先，本书在表 3-8 的列（1）中将经营风险（OperRisk）作为被解释变量，供应链金融导向（SCF_focal）的回归系数为-0.016，在 10%的置信水平上显著，表明供应链金融的积极开展能有效降低企业的经营风险不确定性。列（2）进一步检验了经营风险在供应链金融导向与企业价值之间的潜在机制作用，其中经营风险的回归系数为负（-0.100），但并未显著。然而之后的 Sobel 检验和 Bootstrap 检验均得到了支持，相应的 P 值分别为 0.054 和 0.088。因此，本书认为具有供应链金融导向的核心企业可以通过降低自身经营风险而进一步提升企业价值。

其次，本书在列（3）中将财务风险（ZScore）作为被解释变量而检验供应链金融导向对其的回归系数。结果显示，供应链金融导向的系数为 0.166，

表 3-8　微观作用机制二的实证分析结果（核心企业综合营运风险）

变量名称	(1)	(2)	(3)	(4)	(5)
	企业经营风险	企业价值	企业财务风险	企业财务风险的未来一期	企业价值的未来一期
供应链金融导向	-0.016* (-1.75)	0.188*** (3.23)	0.166 (0.90)	0.410** (1.96)	0.099** (2.29)
企业经营风险	—	-0.100 (-0.54)	—	—	—
企业财务风险的未来一期	—	—	—	—	0.156*** (28.70)
企业年龄	-0.002 (-1.38)	0.007 (0.57)	0.010 (0.28)	0.181*** (9.53)	0.066*** (15.43)
企业规模	0.034*** (7.60)	-0.735*** (-15.13)	-1.103*** (-9.31)	-0.877*** (-7.88)	-0.305*** (-9.94)
资产负债率	0.007 (0.69)	0.164 (1.10)	-13.857*** (-29.62)	-7.596*** (-17.27)	1.663*** (16.21)
营业收入增长率	-0.015*** (-6.82)	0.015 (0.75)	0.034 (0.48)	-0.050 (-0.64)	0.030* (1.68)
两职合一	0.001 (0.42)	-0.044 (-1.27)	-0.268** (-2.56)	-0.193 (-1.59)	-0.030 (-1.36)
产权性质	-0.011 (-1.48)	-0.207*** (-2.98)	-0.130 (-0.58)	-0.360 (-1.25)	-0.109* (-1.77)
管理层持股比例	-0.029* (-1.65)	-0.733*** (-3.43)	-2.929*** (-5.52)	-1.622*** (-2.96)	-0.599*** (-5.32)
董事会规模	-0.007 (-0.78)	0.002 (0.03)	-0.369 (-1.35)	-0.548* (-1.72)	-0.118* (-1.82)
账面市值比	-0.013*** (-5.94)	-0.019 (-1.12)	0.248*** (5.53)	0.169*** (3.64)	-0.099*** (-8.90)
常数项	-0.605*** (-5.96)	17.675*** (16.44)	34.080*** (12.76)	24.848*** (10.53)	6.285*** (9.36)

续表

变量名称	(1)	(2)	(3)	(4)	(5)
	企业经营风险	企业价值	企业财务风险	企业财务风险的未来一期	企业价值的未来一期
行业	控制	控制	控制	控制	行业
年份	控制	控制	控制	控制	年份
R^2	0. 078	0. 298	0. 235	0. 150	0. 562
adj. R^2	0. 076	0. 296	0. 234	0. 148	0. 561
F	6. 084	63. 960	55. 395	42. 117	159. 293
N	20101	19632	27383	23344	23051
Sobel Z	—	-1. 926	—	—	5. 238
Sobel Z-P value	—	0. 054	—	—	<0. 001
Bootstrap Z	—	1. 70	—	—	8. 48
Bootstrap Z-P value	—	0. 088	—	—	<0. 001

注：变量系数显著性对应标识为 * $p<0.10$，** $p<0.05$，*** $p<0.01$，系数下方括号汇报的是经聚类稳健标准误调整过的 t 统计值。

但并未在统计意义上具有显著性。考虑到供应链金融的相关业务可以直接、及时地作用于核心企业的日常经营活动，但对于核心企业财务资源的优化和增强具有相对间接、滞后的影响，因此本书在列（4）中将财务风险的未来一期指标（FZScore）作为被解释变量并再一次进行回归分析。列（4）结果显示，供应链金融导向对于企业未来一期的财务风险具有显著正向的抑制作用（系数为 0. 410，P<0. 05）。本书同样也进行了“中介效应逐步法”、Sobel 检验和 Bootstrap 检验来综合识别企业财务风险可能存在的直接机制效应，其结果列示在列（5）。在列（5）中，企业财务风险的回归系数为 0. 156，在 1%的置信水平上显著，相应的 Sobel 检验 P 值小于 0. 001（在 1%的置信水平上显著），Bootstrap 检验的 P 值小于 0. 001（在 1%的置信水平上显著），据此可知，具有供应链金融导向的企业能通过增强财务健康性和降低财务破产风险，实现自身价值的有效提升。

综上，本书认为 H3b 得到了较为充分的实证支持。

5. 供应链金融导向与供应链上下游企业营运资金效率和供需波动风险之间关系的实证分析

此外，本书探索判别了前述“微观作用机制三”（见 3.1.4）中提出的“供应链传递”机制效应，即基于核心企业及其上下游企业的供应链匹配关系，检验具有供应链金融导向的核心企业能否助力其上下游提高营运资金效率和供需波动风险水平。具体的回归结果可见表 3-9，需要说明的是，表中的样本个体是与核心企业相匹配的供应链上下游企业，解释变量 focal_SCF 是指上下游企业所在供应链上是否存在具有供应链金融导向的核心企业，如果存在至少一个则赋值为 1，否则设为 0，模型中的其余控制变量均采用上下游企业的对应数据。

表 3-9 微观作用机制三的实证分析结果（供应链上下游企业营运资金效率和供需波动风险）

变量名称	(1)	(2)
	现金流量周期	供需波动风险
链上具有供应链金融导向的核心企业	−43.154*** (−3.41)	−0.099** (−2.47)
企业年龄	−2.437*** (−3.39)	−0.004** (−2.50)
企业规模	−15.830*** (−4.75)	−0.002 (−0.19)
资产负债率	3.021 (0.13)	−0.068 (−1.01)
营业收入增长率	−48.632*** (−3.68)	−0.016 (−0.76)
两职合一	−7.216 (−0.94)	−0.008 (−0.42)
产权性质	−11.224 (−1.31)	0.028 (1.61)

续表

变量名称	(1)	(2)
	现金流量周期	供需波动风险
管理层持股比例	87.428*** (3.84)	-0.012 (-0.21)
董事会规模	-17.665 (-1.24)	-0.088** (-1.97)
账面市值比	-6.562** (-2.06)	-0.001 (-0.08)
常数项	720.568*** (9.38)	1.157*** (4.27)
行业	控制	控制
年份	控制	控制
R^2	0.624	0.058
adj. R^2	0.615	0.034
N	1635	1599

注：变量系数显著性对应标识为* $p<0.10$，** $p<0.05$，*** $p<0.01$，系数下方括号汇报的是经聚类稳健标准误调整过的 t 统计值。

列（1）的结果显示，当上下游企业的链上核心企业采用供应链金融导向（focal_SCF）时，会显著降低上下游企业的现金流量周期（CCC），相关的回归系数为-43.154，在1%的置信水平上显著。与前文描述性统计中现金流量周期的样本均值108.29（天）相比，这一系数值反映出核心企业积极采用供应链金融导向对上下游企业的营运资金效率在经济意义上也具有极其重要的影响。本书还在列（2）中检验了供应链金融导向对上下游企业供需波动风险（SDRisk）的影响效应。由解释变量的回归系数情况（系数值为-0.099，P<0.05）可知，核心企业的供应链金融业务活动可以显著增强上下游企业平抑供需波动风险的能力。综上，假设H4a和H4b都得到了实证数据的支持。

3.3.3 稳健性检验

为了增强研究结果的可靠性，本书采用了替换代理变量等一系列的稳健性测试。

（1）本书改变了被解释变量企业价值（TobinQ）的测量方式。上市公司企业价值的计算方式为总市值除以总资产，本书之前使用的总市值指标来自 CSMAR 中的市值 A，市值 A=A 股数×今收盘价 A 股当期值+境内上市的 B 股数×今收盘价 B 股当期值+其他股数×(所有者权益合计期末值/实收资本本期期末值) +负债合计本期期末值。在稳健性检验中，本书换用了 CSMAR 数据库中的市值 B 来重新构造企业价值（企业价值_B）的变量值，其中市值 B=（总股本-境内上市的 B 股数）×今收盘价 A 股当期值+境内上市的 B 股×今收盘价 B 股当期值+负债合计本期期末值。一方面，见表 3-10，本书在检验供应链金融导向与企业价值之间的关系时，考虑了对被解释变量企业价值做更换代理变量处理。列（1）中供应链金融导向（SCF_focal）的回归系数仍然显著为正（系数值为 0.311，P<0.01），为假设 H1 的供应链金融导向的价值效应提供了实证支持。另一方面，本书还在检验商业信用供给（CreditProvision）和商业信用获取（CreditAccess）是否作为微观作用机制的过程中采用了企业价值的新代理变量（企业价值_B）。通过采用“中介效应逐步法”、Sobel 检验和 Bootstrap 检验等实证分析方法，其结果，见表 3-10 中的列（2）和列（3），与前文假设检验中的结果保持了一致，从而增强了假设 H2a 和 H2b 中关于商业信用管理的相关结果的稳健性。

表 3-10　稳健性检验：替换变量（企业价值、供应链商业信用、现金流量周期）

变量名称	(1)	(2)	(3)	(4)	(5)
	企业价值_B			经行业数据标准化处理的现金流量周期	库存周转周期_B
供应链金融导向	0.311*** (4.70)	0.312*** (4.72)	0.312*** (4.71)	−0.087** (−2.19)	−16.844*** (−2.81)
商业信用供给	—	−0.048*** (−4.40)	—	—	—
商业信用获取	—	—	−0.022* (−1.73)	—	—

续表

变量名称	(1)	(2)	(3)	(4)	(5)
	企业价值_B			经行业数据标准化处理的现金流量周期	库存周转周期_B
企业年龄	0.005 (0.34)	0.006 (0.38)	0.005 (0.32)	0.001 (0.15)	−0.244 (−0.18)
企业规模	−0.835*** (−17.05)	−0.832*** (−17.00)	−0.834*** (−17.01)	−0.091*** (−2.58)	−6.849 (−1.14)
资产负债率	−0.421*** (−2.93)	−0.407*** (−2.93)	−0.393*** (−2.74)	0.288** (2.39)	75.771*** (3.85)
营业收入增长率	0.224*** (6.79)	0.217*** (6.53)	0.224*** (6.77)	−0.346*** (−14.94)	−43.076*** (−13.11)
两职合一	−0.020 (−0.54)	−0.024 (−0.64)	−0.022 (−0.59)	−0.004 (−0.17)	−3.759 (−1.05)
产权性质	−0.270*** (−3.66)	−0.269*** (−3.62)	−0.265*** (−3.57)	0.002 (0.01)	16.422 (0.86)
管理层持股比例	0.016 (0.09)	0.014 (0.07)	0.020 (0.11)	−0.163 (−1.44)	−24.845 (−1.40)
董事会规模	0.069 (0.66)	0.073 (0.71)	0.071 (0.68)	−0.031 (−0.34)	−5.490 (−0.36)
账面市值比	−0.023 (−1.10)	−0.025 (−1.17)	−0.024 (−1.14)	0.031* (1.95)	4.391 (1.63)
常数项	19.924*** (18.31)	19.832*** (18.22)	19.903*** (18.27)	1.937** (2.40)	342.120** (2.55)
行业	控制	控制	控制	控制	控制
年份	控制	控制	控制	控制	控制
R^2	0.337	0.338	0.337	0.068	0.052
adj. R^2	0.336	0.337	0.336	0.067	0.051
F	114.293	112.962	111.245	14.757	12.367

续表

变量名称	(1)	(2)	(3)	(4)	(5)
	企业价值_B			经行业数据标准化处理的现金流量周期	库存周转周期_B
N	27062	26991	27015	18099	18118
Sobel Z	—	1. 925	4. 067	—	—
Sobel Z-P value	—	0. 054	<0. 001	—	—
Bootstrap Z	—	2. 29	3. 48	—	—
Bootstrap Z-P value	—	0. 022	<0. 001	—	—

注：变量系数显著性对应标识为 * $p<0.10$，** $p<0.05$，*** $p<0.01$，系数下方括号汇报的是经聚类稳健标准误调整过的 t 统计值。

（2）对于假设 H3a 和 H3b 的实证结果，本书同样采取了更换代理变量的稳健性测试。一方面，本书对现金流量周期（CCC）的测量指标进行了调整，考虑到不同行业在营运资金管理需求和库存产品生命周期等方面存在的异质性影响（Zhang et al.，2019），对现金流量周期的数据进行了标准化处理，即将个体企业的现金流量周期减去所在行业均值后再除以标准差，得到新的变量数据（经行业数据标准化处理的现金流量周期，d_ CCC）。表 3-10 的列（4）展示了新变量作为被解释变量的回归结果，供应链金融导向的回归系数为-0. 087，在 5%的置信水平上显著。同时，本书也对现金流量周期中的重要组成指标库存周转周期（库存周转周期 B）进行测量指标的更换处理后纳入到相应的回归模型中。由列（5）结果可知，供应链金融导向的回归系数仍旧显著为正（系数值为-16. 844，p<0. 01），与之前的实证分析结果保持了一致。

另一方面，本书还参考了衡量企业风险的相关文献，选择由 Ohlson（1980）提出的 OScore 模型计算得出的 OScore 指标作为企业综合营运风险的新代理变量，OScore 值越高表示企业具有更大的破产可能性，也意味着企业的营运风险越大。由表 3-11 的列（1）可知，供应链金融导向的回归系数为-0. 072，但并未具有统计意义上的显著性。与前文对 ZScore 的处理一致，本书将被解释变量改换为 OScore 的未来一期数据（企业综合营运风险的未来一期，FOScore），相应的回归结果展示于列（2），供应链金融导向的回归系数显著为负（系数为-0.190，P<0.05）。本书还使用了 OScore 的衍生指标即企业风险系数（RiskCoefficient）及其未来一期数据（企业风险系数的未来一期，FRiskCoefficient）作为被解释变量，其中 $RiskCoefficient = e^{OScore}/(1 + e^{OScore})$，该变量数值越高则表明企业面临更大的风险。列（3）和列（4）的实证结果显示，供应链金融导向对当期和未来一期的企业风险确有显著的抑制作用。

表 3-11　稳健性检验：替换变量（综合营运风险）

变量名称	(1) 企业综合营运风险	(2) 企业综合营运风险的未来一期	(3) 企业风险系数	(4) 企业风险系数的未来一期
供应链金融导向	-0.072 (-1.13)	-0.190** (-2.25)	-0.001** (-2.55)	-0.001*** (-6.17)
企业年龄	-0.002 (-0.15)	-0.020** (-2.49)	0.000 (0.09)	0.000 (0.79)
企业规模	-0.567*** (-18.52)	0.065 (1.51)	-0.003*** (-10.69)	0.000 (0.66)
资产负债率	9.820*** (77.59)	4.522*** (28.77)	0.020*** (13.55)	0.002** (2.08)
营业收入增长率	-0.449*** (-20.69)	-0.172*** (-5.46)	-0.001*** (-8.53)	0.000 (0.01)
两职合一	-0.002 (-0.05)	-0.031 (-0.69)	-0.000 (-0.27)	0.000 (0.34)
产权性质	0.018 (0.24)	0.109 (0.93)	-0.000 (-0.17)	0.001 (1.03)
管理层持股比例	-0.663*** (-3.94)	-0.967*** (-4.35)	-0.001 (-1.28)	-0.003** (-2.15)
董事会规模	-0.087 (-1.07)	0.112 (1.03)	-0.000 (-0.40)	-0.000 (-0.06)
账面市值比	0.054*** (4.63)	0.066*** (3.61)	-0.000*** (-3.95)	0.000** (2.17)

续表

变量名称	(1) 企业综合营运风险	(2) 企业综合营运风险的未来一期	(3) 企业风险系数	(4) 企业风险系数的未来一期
常数项	-0.833 (-0.81)	-12.289*** (-12.43)	0.037** (2.56)	-0.014 (-1.63)
行业	控制	控制	控制	控制
年份	控制	控制	控制	控制
R^2	0.520	0.137	0.099	0.037
adj. R^2	0.519	0.136	0.097	0.035
F	204.955	42.306	9.665	5.061
N	23943	22217	23943	22217

注：变量系数显著性对应标识为* $p<0.10$，** $p<0.05$，*** $p<0.01$，系数下方括号汇报的是经聚类稳健标准误调整过的 t 统计值。

此外，本书还对假设 H4a 和 H4b 的实证分析结果进行了稳健性检验。本书首先调整了现金流量周期（CCC）的测量方式，选择了经行业数据标准化处理后的新指标（经子组数据标准化处理的现金流量周期，d_CCC），其结果见表 3-12 中的列（1）所示，链上具有供应链金融导向的核心企业（focal_SCF）会显著降低上下游企业的现金流量周期，相应的回归系数为-0.143，在 1%的置信水平上显著。其次，本书在之前对供需波动风险（SDRisk）的回归分析中增加了上下游企业与核心企业的交易关系（SCrelation）作为控制变量，其结果与之前的结果相比没有发生显著变化。据此，本书认为，假设 H4a 和 H4b 的实证分析结果具有较好的稳健性。

表 3-12　稳健性检验：替换变量（上下游企业的营运资金效率和供需波动风险）

变量名称	(1) 经行业数据标准化处理的现金流量周期	(2) 供需波动风险
链上具有供应链金融导向的核心企业	-0.143** (-2.36)	-0.100** (-2.48)

续表

变量名称	(1)	(2)
	经行业数据标准化处理的现金流量周期	供需波动风险
上下游企业与核心企业的交易关系	—	0.110* (1.68)
企业年龄	−0.011*** (−3.09)	−0.004** (−2.47)
企业规模	−0.120*** (−7.39)	−0.001 (−0.13)
资产负债率	0.085 (0.67)	−0.067 (−1.00)
营业收入增长率	−0.205*** (−3.16)	−0.016 (−0.77)
两职合一	−0.031 (−0.77)	−0.009 (−0.45)
产权性质	−0.094** (−2.23)	0.028 (1.60)
管理层持股比例	0.521*** (4.13)	−0.013 (−0.23)
董事会规模	−0.033 (−0.45)	−0.089** (−1.97)
账面市值比	−0.025 (−1.59)	−0.001 (−0.09)
常数项	3.046*** (8.19)	1.134*** (4.19)
行业	控制	控制
年份	控制	控制
R^2	0.177	0.058
adj. R^2	0.157	0.034
N	1635	1599

注：变量系数显著性对应标识为* $p<0.10$，** $p<0.05$，*** $p<0.01$，系数下方括号汇报的是经聚类稳健标准误调整过的 t 统计值。

（3）本书还改变了核心解释变量的测度方式，基于已构建的供应链金融词典（见表3-1），针对具有核心企业供应链金融导向的样本（SCF_focal=1）进行相应的词频分析，并将所得到的频数做对数化处理后作为连续变量（SCF1_focal），用于稳健性检验。同时，在探究供应链金融导向对上下游企业的影响效应时，对应的变量（focal_SCF）也通过上述操作处理后重新匹配，形成新的连续变量（focal_SCF1）。稳健性检验的相关结果见于表3-13和表3-14，其中，表3-13的列（1）和列（2）中供应链金融导向对企业价值的回归系数均显著为正，再次支持了假设H1的成立，表3-13的列（3）~列（5）也与之前的实证结果保持一致，即在核心企业对上下游的商业信用供给和商业信用获取均得到降低的同时其商业信用净额仍然未发生显著变化。表3-14中的实证结果也基本支持了前述的研究发现，列（1）~列（4）分别展示了供应链金融导向对核心企业营运资金效率和综合营运风险的影响结果，即假设H3a和H3b，而列（5）和列（6）则分别检验了假设H4a和H4b中供应链金融导向与上下游企业营运资金效率和供需波动风险的影响关系。

表3-13 稳健性检验：替换变量（供应链金融导向）（A）

变量名称	(1)	(2)	(3)	(4)	(5)
	企业价值	企业价值的未来一期	商业信用供给	商业信用获取	净商业信用
供应链金融导向（连续变量）	0.038** (2.01)	0.043** (2.05)	-0.007* (-1.70)	-0.010** (-2.04)	-0.003 (-0.61)
企业年龄	-0.003 (-0.27)	0.094*** (17.76)	0.000 (0.06)	0.006 (0.62)	0.005 (0.54)
企业规模	-0.559*** (-14.50)	-0.436*** (-11.84)	0.037*** (5.51)	0.037*** (5.29)	-0.003 (-0.34)
资产负债率	0.665*** (5.61)	0.490*** (3.93)	0.015 (0.70)	0.439*** (18.26)	0.410*** (15.02)
营业收入增长率	0.047** (2.53)	0.017 (0.78)	-0.059*** (-14.74)	-0.063*** (-12.60)	-0.001 (-0.14)
两职合一	-0.069** (-2.44)	-0.060** (-2.11)	0.003 (0.52)	0.003 (0.64)	-0.002 (-0.27)

续表

变量名称	(1)	(2)	(3)	(4)	(5)
	企业价值	企业价值的未来一期	商业信用供给	商业信用获取	净商业信用
产权性质	−0.198*** (−3.24)	−0.168** (−2.14)	0.009 (0.51)	0.040** (2.44)	0.036* (1.71)
管理层持股比例	−1.042*** (−8.13)	−0.848*** (−6.49)	0.001 (0.05)	−0.033 (−1.52)	−0.030 (−1.08)
董事会规模	−0.105 (−1.37)	−0.206** (−2.46)	−0.030* (−1.81)	−0.013 (−0.84)	0.010 (0.51)
账面市值比	−0.146*** (−8.58)	−0.073*** (−5.05)	0.000 (−1.81)	0.002 (−0.84)	−0.002 (−0.35)
常数项	13.894*** (16.28)	10.064*** (12.23)	−0.617*** (−3.65)	−0.805*** (−3.85)	−0.119 (−0.50)
行业	控制	控制	控制	控制	控制
年份	控制	控制	控制	控制	控制
R^2	0.263	0.253	0.062	0.134	0.072
adj. R^2	0.261	0.252	0.061	0.133	0.070
F	79.277	78.873	13.259	25.046	15.887
N	27062	23051	27558	27585	27520

注：变量系数显著性对应标识为* $p<0.10$，** $p<0.05$，*** $p<0.01$，系数下方括号汇报的是经聚类稳健标准误调整过的 t 统计值。

表 3-14　稳健性检验：替换变量（供应链金融导向）(B)

变量名称	(1)	(2)	(3)	(4)	(5)	(6)
	制造业	全样本				
	现金流量周期		企业经营风险	企业财务风险	现金流量周期	供需波动风险
供应链金融导向（连续变量）	−6.641*** (−2.78)	−1.677 (−0.39)	−0.005*** (−3.19)	0.048 (0.78)	—	—
链上具有供应链金融导向的核心企业（连续变量）	—	—	—	—	−16.151*** (−2.85)	−0.035** (−2.24)

续表

变量名称	(1)	(2)	(3)	(4)	(5)	(6)
	制造业	全样本				
	现金流量周期		企业经营风险	企业财务风险	现金流量周期	供需波动风险
企业年龄	0.816 (0.50)	5.930 (0.74)	−0.002 (−1.33)	0.010 (0.28)	−1.911*** (−3.17)	−0.003** (−2.09)
企业规模	−12.450** (−2.12)	7.488 (1.15)	0.034*** (21.78)	−1.102*** (−9.29)	−17.619*** (−5.55)	−0.002 (−0.15)
资产负债率	48.334** (2.31)	83.979*** (3.36)	0.007 (1.27)	−13.858*** (−29.61)	−9.578 (−0.42)	−0.090 (−1.28)
营业收入增长率	−61.492*** (−15.08)	−80.068*** (−16.10)	−0.015*** (−12.46)	0.034 (0.48)	−40.344*** (−3.40)	−0.007 (−0.34)
两职合一	−2.430 (−0.55)	−1.310 (−0.24)	0.001 (0.61)	−0.268** (−2.56)	−6.210 (−0.81)	−0.001 (−0.04)
产权性质	−0.381 (−0.02)	−3.538 (−0.20)	−0.011*** (−2.75)	−0.131 (−0.58)	−14.048* (−1.65)	0.029 (1.59)
管理层持股比例	−30.557 (−1.60)	−41.985** (−2.25)	−0.029*** (−3.06)	−2.928*** (−5.52)	95.795*** (3.91)	−0.002 (−0.03)
董事会规模	−13.384 (−0.80)	−15.770 (−0.92)	−0.007 (−1.26)	−0.369 (−1.35)	−6.105 (−0.45)	−0.072 (−1.56)
账面市值比	6.157** (2.17)	5.057 (1.19)	−0.013*** (−14.74)	0.249*** (5.55)	−3.984 (−1.39)	0.000 (0.02)
常数项	488.993*** (3.52)	15.592 (0.08)	−0.604*** (−13.78)	34.060*** (12.74)	759.475*** (9.90)	1.149*** (4.04)
行业	控制	控制	控制	控制	控制	控制
年份	控制	控制	控制	控制	控制	控制
R^2	0.074	0.092	0.078	0.235	0.663	0.056
adj. R^2	0.073	0.091	−0.085	0.234	0.655	0.031
F	15.501	9.755	37.001	55.276	—	—
N	18099	27221	20101	27383	1551	1517

注：变量系数显著性对应标识为 * $p<0.10$，** $p<0.05$，*** $p<0.01$，系数下方括号汇报的是经聚类稳健标准误调整过的 t 统计值。

3.3.4 内生性检验

由于本书选取的是样本企业的公开数据进行回归分析，因此主要回归模型特别是主效应模型的内生性问题需要加以考虑，常见的内生性问题包括观测变量测量误差、遗漏变量偏差、反向因果和样本选择偏差。

针对上述问题，本书首先在前面部分的计量模型中使用了“个体—行业—时间”多重固定效应，在一定程度上缓解了由遗漏变量导致的内生性问题，同时也对部分变量如企业价值（TobinQ）进行了未来一期的数据处理，以期通过时间先后顺序来减轻潜在的反向因果问题。在稳健性检验部分，通过对多项变量的测量指标进行替换调整，本书实证结果的可靠性也得到了增强。为了进一步缓解可能存在的内生性问题，本书继续采用了工具变量法、处理效应模型、倾向匹配与双重差分法等多种方法对主效应进行检验。

1. 工具变量法

本书首先使用了工具变量法来检验核心企业供应链金融导向对企业价值的影响关系。一个有效的工具变量需要同时具有外生性和相关性，前者是指工具变量应当与模型中的干扰项不相关，即工具变量仅通过内生解释变量对被解释变量施加影响，工具变量的形成并非自选择或受当前观测个体影响。现有研究中主要使用解释变量的滞后项、解释变量的行业或省份维度的聚合型指标等作为工具变量。这类工具变量具有较好的数据可得性，但在有效性上容易存在不足，因此本书在参考相关文献后（Li et al.，2019），还选择了通过百度指数构建工具变量的方式。该网站提供了百度收录关键词从 2011 年至今的每日搜索量，并可按各省市各地级市细分。本书在该网站搜索“供应链金融、供应链融资”等关键词，并通过 Python 进行网络数据的爬取和计算，得到了供应链金融相关词汇在各年度各地级市的累计值，经过对数化处理后构造了供应链金融导向的工具变量（SCF_index）。百度是中国最大的搜索引擎，百度指数可有效反映出特定地区在特定时段对于某一关键词的关注强度，因此供应链金融的百度指数对于上市公司的供应链金融导向而言具有较强的联系，即满足工具变量的相关性条件，而百度指数的形成是由区域内用户自发形成，不太可能受上市公司的主观操纵，且除了通过影响企业的供应链金融导向外，很难再经其他路径作用于企业价值，因而也符合外生性条件。

本书最后选择了区域均值（样本企业所在省份除样本企业外其他上市公司的供应链金融导向均值）、行业均值（样本企业所在行业除样本企业外其他上市公司的供应链金融导向均值）、供应链金融的百度指数作为工具变量，进行实证检验，其相应结果见表 3-15。Kleibergen-Paap 数值为大于弱工具变量检验 10%的上限值，显著拒绝了工具变量无效的假设，表明工具变量是适宜的。这些工具变量总体上也通过了过度识别检验（Hansen J）和识别不足检验（Kleibergen-Paap LM），表明工具变量的选择是有效的。纳入工具变量后的实证结果与之前的结果保持了一致，具有供应链金融导向的核心企业能显著提升自身的企业价值。

表 3-15 内生性检验一：工具变量法

变量名称	(1)	(2)	(3)	(4)
	企业价值	企业价值的未来一期	企业价值_B	企业价值_B 的未来一期
供应链金融导向	0.268*** (0.07)	0.207** (0.10)	0.517*** (0.09)	0.468*** (0.12)
企业年龄	0.002 (0.01)	0.280*** (0.02)	0.005 (0.02)	0.233*** (0.02)
企业规模	-0.592*** (0.04)	-0.395*** (0.04)	-0.789*** (0.06)	-0.717*** (0.05)
资产负债率	0.366*** (0.13)	0.173 (0.13)	-0.321** (0.15)	-0.065 (0.15)
营业收入增长率	0.030 (0.02)	-0.000 (0.02)	0.226*** (0.04)	0.091*** (0.03)
两职合一	-0.058* (0.03)	-0.042 (0.03)	-0.028 (0.04)	-0.032 (0.04)
产权性质	-0.199*** (0.06)	-0.235*** (0.08)	-0.293*** (0.07)	-0.287*** (0.09)

续表

变量名称	(1) 企业价值	(2) 企业价值的未来一期	(3) 企业价值_B	(4) 企业价值_B的未来一期
管理层持股比例	-1.008*** (0.14)	-0.791*** (0.15)	0.099 (0.20)	0.455** (0.22)
董事会规模	-0.001 (0.08)	-0.174* (0.09)	0.072 (0.11)	-0.134 (0.12)
账面市值比	-0.084*** (0.02)	-0.019 (0.01)	-0.023 (0.02)	0.069*** (0.02)
工具变量	0.002 (0.20)	0.280*** (15.34)	0.001 (0.06)	0.083*** (10.65)
行业	控制	控制	控制	控制
年份	控制	控制	控制	控制
R^2	0.275	0.254	0.322	0.306
adj. R^2	0.146	0.098	0.201	0.161
Underidentification test	P<0.000	P<0.000	P<0.000	P<0.000
Kleibergen-Paap F	1615.493	853.769	16.706	16.818
Weak ID test 10% maximal Ⅳ relative bias	9.08	10.27	9.08	9.08
Overidentification test	P=0.355	P=0.493	P=0.094	P=0.804
Endogeneity test	P=0.005	P= 0.752	P<0.000	P<0.000
F	79.666	76.365	93.196	88.174
N	22760	19038	22490	19038

注：变量系数显著性对应标识为* $p<0.10$，** $p<0.05$，*** $p<0.01$，系数下方括号汇报的是经聚类稳健标准误调整过的标准差。

2. 自选择问题与 Heckman 处理效应模型

由于本书的核心解释变量供应链金融导向是基于上市公司公开披露的年度报告和公告等信息而构造的，且供应链金融的相关信息是企业自愿披露而非证券管理机构强制要求的，因此本书存在一定程度的变量选择偏误问题。针对这一问题，本书采用了处理效应模型进行重新估计。估计结果见表 3-16 和表 3-17，分别涉及了手工法、两步法、最大似然估计法等。

表 3-16 内生性检验二：处理效应模型（A）

变量名称	(1)	(2)	(3)	(4)	(5)
	供应链金融导向	企业价值	企业价值的未来一期	企业价值_B	企业价值_B 的未来一期
供应链金融导向	—	0.251*** (6.64)	0.251*** (3.92)	0.316*** (4.20)	0.347*** (4.45)
企业年龄	0.008*** (2.98)	0.011*** (7.19)	0.006** (2.04)	-0.009** (-2.31)	-0.002 (-0.38)
企业规模	0.198*** (14.21)	-0.358*** (-20.54)	-0.351*** (-10.53)	-0.526*** (-13.07)	-0.500*** (-12.01)
资产负债率	0.597*** (6.54)	-0.020 (-0.29)	-0.175 (-1.36)	-0.846*** (-5.53)	-0.691*** (-4.30)
营业收入增长率	0.015 (0.46)	0.101*** (4.54)	0.081*** (3.25)	0.368*** (9.64)	0.232*** (7.29)
两职合一	0.006 (0.18)	0.005 (0.30)	0.034 (1.11)	0.122*** (3.04)	0.093** (2.25)
产权性质	-0.244*** (-6.37)	-0.027 (-1.18)	-0.062 (-1.39)	-0.010 (-0.18)	-0.036 (-0.67)
管理层持股比例	-0.285*** (-2.86)	-1.110*** (-23.56)	-1.086*** (-12.05)	0.193 (1.61)	0.019 (0.15)
董事会规模	-0.176** (-2.28)	-0.191*** (-4.70)	-0.249*** (-3.35)	-0.070 (-0.77)	-0.234** (-2.49)
工具变量	3.104*** (13.91)	—	—	—	—
账面市值比	—	-0.237*** (-21.40)	-0.224*** (-10.45)	-0.230*** (-8.68)	-0.208*** (-7.79)

续表

变量名称	(1)	(2)	(3)	(4)	(5)
	供应链金融导向	企业价值	企业价值的未来一期	企业价值_B	企业价值_B的未来一期
逆米尔斯比率	—	-0.049 (-0.86)	0.037 (0.38)	-0.103 (-0.83)	-0.062 (-0.49)
常数项	-6.592*** (-18.91)	10.235*** (21.10)	10.031*** (10.98)	14.236*** (12.95)	13.710*** (12.05)
行业	控制	控制	控制	控制	控制
年份	控制	控制	控制	控制	控制
R^2	—	0.308	0.311	0.371	0.348
adj. R^2	—	0.307	0.310	0.371	0.347
F	—	163.246	81.372	114.400	88.931
N	27665	27035	23032	27035	23032

注：变量系数显著性对应标识为* $p<0.10$，** $p<0.05$，*** $p<0.01$，系数下方括号汇报的是经聚类稳健标准误调整过的 t 统计值。

表 3-17　内生性检验二：处理效应模型（B）

变量名称	(6)	(7)	(8)
	TwoStep	MLE	MLE_r
	企业价值		
供应链金融导向	1.339*** (12.41)	1.846*** (59.69)	1.846*** (44.21)
企业年龄	0.010*** (7.50)	0.010*** (7.13)	0.010*** (6.76)
企业规模	-0.373*** (-42.38)	-0.384*** (-44.51)	-0.384*** (-27.52)
资产负债率	-0.000 (-0.00)	-0.004 (-0.08)	-0.004 (-0.06)
营业收入增长率	0.095*** (5.37)	0.092*** (5.14)	0.092*** (4.11)

续表

变量名称	(6)	(7)	(8)
	TwoStep	MLE	MLE_r
	企业价值		
两职合一	0.002 (0.13)	0.001 (0.05)	0.001 (0.05)
产权性质	−0.012 (−0.62)	0.000 (0.01)	0.000 (0.01)
管理层持股比例	−1.122*** (−25.84)	−1.123*** (−25.50)	−1.123*** (−24.34)
董事会规模	−0.183*** (−4.64)	−0.175*** (−4.38)	−0.175*** (−4.26)
账面市值比	−0.255*** (−25.99)	−0.264*** (−26.96)	−0.264*** (−22.67)
常数项	10.407*** (52.08)	10.635*** (53.97)	10.635*** (35.93)
行业	控制	控制	控制
年份	控制	控制	控制
hazard lambda	−0.605*** (−11.00)	—	—
athrho	—	−1.305*** (−65.77)	−1.305*** (−8.11)
lnsigma	—	0.195*** (44.29)	0.195*** (12.13)
N	27062	27062	27062

注：变量系数显著性对应标识为* $p<0.10$，** $p<0.05$，*** $p<0.01$，系数下方括号汇报的是经聚类稳健标准误调整过的 t 统计值。

3. 倾向得分匹配法与双重差分法（PSM-DID）

由于本书中具有供应链金融导向的样本企业占总样本的比例较低，处理组（取值为1）和对照组（取值为0）之间的特征差异可能会对本书的实证结果产生潜在的干扰，从而造成一定程度的内生性问题。对此，本书首先采用倾向得分匹配法以减少处理组和对照组之间差异的影响。图3-4和图3-5分别显示了匹配前后两组样本的均衡性检验结果和核密度函数。由图可知，匹配前的两组样本在基础协变量上具有明显的组间差异，核密度函数的估计结果也存在较大区别，由此表明处理组和对照组的样本之间并非随机纳入，倾向得分匹配的处理是有必要的。相比之下，匹配后的样本在均衡性检验和核密度函数估计上均表现出良好的匹配效果。

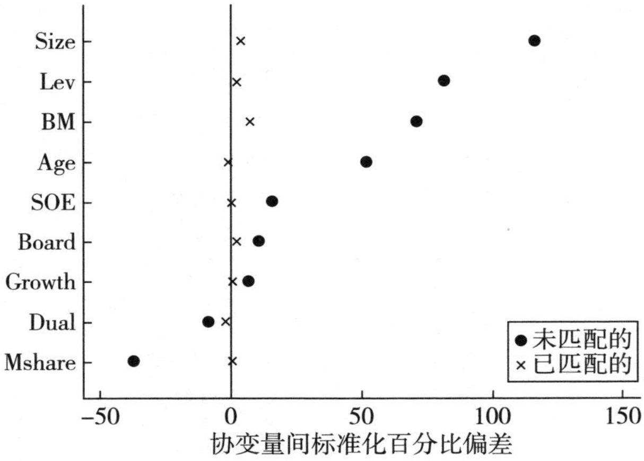

图 3-4 协变量的均衡性检验

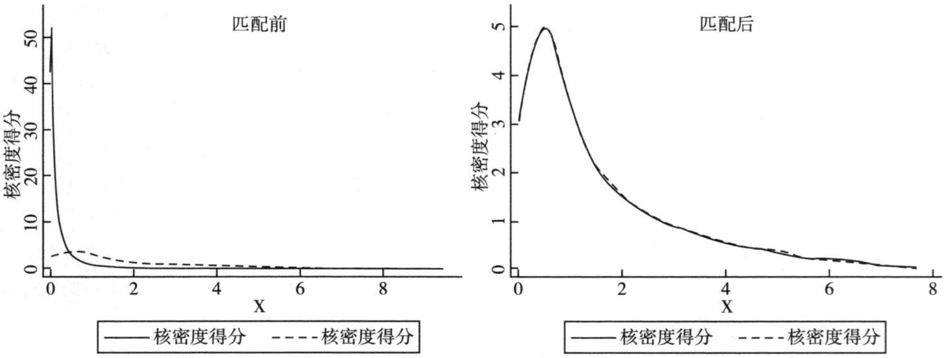

图 3-5 倾向得分匹配前后的核密度函数图

表 3-18 显示了经过倾向得分匹配处理后的双重差分回归结果，其中变量（Treat）是指样本企业是否受到处理，即是否在观测期内采用了供应链金融导向，而变量（After）则是指样本企业接受处理前后的不同阶段。二者交乘项（Treat×After）对企业价值的回归系数分别为 0.189 和 0.274，且均在 1%的统计水平上显著，仍然表明供应链金融导向对企业价值具有正向影响。

表 3-18 内生性检验三：倾向匹配法与双重差分法（PSM-DID）

变量名称	(1)	(2)
	企业价值	企业价值_B
Treat×After	0.189** (2.35)	0.274** (2.54)
Treat	0.000 (.)	0.000 (.)
After	0.000 (.)	0.000 (.)
企业年龄	0.053* (1.86)	0.097*** (2.83)
企业规模	-0.195* (-1.80)	-0.302* (-1.88)
资产负债率	0.515 (1.41)	-0.476 (-0.98)
营业收入增长率	-0.040 (-0.64)	0.003 (0.04)
两职合一	0.012 (0.11)	0.014 (0.11)
产权性质	0.062 (0.57)	-0.169 (-0.78)
管理层持股比例	0.246 (0.55)	0.609 (0.80)

续表

变量名称	(1)	(2)
	企业价值	企业价值_B
董事会规模	0.104 (0.61)	0.244 (0.97)
账面市值比	-0.053** (-2.38)	-0.018 (-0.63)
常数项	7.561*** (3.06)	9.509*** (2.65)
行业	控制	控制
年份	控制	控制
R^2	0.386	0.402
adj. R^2	0.373	0.390
F	—	—
N	1582	1582

注：变量系数显著性对应标识为* $p<0.10$，** $p<0.05$，*** $p<0.01$，系数下方括号汇报的是经聚类稳健标准误调整过的 t 统计值。

3.4　本章小结

作为供应链金融生态系统的“基石”角色和“架构者”，核心企业参与生态体系构建和发展的重要性日益显著，然而供应链金融对核心企业的利益联结机制却一直未得到充分探讨，从而在一定程度上抑制了核心企业的参与意愿。特别是对于核心企业更为关注的反映长期竞争优势和价值获取能力的企业价值绩效，尚未研究探索供应链金融导向的确立是否可以促进其企业价值的提升，以及如何影响。围绕该研究问题，本章基于供应链金融导向的“资金融通”“关系促进”“流程优化”等作用机制，并结合商业生态系统理论的拓展性视角，提出“供应链金融导向的核心企业正向提升其企业价值”的研究假设，即认为供应链金融导向对核心企业具有“价值效应”。在此基础上，本章还进一步结合“供应链—核心企业—上下游企业”三类主体维度和供应链资金流、交易流两类流程维度，系统探索了供应链金融导向对核心企业价值提升的多重微观作用机制，并提出相应的研究假设，具体包括供应链金融导向对商业信用这一供应链资金资源的优化配置作用，对核心企业营运资金效率和综合营运风险的积极作用，以及基于“供应链传递机制”对上下游企业营运资金效率和供需波动风险的正向作用。

针对上述研究假设，本章首先通过收集 2007—2021 年 4815 家上市公司的 42553 份年报，以及基于自行构建的供应链金融词典而搜索得到的 20663 条公告，在人工识别和编码的基础上形成了中国上市公司的供应链金融数据库，并涵盖了本章研究所需的核心解释变量，即核心企业的供应链金融导向。其次，结合国泰安经济金融研究数据库（CSMAR）等主流数据库所提供的相关财务数据，本章共匹配获得关于 2011—2021 年 3610 家上市公司的 28000 多条观测值。此外，为检验核心企业供应链金融导向对上下游企业的跨组织影响作用，本章还通过核心企业与其上下游企业的样本匹配处理，得到了共计 1885 条观测值的供应链数据集。

基于所得样本数据，本章进一步构建“个体—行业—时间”的多重固定效应模型以检验相应理论假设，并采用了多种稳健性检验和内生性检验方法以增强实证结果的可靠性。本章的研究假设检验结果汇总于表 3-19，各项假设基本得到了实证支持，即存在供应链金融导向对核心企业的“价值效应”及多重微观作用机制。

表 3-19　子研究一假设检验结果汇总

<table>
<tr><th>序号</th><th>假设内容</th><th>实证结果</th><th>备注</th></tr>
<tr><td>H1</td><td>核心企业的供应链金融导向能正向提升其企业价值</td><td>支持</td><td></td></tr>
<tr><td>H2a</td><td>供应链金融导向会减少核心企业对供应链上下游的商业信用供给，进而提升企业价值</td><td>支持</td><td rowspan="2">净商业信用系数未显著</td></tr>
<tr><td>H2b</td><td>供应链金融导向会减少核心企业对供应链上下游的商业信用获取，进而提升企业价值</td><td>支持</td></tr>
</table>

续表

序号	假设内容	实证结果	备注
H3a	供应链金融导向会提高核心企业的营运资金效率，进而提升企业价值	部分支持	全样本中未显著，制造业样本中显著
H3b	供应链金融导向会降低核心企业的综合营运风险，进而提升企业价值	支持	
H4a	供应链金融导向会提高供应链上下游企业的营运资金效率，进而提升企业价值	支持	
H4b	供应链金融导向会降低供应链上下游企业的供需波动风险，进而提升企业价值	支持	

第4章

供应链金融导向影响核心企业价值的生态要素权变机制

4.1 理论基础与研究假设

核心企业通过确立供应链金融导向以实现自身企业价值的提升，然而供应链金融“价值效应”的有效发挥往往还取决于诸多情境因素的权变机制，即核心企业的供应链金融导向应当与其内部组织结构和外部环境等因素形成良好的匹配关系。当前，随着供应链金融模式向平台化、生态化持续演进，更为丰富多样的要素、参与主体及其关联结构被纳入研究视野，复杂动态的外部环境特征也开始受到研究关注（Bals，2019；Zhou et al.，2022）。因此，现有研究需要回答“哪些生态系统因素会影响供应链金融导向对核心企业的价值效应，如何影响?”这一研究问题，从而增进对核心企业如何更有效参与和构建供应链金融生态系统的理论认识。

结合商业生态系统理论所划分的“生态系统要素—生态系统结构—生态系统环境”三类情境因素（Scaringella & Radziwon，2018；Yi et al.，2022），以及Bals（2019）以供应链金融生态系统构建为目标而提出的“供应链协同—组织—金融—技术—市场与规制—产品”六维度分析框架，本书拟对多种生态系统因素的权变机制展开探索。其中，本章主要聚焦于探索生态系统要素对供应链金融导向的“价值效应”的权变机制。

供应链金融生态系统中的要素主要包括支撑供应链金融运营的促进性要素和基础性要素，以及以金融产品或服务方案为代表的结果性要素。首先，促进性要素是指促进供应链金融运作和提供保障性或支持性功能的工具。近年来，数字技术推动供应链金融创新发展的赋能作用受到广泛关注（Chen et al.，2021），而本章也将首先探究核心企业自身数字技术要素的权变机制。其次，基础性要素涉及供应链金融运作所依托的各类产业要素，如财务要素、运营要素和其他更为广泛的产业要素（Song et al.，2020a）。而核心企业作为生态系统的重要组织者和协调者，其对产业要素的聚集和配置能力往往反映为其产业竞争力的重要表现，因此本章也将探究核心企业产业竞争力的权变机制。此外，结果性要素是指基于基础性要素而形成的联结各参与主体的具体金融产品或服务方案。随着供应链金融的持续创新，其相关产品或服务不断多样化、丰富化，极大影响着供应链金融的服务效能水平，因而本章还将进一步探究金融产品要素丰富性特征的权变机制。

4.1.1 数字技术要素的权变机制

区块链、大数据、云计算、人工智能等数字技术在信息采集和存储、数据分析和智能决策等方面所展露的优势，以及其在推动产业运营变革和金融服务创新中所彰显的巨大潜力，已迅速成为现有研究的关注重点（Kohli & Melville, 2019）。与此同时，随着供应链金融生态系统中主体及其要素的多样性和丰富性的不断增强，核心企业等组织者对于风险管理能力和整合协调能力具有更高的诉求，即如何有效管理日益庞大复杂且松耦合的产融生态体系（Bals, 2019; Jia et al., 2020a）。在此背景下，部分学者聚焦于数字技术对供应链金融的赋能作用，积极关注数字技术在解决供应链金融模式痛点、塑造供应链金融生态等方面的突出价值（Chen et al., 2021）。

数字技术不仅对供应链金融模式中信息收集与甄别难等既有痛点提供了创新性解决机制，同时也推动了供应链金融模式的创新演进。一方面，多种数字技术共同作用于供应链资产端和资金端，通过促进供应链全过程信息的透明化、可介入和可获得，有效降低金融服务的运营成本和风险管理成本（宋华和杨雨东，2019）。例如，大数据在运营数据的结构化处理与分析、供应链内外部的信息整合、融资客户质量及其风险识别等方面具有显著作用（Song et al., 2021b; Yu et al., 2021b）；云计算通过增强产融多方之间的数据集成、共享、协作和开放，促进了整体协作质量，进而降低了供应链金融的业务风险（Lu et al., 2021）；物联网对物理环境的客观反映以及大量非结构化信息的采集、处理和分析，为基于物流和库存的融资模式实现有效监管提供了重要基础（Abbasi et al., 2019）；人工智能则有助于供应链主体挖掘供应链网络资源的价值、应对复杂的运营决策需求，进而增强供应链金融的可持续性。另一方面，数字技术驱动下的供应链金融模式在作用场域范围、服务深度和需求响应等方面均实现了显著提升，并呈平台化、数智化的演进趋势，使其具有更为突出的服务效能。例如，数字平台的构建使核心企业的信用得以穿透多级供应链而向更多参与主体提供票据贴现和转让等服务，也使传统动态折扣模式实现“多对多”的匹配与撮合（Song et al.，2022），从而引入更加优质的金融资源和提高服务效率，以及使供应链金融服务商得以不受应收应付款项和库存等传统财务和运营要素的限制，而创新性地开展基于供应链数据的信用融资模式（Song et al.，2021b）。

因此，对核心企业而言，核心企业通过积极将数字技术要素融入供应链金融模式，不仅可以强化供应链金融导向在资金流和交易流等维度的多重作用机制，特别是推动相关金融服务创新及其与产业资金需求的高效匹配，同时还有助于促进核心企业构建和塑造供应链金融生态体系，即利用数字技术对多主体多要素的联结作用，扩大供应链金融的服务范围，使核心企业得以与更多生态成员开展产融协作活动，从而带动产业生态的延伸和跃迁（宋华等，2022b）。综上，数字技术要素能强化供应链金融导向对核心企业的“价值效应”，故本章提出以下假设：

H5a：数字技术要素会强化供应链金融导向对核心企业价值的促进作用，即数字技术要素的丰富度越高，核心企业采用供应链金融导向的价值效应会越强

尽管现有研究已探讨了多种数字技术对供应链金融的赋能作用（Chen et al.，2021），但也有学者指出并非所有的数字技术都能显著促进供应链金融的创新发展，需要选择与其相适配的数字技术要素组合（宋华等，2022a；Jia et al.，2020a）。近年来，在多种数字技术之中，区块链因在提升信息可信度和流程可溯性等方面具有显著优势，受到了更多学者的关注，区块链与供应链金融的融合创新已逐渐成为当前研究的主要议题之一（宋华等，2022c）。

具体而言，区块链的多种技术特性（透明可溯、不可篡改、分布式组织、智能合约）能有效解决供应链金融在信息获取与甄别、运营流程和监管等方面的诸多痛点，同样也驱动着库存融资、保理类融资、订单类融资、跨境贸易融资等多种供应链金融模式的创新变革（Hofmann et al.，2017）。在信息获取与甄别方面，区块链的透明可视及分布式记账功能可以有效保证数据和凭证等要素在多主体传递过程中的真实可信、不可篡改（Cong & He，2019），智能合约还能通过实现自动化处理来减少交易过程中由人为干预带来的信息失真（Chen et al.，2020a），从而提升供应链金融运作中的信息质量。在运营流程方面，区块链的透明可溯特性有助于实现供应链交易流程的全面清晰呈现、提升交易主体运营状态的可预测性，从而增强主体间的信任关系（Kowalski et al.，2021）；分布式架构也有利于建立全链条全生态的信任机制，从而提升核心企业信用在多级供应链中的流转效率（Liu et al.，2021b）；区块链支持的加密代币可以实现多交易主体之间高效准确的结算清分，智能合约还能通过实现业务自动执行而进一步提升流程效率。此外，在监管方面，传统供应链金融模式趋向于集中式结构，平台或生态中往往存在核心企业或第三方服务商为主导的“中心”，使其他生态成员因面临机会主义等监管风险而降低参与意愿。区块链则利用分布式结构和智能合约的自动执行机制，有效减少平台主导者干预、欺诈或失误导致的风险，从而有利于形成一个开放公平、可持续的生态体系。

由此可见，区块链要素的多种特性不仅显著提升了供应链金融的运营效率和安全性，还很好地契合了核心企业构建开放式供应链金融生态系统的重要目标（Wang et al.，2022a），从而使核心企业的供应链金融导向具有更大的服务效能。因此，本章提出以下假设：

H5b：区块链要素会强化供应链金融导向对核心企业价值的促进作用，即区块链要素越丰富，核心企业采用供应链金融导向的价值效应会越强。

4.1.2 产业竞争要素的权变机制

作为供应链金融运作的一类基础性要素，生态成员的产业竞争要素水平会影响其对供应链金融的参与程度。产业竞争要素是指企业在产业竞争中具有多少优势资源和关键能力，反映了企业的产业竞争优势程度（杨兴全和尹兴强，2015）。现有研究探讨了作为资金需求方的上下游企业的供应链运营能力、质量管理能力、产业竞争力等多种要素如何影响其自身的供应链融资绩效（Duan et al.，2022；Lu et al.，2022b），然而却鲜有关注作为“架构者”的核心企业的产业竞争要素水平对供应链金融有序运作的支撑性、保障性作用。

事实上，供应链金融的开展依托于核心企业对供应链特定资产与金融服务之间的协调作用，核心企业不仅向金融端提供自身主体信用作为担保，同时还需要管理产业端的供应链交易与运营环节，因而核心企业的产业竞争要素水平对供应链金融的运作具有重要影响（Liu et al.，2022a）。一方面，丰富的产业竞争要素反映了核心企业自身的信用质量和供应链管理水平在产业环境中具有更强的竞争优势（Chen et al.，2019），这也意味着核心企业开展供应链金融运作的相关风险也显著较低，从而吸引更多的外部金融机构和上下游企业等主体参与协作（Wuttke et al.，2013a），进一步拓展和延伸其产融生态圈。另一方面，丰富的产业竞争要素也表明核心企业在确立供应链金融导向的过程中可以基于更多的产业要素进行模式设计和创新。例如，核心企业可以通过对供应链网络中应收应付款项、库存物流、贸易订单等要素的整体管控，而使金融机构得以向其上下游企业提供综合性金融服务（Martin & Hofmann，2019），以及基于多流程中获取的海量运营信息而开展基于产业数据的生态型信用融资模式（宋华等，2022b），以满足和响应更多缺乏充分财务要素的上下游企业的资金需求。

因此，核心企业的产业竞争要素同样有利于其供应链金融导向的作用发挥，特别是为其运作和创新发展提供必要的运营基础，从而促进供应链金融对核心企业竞争优势塑造的价值效应。基于此，本章提出以下假设：

H6：产业竞争要素会强化供应链金融导向对核心企业价值的促进作用，即产业竞争要素越丰富，核心企业采用供应链金融导向的价值效应会越强。

4.1.3 供应链金融产品要素的权变机制

商业生态系统理论的观点强调了价值协作活动的多样性对推动整体生态成员共同演化和获取生态价值具有重要意义（Daymond et al.，2022）。在供应链金融生态场景中，生态成员之间的价值协作活动主要反映为特定的金融产品，即基于特定的产业要素（如应收账款和采购订单）或处于特定的流程环节（库存环节或销售环节）而开发和设计的金融服务方案（Gelsomino et al.，2016）。因此，对核心企业而言，其供应链金融导向的服务效能在很大程度上取决于金融产品要素的丰富性和多样性。

一方面，多样化的金融产品往往具有组合性效果（Li et al.，2022b），可以增强核心企业供应链金融导向的综合服务能力，有助于满足不同生态成员的多种融资需求，从而释放更大的价值效应。尽管不同类型的金融产品均旨在优化供应链主体的资金流，但彼此之间在服务对象和服务范围等内容上存在较大差异（Martin & Hofmann，2019），例如，保理类融资主要服务于上游供应商的应收账款贴现，而库存类融资可以帮助减少企业在商品库存或在途环节中的资金占用。因此，多种金融产品可以使供应链金融的资金流优化服务扩展到更多的流程环节，以覆盖更广泛的供应链主体及其在不同运营周期中的资金需求（Moretto & Caniato，2021）。当前，越来越多的创新性供应链金融产品开始得到应用，并提供了除解决融资约束这一传统服务之外的更多功能，如动态折扣等模式对企业可持续性绩效的提高（Song et al.，2022）。另一方面，多样化的金融产品也为核心企业及其上下游、金融机构和第三方服务商等参与主体创造了更多价值协作的机会，有利于增进生态成员之间的关系质量和合作黏性（Bals，2019；Li et al.，2023），并吸引外部环境中的潜在主体积极参与供应链金融生态系统的建设之中，从而促进生态体系的可持续发展，并进而增强核心企业的供应链竞争优势和价值创造能力。

因此，供应链金融产品要素的丰富性无疑也会促进核心企业供应链金融导向对其自身企业价值的绩效影响。基于此，本章提出以下假设：

H7：供应链金融产品要素会强化供应链金融导向对核心企业价值的促进作用，即供应链金融产品要素越丰富，核心企业采用供应链金融导向的价值效应会越强。

综上，本章（子研究二）的理论假设模型图，见图 4-1。

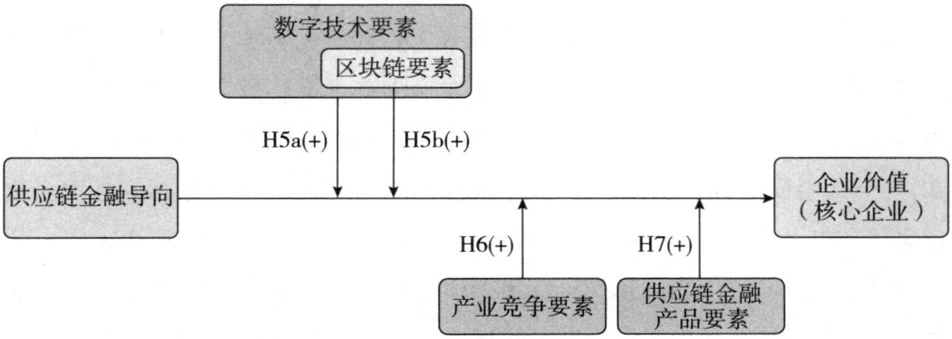

图 4-1　子研究二的理论假设模型图

4.2 数据来源和实证模型

4.2.1 数据来源

子研究二的被解释变量（企业价值）、核心解释变量（供应链金融导向）和控制变量均与子研究一相同，相应的数据皆来自国泰安经济金融研究数据库（CSMAR）、中国研究数据服务平台（CNRDS）、万得数据库（WIND）等国内主流的上市公司二手数据库。

本书新增了三类与生态系统要素属性相关的调节变量，分别是数字技术要素、产业竞争要素和供应链金融产品要素。其中，数字技术要素的数据来自企业年度报告中披露的区块链、大数据等数字技术的相关词汇，产业竞争要素的数据来自CSMAR的行业财务指标研究库，而供应链金融产品要素的数据则是来自子研究一中已构建的供应链金融导向数据库。

本书对新增变量也进行了包括缩尾处理在内的一系列数据清洗操作。

4.2.2 变量含义及测量

（1）企业价值。与子研究一中的含义和测量方式相同。

（2）供应链金融导向。与子研究一中的含义和测量方式相同。

（3）数字技术要素。是指企业对于人工智能、大数据、区块链等数字技术的关注强度和应用程度，反映了企业在多大程度上将数字技术这类新兴发展要素视为推动企业战略变革和转型升级的重要引擎（Fitzgerald et al.，2014）。现有研究对企业数字技术应用或者数字化转型的测量指标刻画大多从信息资产投入和数字技术的文本关键词识别两方面切入。信息资产投入主要包括了企业披露的信息设备投资支出、ERP等信息化软件和配套服务的采购费用、信息化团队规模等指标（Aral & Weill，2007），但这些指标仅反映了企业的信息化转型程度而难以应用于衡量数字技术要素的投入。尽管部分研究在此基础上做出了改进，例如，通过上市公司在财务报告附注中披露的无形资产明细中筛选出与数字技术相关的专利等内容来刻画数字化指标（何帆和刘红霞，2019），但这种识别方法的数据来源过于单一，难以全面反映企业对数字技术要素的重视程度。近年来，随着文本大数据分析等工具在经济与管理领域的广泛应用，基于上市公司年度报告内容而构造变量指标的方法也被积极用于刻画企业数字化程度（吴非等，2021），即通过构建与数字技术相关联的专业化词典，并利用文本词频分析等工具对上市公司披露的年报内容进行梳理统计。尽管这一测量方式也存在诸如数字化词典构建的主观性过强、难以区分各数字化关键词反映的是“说”还是“做”等局限性（袁淳等，2021），但本书认为这一方法仍能较为有效地识别企业对于数字技术要素的关注程度和可能发生的投入力度。

因此，本书同样采用了以文本词频分析构建企业数字技术要素的测量指标。具体地，本书参考了吴非等（2021）的做法，基于对不同数字技术类别划分的方式构建数字技术要素的词典，即从人工智能技术、大数据技术、云计算技术、区块链技术、其他数字技术五个维度进行关键词的统计分析。其中，区块链技术要素这一维度的关键词中，本书还在原有文献基础上进行了一定的扩展，包括了“区块链、数字货币、分布式计算、差分隐私技术、智能金融合约、分布式账本、智能合约、超级账本、公有链、联盟链、私有链、数字代币”共 12 个词汇。

（4）产业竞争要素。是指企业在产业竞争中具有多少优势资源和关键能力，反映了企业在市场交易中所处竞争优势地位的重要程度，也是衡量企业市场竞争权力大小的主要指标之一（杨兴全和尹兴强，2015）。既有研究广泛使用勒纳指数（Lerner Index）来衡量企业的产业竞争力（Liu et al.，2022a），该指数等于单位营业收入的盈利集中程度，其值越大，表明企业在产业中的竞争力与稳定性越强。

（5）供应链金融产品要素。是指由核心企业参与构建的供应链金融服务体系中所包含模式产品类型的丰富度。随着供应链金融的相关产业实践持续推进，多种基于不同要素设计、针对不同服务对象的产品不断得到应用。本书根据上市公司披露的供应链金融相关文本内容（包括年报、公告、新闻等），基于表 3-1 中给出的产品分类方式，对样本企业在每年度参与的供应链金融产品类型数量进行统计。除综合类外，共有 7 种细分类型：应收账款类、票据单据类、供应商综合类、客户综合类、物流类、订单类和预付类、贸易类。经过初步统计分析，本书发现多数样本企业仅参与了一两类供应链金融产品，因此将具有两类以上产品的样本企业在该变量的观测值中赋值为 1，否则赋值为 0。举例说明：一类供应链金融产品要素丰富度高，如“上市公司 A—票据单据类—物流类—贸易类”；另一类，供应链金融产品丰富度低，如“上市公司 B—仅票据单据类”。

（6）控制变量。与子研究一中的含义和测量方式相同。

子研究二的变量定义与测量方式见表 4-1。

表 4-1　子研究二的变量定义与测量方式

变量名称		变量定义	测量方式
被解释变量	企业价值（TobinQ）	企业的市场评价与长期绩效	$TobinQ$ = 总市值 / 总资产； 总市值=流通股股份数×每股市场价格+非流通股股份数×每股净资产+负债账面值
解释变量	供应链金融导向（SCF_focal）	企业开展向其上下游企业提供供应链金融服务的战略选择	基于上市公司年报和新闻公告，判断其是否作为核心企业参与向上下游企业的供应链金融服务。如若具有此类供应链金融导向，则设为 1，否则设为 0。在稳健性检验部分还应用基于供应链金融词典的词频数来反映核心企业供应链金融导向的程度
调节变量	数字技术要素（Digital）	企业对数字技术要素的关注度和潜在投入程度	$Digital = Ln$(数字技术关键词词频 + 1)
	区块链要素（Blockchain）	企业对区块链要素的关注度和潜在投入程度	$Blockchain = Ln$(区块链关键词词频 + 1)
	产业竞争要素（Lerner Index）	企业在产业竞争中具有的资源和能力优势	$LernerIndex = \dfrac{(\text{营业收入}-\text{营业成本}-\text{销售费用}-\text{管理费用})}{\text{营业收入}}$

续表

变量名称		变量定义	测量方式
调节变量	供应链金融产品要素（SCF_product）	供应链金融产品服务的丰富度	如果企业在当年参与了两类以上的面向其上下游企业的供应链金融产品或服务则设为 1，否则为 0
控制变量	企业年龄（Age）	企业自成立以来到观测期的时长	$Age = Ln$（观测期年份 − 企业成立年份 + 1）
	企业规模（Size）	企业年度总资产大小	$Size = Ln$（年末总资产 + 1）
	资产负债率（Lev）	企业负债占资产总额的比例	Lev = 年末总负债 / 年末总资产
	营业收入增长率（Growth）	本年度相比上一年的营业收入增减变化	$Growth$ =（本年营业收入/上一年营业收入）−1
	两职合一（Dual）	董事长与总经理任职重合度	如若企业董事长与总经理由同一个人承担则取值为 1，否则为 0
	产权性质（SOE）	企业是否由国资委或国有企业控股	如若企业为国有控股则取值为 1，否则为 0
	管理层持股比例（Mshare）	企业管理层持股比例	$Mshare$ = 管理层持股数据 / 总股本
	董事会规模（Board）	董事会人数	$Board = Ln$（董事会人数 + 1）
	账面市值比（BM）	企业成长性，值越大越具有投资价值	BM = 股东权益 / 总市值

资料来源：在参考相关文献的基础上，由笔者整理。

4.2.3 实证模型

与子研究一相同，子研究二也采用多元线性回归的统计方法检验所提假设。基于假设内容，本书具体构建了检验调节效应机制的实证模型。子研究二的主模型还是同子研究一的主效应模型一致，即供应链金融导向对企业价值的回归模型，因此子研究二沿用了“个体—行业—时间”的多重固定效应模型，并应用个体聚类的稳健标准误进行调整。

1. 检验数字技术要素的调节效应的计量模型

$$TobinQ_{i,t} = \beta_0 + \beta_1 \times SCF\_focal_{i,t} + \beta_2 \times Digital_{i,t} + \beta_3 \times SCF\_focal_{i,t} \times Digital_{i,t} + \lambda \times Controls_{i,t} + u_i + v_t + \gamma_z + \varepsilon_{i,t} \tag{4.1}$$

$$TobinQ_{i,t} = \beta_0 + \beta_1 \times SCF\_focal_{i,t} + \beta_2 \times Blockchain_{i,t} + \beta_3 \times SCF\_focal_{i,t} \times Blockchain_{i,t} + \lambda \times Controls_{i,t} + u_i + v_t + \gamma_z + \varepsilon_{i,t} \tag{4.2}$$

由于数字技术要素为连续变量，因此本书通过构造数字技术要素与供应链金融导向的交乘项来检验数字技术要素的调节效应，即模型（4.1）。其中，i 代表样本企业的个体维度，t 为面板数据的时间（年度）维度，u_i 为个体固定效应项，v_t 即为时间固定效应项，γ_z 是行业固定效应项，$\varepsilon_{i,t}$ 是回归残差项，β_0 则是常数项。$SCF\_focal_{i,t}$ 是指样本企业 i 在第 t 年是否具有供应链金融导向，$Digital_{i,t}$ 是指样本企业 i 在第 t 年的数字技术要素关注度。β_3 是交乘项的回归系数，通过识别 β_3 的系数值以及统计显著性，可以为假设 H5a 的检验提供一定的实证依据。在模型（4.2）中，本书同样构造了区块链要素与供应链金融导向的交乘项，用以检验假设 H5b。

2. 检验产业竞争要素的调节效应的计量模型

$$TobinQ_{i,t} = \beta_0 + \beta_1 \times SCF\_focal_{i,t} + \beta_2 \times LernerIndex_{i,t} + \beta_3 \times SCF\_focal_{i,t} \times LernerIndex_{i,t} + \lambda \times Controls_{i,t} + u_i + v_t + \gamma_z + \varepsilon_{i,t} \tag{4.3}$$

在模型（4.3）中，$LernerIndex_{i,t}$ 是指样本企业 i 在第 t 年的产业竞争力，β_2 是该变量的回归系数，$SCF\_focal_{i,t} \times LernerIndex_{i,t}$ 是本书构造的供应链金融导向和产业竞争力的交乘项，其回归系数为 β_3。对假设 H6 的实证检验可以通过识别 β_3 的具体数值以及显著性而实现，如果回归系数 β_3 显著为负，则产业竞争力的调节效应将得到一定程度的证实，即假设 H6 得到数据支持。

3. 检验供应链金融产品要素的调节效应的计量模型

$$SCF\_product = 1：TobinQ_{i,t} = \beta_0 + \beta_1 \times SCF\_focal_{i,t} + \lambda \times Controls_{i,t} + u_i + v_t + \gamma_z + \varepsilon_{i,t} \quad (4.4)$$

$$SCF\_product = 0：TobinQ_{j,t} = \beta_0' + \beta_1' \times SCF\_focal_{j,t} + \lambda' \times Controls_{j,t} + u_i' + v_t' + \gamma_z' + \varepsilon_{j,t}' \quad (4.5)$$

根据供应链金融产品要素的取值条件，本书设立了两个具有不同样本和相同变量条件的模型，即模型（4.4）和模型（4.5）。其中，i 和 j 分别代表样本企业处在产品要素丰富度高（SCF_product =1）和产品要素丰富度低（SCF_product =0）两类的个体维度。需要说明的是，供应链金融产品要素这一变量仅在具有供应链金融导向（SCF_focal=1）的样本观测值中存在，直接按供应链金融产品要素进行分组比较的话会缺失供应链金融导向的对照组（SCF_focal=0），导致无法检验供应链金融导向的回归系数，因此本书在两个分组回归模型中均纳入了对照组的样本及其观测值。通过比较两组中核心解释变量的回归系数 β_1 和 β_1'，也能为假设 H7 的检验提供一定的实证支持。

4.3 实证结果分析

4.3.1 描述性统计

表 4-2 展示了本章研究中主要变量的描述性统计情况，并提供了各变量的均值、标准差和最值等数据细节。由结果可知，经过缩尾处理后的各变量的标准差与最值间关系基本处在可接受范围内，即未发现存在明显的异常值问题。其中，数字技术要素的均值为 1.35（对数化处理前的值为 2.86），表明上市公司对于数字技术要素的关注和投入在整体上还处于较低水平，而最

大值为 6.38（对数化处理前的值为 589），反映出企业之间的“数字鸿沟”现象十分显著。这一情况也与吴非等（2021）的描述性统计结果（经过对数化处理后，均值为 1.148，标准差为 1.388，最值分别为 0 和 4.949）相近。区块链要素的均值为 0.06（对数化处理前的值为 0.066），最大值为 4.67（对数化处理前的值为 105.6），反映出当前企业实践中区块链技术的应用范围还十分有限。产业竞争要素的均值为 0.13，最值分别为-0.58 和 0.57。供应链金融产品要素的观测值仅在具有供应链金融导向的样本中存在，其均值仅为 0.27，表明核心企业参与提供的供应链金融产品类型还比较单一，可利用的产业要素和可服务的供应链主体也较为有限。

表 4-2 子研究二主要变量的描述性统计（已缩尾处理）

变量名称	变量简称	样本数量	均值	标准差	最小值	中位数	最大值
企业价值	TobinQ	27934	2.04	1.43	0.80	1.59	17.73
供应链金融导向	SCF_focal	28412	0.03	0.18	0.00	0.00	1.00
数字技术要素	Digital	28453	1.35	1.41	0.00	1.10	6.38
区块链要素	Blockchain	28453	0.06	0.32	0.00	0.00	4.67
产业竞争要素	LernerIndex	28512	0.13	0.14	-0.58	0.11	0.57
供应链金融产品要素	SCF_product	982	0.27	0.61	0.00	1.00	1.00

4.3.2 假设检验

1. 对数字技术要素调节效应的实证分析

本书通过分别构造数字技术要素、区块链要素与供应链金融导向的交乘项，以检验数字技术要素和区块链要素对于供应链金融导向与企业价值间关系的调节作用机制，即假设 H5a 和 H5b。具体的回归结果列示于表 4-3，列

(1) 中交乘项（供应链金融导向×数字技术要素）的回归系数为-0.054，但并未具有统计意义上的显著性，假设 H5a 未得到有效支持。列（2）中交乘项（供应链金融导向×区块链要素）的回归系数则在 5%的置信水平上显著为正，数值为 0.188，即假设 H5b 得到了实证数据的支持。针对这一结果，本书初步认为，企业对综合性数字技术的重点关注与广泛应用，难以直接赋能于供应链金融的运作，但区块链这类特定技术，由于对供应链交易信息和交易关系的质量提升有显著作用，因而有利于核心企业与其上下游企业的供应链金融服务体系的构建。

本书根据回归结果还绘制了区块链要素的调节效应图（见图 4-2）。

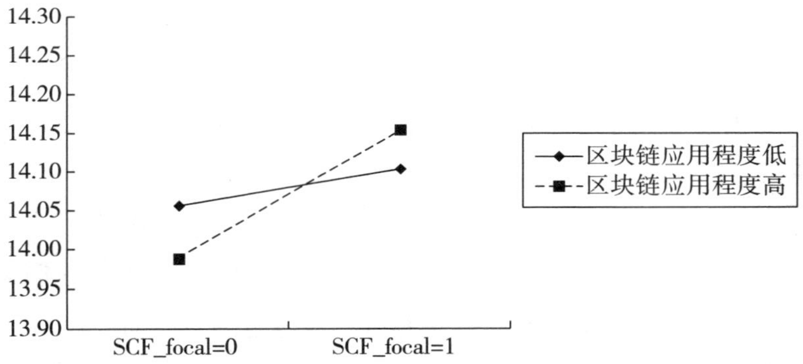

图 4-2　区块链要素的调节效应图

2. 对产业竞争要素的调节效应的实证分析

本书通过识别产业竞争要素与供应链金融导向的交乘项回归系数，以检验产业竞争要素的正向调节效应是否存在。在表 4-3 的列（3）中，交乘项（供应链金融导向×产业竞争要素）的回归系数显著为正（系数值为 1.083），在 5%的置信水平上显著，由此表明核心企业产业竞争要素的丰富度对于供应链金融导向的价值效应有着积极正向的促进作用，即假设 H6 得到了一定的支持。本书根据回归结果还绘制了产业竞争要素的调节效应图（见图 4-3）。

3. 对供应链金融产品要素的调节效应的实证分析

本书根据供应链金融产品要素这一虚拟变量设计了分组回归模型，通过对比两组中核心解释变量供应链金融导向的回归系数，可以检验供应链金融

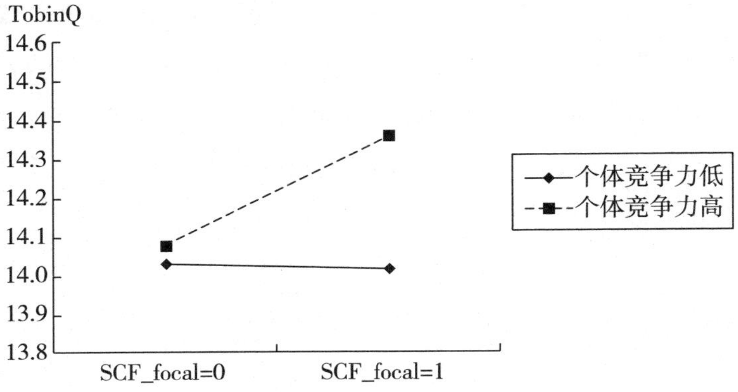

图 4-3 产业竞争要素的调节效应图

产品要素的调节作用机制是否存在。表 4-3 展示了相关回归结果，其中，列（4）的样本中包含了供应链金融产品要素丰富度低的企业，列（5）的样本中则包含了供应链金融产品要素丰富度高的企业。列（4）中供应链金融导向（SCF_focal）的回归系数显著为正（系数为 0. 097，P<0. 1），而列（5）中的回归系数同样显著为正（系数为 0. 187，P<0. 1），但数值相对更大（0. 187>0. 097）。在此基础上，本书还进一步检验了两个回归系数之间是否具有显著差异。由于两组样本企业均包括了未具有供应链金融导向的企业，即存在重合样本，因此本书采用似无相关模型（SUEST Test）进行检验。检验结果显示，列（4）和列（5）关于供应链金融导向的回归系数并未存在显著的组间差异（P-value =0. 376）。因此，本书认为假设 H7 仅得到部分支持。

表 4-3 生态要素权变机制的实证结果汇总

变量名称	(1)	(2)	(3)	(4)	(5)
	企业价值			供应链金融产品要素丰富度低	供应链金融产品要素丰富度高
				企业价值	
供应链金融导向	0. 240 (1. 64)	0. 096* (1. 88)	-0. 002 (-0. 03)	0. 097* (1. 78)	0. 187* (1. 93)
供应链金融导向×数字技术要素	-0. 054 (-0. 96)	—	—	—	—

续表

变量名称	(1)	(2)	(3)	(4)	(5)
	企业价值			供应链金融产品要素丰富度低	供应链金融产品要素丰富度高
				企业价值	
数字技术要素	0.055*** (4.36)	—	—	—	—
供应链金融导向×区块链要素	—	0.188** (2.25)	—	—	—
区块链要素	—	-0.108*** (-2.96)	—	—	—
供应链金融导向×产业竞争要素	—	—	1.083** (2.33)	—	—
产业竞争要素	—	—	0.140 (0.91)	—	—
企业年龄	-0.017 (-0.73)	-0.017 (-0.75)	-0.003 (-0.24)	-0.003 (-0.27)	-0.004 (-0.33)
企业规模	-0.574*** (-14.87)	-0.557*** (-14.44)	-0.567*** (-14.83)	-0.564*** (-14.50)	-0.553*** (-14.43)
资产负债率	0.663*** (5.62)	0.664*** (5.61)	0.693*** (5.55)	0.680*** (5.69)	0.676*** (5.62)
营业收入增长率	0.045** (2.45)	0.045** (2.45)	0.040** (2.22)	0.047** (2.51)	0.049*** (2.61)
两职合一	-0.069** (-2.43)	-0.068** (-2.39)	-0.069** (-2.44)	-0.076*** (-2.67)	-0.076*** (-2.63)
产权性质	-0.196*** (-3.21)	-0.194*** (-3.16)	-0.195*** (-3.21)	-0.194*** (-3.16)	-0.193*** (-3.05)
管理层持股比例	-1.039*** (-8.15)	-1.051*** (-8.21)	-1.058*** (-8.33)	-1.027*** (-8.01)	-1.016*** (-8.20)
董事会规模	-0.121 (-1.57)	-0.107 (-1.40)	-0.101 (-1.31)	-0.118 (-1.53)	-0.123 (-1.58)
账面市值比	-0.143*** (-8.44)	-0.147*** (-8.71)	-0.142*** (-8.55)	-0.152*** (-8.66)	-0.160*** (-8.67)

续表

变量名称	(1)	(2)	(3)	(4)	(5)
	企业价值			供应链金融产品要素丰富度低	供应链金融产品要素丰富度高
				企业价值	
常数项	14.431*** (16.12)	14.028*** (15.65)	14.036*** (16.57)	14.041*** (16.29)	13.862*** (16.18)
行业	控制	控制	控制	控制	控制
年份	控制	控制	控制	控制	控制
R^2	0.264	0.263	0.263	0.264	0.264
adj. R^2	0.263	0.262	0.262	0.263	0.263
F	75.875	75.547	76.539	79.329	78.234
N	27046	27046	27062	26867	26448
似无相关模型检验	—	—	—	P=0.376	

注：变量系数显著性对应标识为 * $p<0.10$，** $p<0.05$，*** $p<0.01$，系数下方括号汇报的是经聚类稳健标准误调整过的 t 统计值。

4.3.3 稳健性检验

（1）针对数字技术要素调节效应的实证检验，本书通过改变调节变量的测量指标来进行稳健性检验。参考有关文献（肖土盛等，2022），本书调整了数字技术要素和区块链要素的测量指标，即使用数字技术相关词频除以文本总字数后，再进行对数化处理，其后将新变量指标（数字技术要素 B 和区块链要素 B）再次代入之前的分组回归模型。相关的实证结果见表 4-4 的列（1）和列（2），数字技术要素与供应链金融导向的交乘项的回归系数为-1.020，但不显著，而区块链要素与供应链金融导向的交乘项的回归系数为 20.888，在 1%的置信水平上显著。上述结果与之前假设 H5a 和 H5b 的检验结果保持一致，再次表明数字技术对供应链金融的赋能作用并不具有“普适性”和“万能性”，需要基于供应链金融的运作特性而选择相匹配的技术要素组合，特别是要加强区块链技术的应用。

表 4-4　稳健性检验：替换变量（数字技术要素、产业竞争要素、金融产品要素）

变量名称	(1)	(2)	(3)	(4)	(5)
	企业价值			供应链金融产品要素丰富度低	供应链金融产品要素丰富度高
				企业价值_B	
供应链金融导向	0.150*** (2.81)	0.103** (2.01)	0.192** (2.25)	0.283*** (3.82)	0.387*** (3.08)
供应链金融导向×数字技术要素_B	-1.020 (-1.56)	—	—	—	—
数字技术要素_B	1.789*** (4.17)	—	—	—	—
供应链金融导向×区块链要素_B	—	20.888*** (2.78)	—	—	—
区块链要素_B	—	-5.542 (-1.26)	—	—	—
供应链金融导向×产业竞争要素_B	—	—	1.051* (1.65)	—	—
产业竞争要素_B	—	—	0.976*** (4.87)	—	—
企业年龄	0.096*** (18.31)	0.099*** (18.84)	0.008 (0.50)	0.005 (0.33)	0.007 (0.43)
企业规模	-0.728*** (-18.16)	-0.710*** (-17.96)	-0.885*** (-18.35)	-0.845*** (-17.18)	-0.841*** (-17.08)
资产负债率	0.762*** (6.11)	0.763*** (6.10)	-0.240 (-1.57)	-0.409*** (-2.79)	-0.392*** (-2.69)
营业收入增长率	0.037* (1.90)	0.038* (1.90)	0.180*** (5.49)	0.227*** (6.85)	0.232*** (6.88)
两职合一	-0.062** (-2.08)	-0.062** (-2.07)	-0.021 (-0.55)	-0.030 (-0.80)	-0.035 (-0.91)

续表

变量名称	(1)	(2)	(3)	(4)	(5)
	企业价值			供应链金融产品要素丰富度低	供应链金融产品要素丰富度高
				企业价值_B	
产权性质	−0.189*** (−2.59)	−0.179** (−2.42)	−0.254*** (−3.51)	−0.267*** (−3.58)	−0.247*** (−3.29)
管理层持股比例	−1.123*** (−8.43)	−1.153*** (−8.62)	−0.057 (−0.31)	0.049 (0.26)	0.071 (0.39)
董事会规模	−0.088 (−1.08)	−0.076 (−0.93)	0.071 (0.69)	0.053 (0.51)	0.051 (0.49)
账面市值比	−0.084*** (−4.93)	−0.090*** (−5.29)	−0.002 (−0.11)	−0.028 (−1.27)	−0.034 (−1.46)
常数项	16.125*** (19.59)	15.670*** (19.27)	20.736*** (19.29)	20.159*** (18.47)	20.075*** (18.28)
行业	控制	控制	控制	控制	控制
年份	控制	控制	控制	控制	控制
R^2	0.312	0.310	0.340	0.339	0.340
adj. R^2	0.311	0.309	0.339	0.338	0.339
F	75.249	74.775	111.134	114.412	111.739
N	23324	23324	27062	26867	26448
似无相关模型检验	—	—	—	P=0.437	

注：变量系数显著性对应标识为* $p<0.10$，** $p<0.05$，*** $p<0.01$，系数下方括号汇报的是经聚类稳健标准误调整过的 t 统计值。

（2）对于产业竞争要素调节效应的稳健性检验，本书使用当年企业销售收入占行业总销售收入的比例作为产业竞争要素的新测量指标（产业竞争要素 B）（胡媛媛等，2021）。由表 4-4 的列（3）所示结果可知，产业竞争要素与供应链金融导向的交乘项系数仍然显著为正（系数为 1.051，P<0.1）。因此，本书认为假设 H6 的实证检验结果具有较好的稳健性。

（3）本书通过更换被解释变量即企业价值的方式来检验假设 H7 实证结果的稳健性。由表 4-4 的列（4）和列（5）可知，本书在供应链金融产品要素丰富度高低的两组样本中再次对比检验了供应链金融导向对企业价值（Tobin Q_B）的回归系数，分别为 0.283（P<0.01）和 0.387（P<0.01），前者数值仍然小于后者，然而似无相关模型检验（SUEST Test）的结果（P=0.437）也仍未显著，显示两组系数并未存在显著差异，与之前的实证结果保持了一致。本书认为，这一结果可能与当前产业实践中企业参与提供的供应链金融产品类型整体有限有关，企业间存在的产品丰富度差异较小，有待今后进一步研究探讨。

（4）本书还通过改变核心解释变量即供应链金融导向的测度方式来进行稳健性检验。本书将之前基于文本判别和词频统计而构造的连续变量（供应链金融导向）代入假设 H5 和假设 H6 的回归模型之中，所得结果展示于表 4-5。其中，列（1）和列（2）表明，数字技术要素与供应链金融导向交乘项的回归系数为-0.013，但不具有统计显著性，而区块链要素与供应链金融导向的交乘项显著为正（系数为 0.065，P<0.01）。列（3）则展示了产业竞争要素与供应链金融导向的交乘项对企业价值的显著正向影响，即回归系数为 0.539，在 1%的置信水平上显著。上述结果同样为相应的理论假设提供了稳健性的支持依据。

表 4-5　稳健性检验：替换变量（供应链金融导向）

变量名称	(1)	(2)	(3)
	企业价值		
供应链金融导向（连续变量）	0.065* (1.72)	0.026 (1.42)	-0.020 (-0.79)
供应链金融导向（连续变量）×数字技术要素	-0.013 (-0.85)	—	—
数字技术要素	0.054*** (4.24)	—	—

续表

变量名称	(1)	(2)	(3)
	企业价值		
供应链金融导向（连续变量）×区块链要素	—	0.065*** (2.62)	—
区块链要素	—	−0.106*** (−2.93)	—
供应链金融导向（连续变量）×产业竞争要素	—	—	0.539*** (2.82)
产业竞争要素	—	0.065***	0.136
企业年龄	−0.016 (−0.72)	−0.017 (−0.75)	−0.003 (−0.25)
企业规模	−0.575*** (−14.84)	−0.556*** (−14.45)	−0.567*** (−14.88)
资产负债率	0.663*** (5.62)	0.664*** (5.60)	0.693*** (5.55)
营业收入增长率	0.045** (2.47)	0.045** (2.45)	0.040** (2.22)
两职合一	−0.069** (−2.42)	−0.068** (−2.38)	−0.069** (−2.44)
产权性质	−0.196*** (−3.22)	−0.194*** (−3.17)	−0.196*** (−3.21)
管理层持股比例	−1.039*** (−8.13)	−1.051*** (−8.19)	−1.057*** (−8.31)
董事会规模	−0.121 (−1.57)	−0.106 (−1.39)	−0.100 (−1.30)
账面市值比	−0.143*** (−8.38)	−0.147*** (−8.67)	−0.142*** (−8.49)

续表

变量名称	(1)	(2)	(3)
	企业价值		
常数项	14.439*** (16.11)	14.007*** (15.65)	14.036*** (16.62)
行业	控制	控制	控制
年份	控制	控制	控制
R^2	0.264	0.263	0.263
adj. R^2	0.263	0.262	0.262
F	75.583	75.515	76.621
N	27046	27046	27062

注：变量系数显著性对应标识为* $p<0.10$，** $p<0.05$，*** $p<0.01$，系数下方括号汇报的是经聚类稳健标准误调整过的 t 统计值。

4.4 本章小结

在供应链金融向平台化、生态化持续演进的背景下，需要进一步回答“哪些生态系统因素会影响供应链金融导向对核心企业的价值效应，如何影响”这一研究问题。结合商业生态系统理论所划分的“生态系统要素—生态系统结构—生态系统环境”三类情境因素（Scaringella & Radziwon，2018；Yi et al.，2022），以及相关研究对供应链金融生态系统的解构（Bals，2019；Zhou et al.，2022），本书拟深入探索参与要素、参与主体及其关联结构、外部环境等多个维度因素在供应链金融导向对核心企业的“价值效应”中的权变机制，从而为核心企业如何更有效地构建供应链金融生态系统提供理论方向和依据。

本章主要从生态系统要素维度探究了数字技术要素、区块链要素、产业竞争要素和供应链金融产品要素的权变机制，并提出相应的研究假设。为检验上述研究假设，本章进一步构建了“个体—行业—时间”的多重固定效应模型，并采用了多种稳健性检验方法以增强实证结果的可靠性，相应的研究假设检验结果汇总于表 4-6。首先，反映综合性数字技术水平的数字技术要素并未显著促进核心企业供应链金融导向的价值效应，然而特定区块链要素的调节作用得到了实证支持，这一结果不仅契合了当前供应链金融研究对区块链要素的重点关注趋势，也在一定程度上支持了现有研究强调“技术匹配性”而非“技术万能性”的理论观点（宋华等，2022a）。其次，产业竞争要素的权变机制假设也得到了实证支持，表明了核心企业自身的产业竞争力对供应链金融运作及其生态体系构建的重要作用，核心企业需要关注自身对产业要素的集聚和整合等管理能力，充分承担作为生态系统“架构者”和“协调者”角色的应有之责。最后，有关供应链金融产品要素丰富性的研究假设得到了部分实证支持，比较分组回归的系数可知，产品要素的丰富性同样会影响供应链金融导向对核心企业的价值效应。

表 4-6　子研究二假设检验结果汇总

序号	假设内容	实证结果	备注
H5a	数字技术要素会强化供应链金融导向对核心企业价值的促进作用	未支持	变量系数未显著
H5b	区块链要素会强化供应链金融导向对核心企业价值的促进作用	支持	—
H6	产业竞争要素会强化供应链金融导向对核心企业价值的促进作用	支持	—
H7	供应链金融产品要素会强化供应链金融导向对核心企业价值的促进作用	部分支持	系数组间差异未显著

第5章

供应链金融导向影响核心企业价值的生态结构权变机制

本章主要关注生态系统结构对供应链金融导向的“价值效应”的权变机制。供应链金融生态系统中的参与主体包括供应链交易企业等产业端主体与金融机构等金融端主体（Martin & Hofmann，2019）。随着服务模式的深化，供应链服务商、平台服务商、金融科技公司、公共管理部门、行业协会等支持性主体也积极嵌入其中（Song et al.，2021b）。多种参与主体分别基于交易关系、借贷关系、服务关系和治理关系等属性而形成相互关联的结构，其中，最为广泛的主要包括核心企业与其上下游企业之间的交易结构，以及核心企业与金融机构的协作结构（Gelsomino et al.，2016）。此外，除了既有主体之间的关联结构外，生态系统演进过程中内外部主体交互结构的动态变化也是重要的结构特征之一，即生态系统结构的开放性（Daymond et al.，2022），这反映了内外部主体之间开放协作的可能性。因此，本章选择核心企业与金融机构之间的资本联结结构、核心企业及其上下游企业之间的交易结构、供应链金融生态系统开放性三种因素展开具体研究。

基于商业生态系统理论的观点，生态系统的可持续发展往往更需要一种非模块化或不太紧密耦合的结构，因为过分强调既有主体之间的协作关系及其紧密结构，容易降低生态系统适应外部环境的敏捷性，同时阻碍生态系统向更大范围的合作与竞争进行延伸（Han et al.，2022）。事实上，相较于强控制的供应链垂直结构或核心主导的产业集群，生态系统模式的结构优势之一就体现在其动态开放性带来的活力，特别是在一些快速扩张的创新创业环境之中（陈剑和刘运辉，2021）。在供应链金融研究中，由参与主体之间的紧密结构所导致的“锁定”效应也逐渐引起部分学者的关注（Bals，2019；Liebl et al.，2016），结构“紧”与“松”之间的潜在影响还有待进一步探索。

5.1 理论基础与研究假设

5.1.1 银企资本联结的权变机制

银企资本联结是一种反映银行等金融机构与产业主体之间关系结构的典型特征（Maurer & Haber，2007），在本书中是表征核心企业与金融机构之间是否存在资本关联，如交叉持股等行为。长期以来，关于银企关系的研究大多认为其对产业主体具有积极正向影响，特别是表现在企业的信贷资源可得性与融资成本、对外投资效率、创新研发投入等方面（何韧等，2012；尹志超等，2015）。然而，也有学者指出，需要关注银企关系的复杂性（翟胜宝等，2014），如银企间的资本联结也容易使企业受制于银行的股权控制。

在供应链金融的相关研究中，部分文献也认为银企资本联结等关系结构有利于供应链金融模式的运作。如，核心企业与银行等金融机构之间的资本联结有益于双方保持良好合作关系和增进信任，使金融机构愿意给予更多的金融服务支持，如与核心企业协作开展保理类融资等供应链金融模式（Beka Be Nguema et al.，2021b；Song et al.，2020b）。近年来，随着供应链金融向平台化和生态化发展，以及商业生态系统理论等视角的引入，部分学者开始重视由生态成员之间的紧密结构所导致的“锁定”效应（Bals，2019；Cho et al.，2019）。

对核心企业而言，这种“锁定”效应的负面影响体现在具有资本联结的银行会使核心企业对其他金融机构产生排他性（Bals，2019）。一方面，核心企业与银行的强资本联结会限制核心企业与更多非资本联结的银行之间的潜在合作。在供应链金融生态系统中，有限的银行参与方往往意味着金融资源供给的不足，不仅包括可用资金量的有限，也包括可采用金融服务类型的单一（Cho et al.，2019）。特别是随着核心企业的供应链网络不断扩张，有限的银行也很难对跨区域、跨行业的上下游企业提供有效的金融服务支持。另一方面，部分研究还指出，生态系统中的某类关键参与主体如果过于单一或处于主导地位，会降低生态体系内部的竞争性，从而影响生态系统的可持续性（Daymond et al.，2022）。在供应链金融生态系统中，过度依赖单一的金融机构同样也会使金融端缺乏足够的竞争性，使其在金融服务成本、效率和创新等方面的竞争动力不足，反而增加了金融机构的依赖性优势和机会主义风险（Hofmann & Zumsteg，2015），最终导致核心企业及其上下游企业所接受的金融服务质量降低（Villalba et al.，2023），这也使得核心企业的供应链金融导向难以吸引到上下游企业的积极参与，进而阻碍了供应链金融生态系统的延伸发展。

由此可见，银企资本联结对核心企业供应链金融导向的运作具有一定的积极作用，特别是在前期的金融服务支持方面，然而，在“锁定”效应的影响下，银企资本联结严重降低了供应链金融在后续发展过程中的金融资源供给质量，特别是难以适应和满足生态体系向外扩张中的大量、异质性的资金需求，从而限制了核心企业供应链金融导向的价值效应。因此，本章提出以下假设：

H8：银企资本联结会弱化供应链金融导向对核心企业价值的促进作用，即在弱银企资本联结的结构关系中，核心企业采用供应链金融导向的价值效应会增强。

5.1.2 供应链集中度的权变机制

供应链集中度是指企业与其供应链上下游企业的交易集中程度，反映了企业在其供应链网络及生态系统中的交易结构（Liu et al.，2022a）。供应链集中度越高，表明企业的采购和销售业务越集中于少数的交易对手（王迪等，2016）。现有研究认为，供应链集中度同样对企业存在“两面性”的影响（江伟等，2017）。一方面，供应链集中度能反映企业与其上下游的关系质量和合作深度，高供应链集中度有助于形成长期、稳定的交易关系和信任关系（Chen et al.，2023）。另一方面，高供应链集中度也意味着存在过于紧密的交易结构，使企业面临“高转换成本”风险和来自交易对手“高供应链权力”的压力。前者是指企业与特定的大客户或大供应商进行交易的同时会使其在更换交易主体时面临高额的转换成本，如使企业已有的专用性投资失去使用价值，从而增加企业的经营风险；后者则是指高集中度的上下游主体对企业具有更高的议价权力，从而损害企业在交易过程中的竞争优势（Liu et al.，2022b）。

在供应链金融研究中，核心企业与其上下游的供应链集中度等结构特征也受到了一定的关注。有研究指出，上下游中小企业与核心企业之间的合作紧密度会影响双方的交易信任、资源共享等关系，从而提高中小企业的供应链融资绩效（胡海青等，2014；Lu et al.，2022a）。然而，随着供应链集中度的“两面性”影响愈发突出，以及生态导向研究对紧密结构所导致的“锁定”效应的不断关注，供应链集中度对供应链金融运作的影响效应有待进一步探索（Bals，2019）。特别是对核心企业的供应链金融导向而言，集中的上下游交易结构虽然有利于降低核心企业对融资风险的管理难度，但也容易限制核心企业与新交易主体发展新结构的重要机会，从而影响供应链金融生态系统的可持续发展。

因此，本书认为，过高的供应链集中度会抑制核心企业供应链金融导向的价值效应。一方面，核心企业的高供应链集中度在一定程度上反映其供应链网络的交易主体数量有限，且存在具有相对议价优势的大客户或大供应商（江伟等，2017），而且这类主体的资金需求往往并不强烈，从而导致供应链金融的服务广度和深度均受限。另一方面，过于集中的供应链结构也不利于核心企业向外拓展和发展新的交易关系，具有强控制权和议价能力的上下游企业出于对自身竞争优势的保持，会抑制核心企业利用供应链金融延伸产业生态圈以增强交易主体的多样性。例如，有研究发现，大客户会计算与供应商的依赖关系而保持自身在供应链议价权力上的竞争优势，从而阻止供应商采用保理融资等方式（Liu et al.，2022a）。此外，供应链集中度较高的核心企业对上下游企业的依赖性也相对较高，导致其难以寻找替代主体而建立新的交易结构，从而降低整个生态体系的灵活性和成长性（Liu et al.，2022b）。

基于上述分析，本章提出以下假设：

H9：供应链集中度会弱化供应链金融导向对核心企业价值的促进作用，即供应链集中度越高，核心企业采用供应链金融导向的价值效应会越弱。

5.1.3 生态系统开放性的权变机制

作为反映生态成员之间关联结构的重要特征，供应链金融生态系统的开放性主要体现在两个方面：一是开放性的协作结构；二是开放性的治理结构（Aftab Alam et al.，2022；Cenamor & Frishammar，2021）。开放性的协作结构意味着生态系统内外部的多方主体均可以动态参与和融入核心企业构建的供应链金融生态体系之中，包括更多的金融服务主体、供应链服务主体和产业中的交易主体（Bals，2019；Zhou et al.，2022），并由此产生网络外部性的价值增益。在结构开放的生态系统中，金融资源的丰富性和参与主体的多样性均得到显著提升，从而推动整个生态体系开展更为广泛、深入的价值共创活动（宋华等，2022b；Villalba et al.，2023），使核心企业的供应链金融导向得以发挥更大的价值效应。开放性的治理结构是指供应链金融生态系统并非由单级主体所主导或控制，而是存在相对开放、公平的多方协调结构。单级的治理结构往往会放大拥有主导权或控制权的主体的机会主义风险，从而显著降低其他生态成员的参与意愿，使生态系统缺乏协作动力。相反，开放性的治理结构有利于形成公平的利益分配机制和权责机制，减少各种商业欺诈或利用控制权力进行利益侵占等恶性行为，使各参与主体能更好地实现互利共赢的产融协作（Song et al.，2021a）。

因此，生态系统开放性会影响核心企业供应链金融导向对其上下游企业的吸引力，有助于生态体系的向外延伸，并基于规模效应而放大供应链金融的服务效能，从而增强核心企业的长期竞争优势与价值创造能力。基于此，本章提出以下假设：

H10：生态系统开放性会强化供应链金融导向对核心企业价值的促进作用，即相比于核心企业主导或控制的弱开放性供应链金融生态系统，强开放性的生态系统中核心企业的价值效应会增强。

综上，本章（子研究三）的理论假设模型图，见图 5-1。

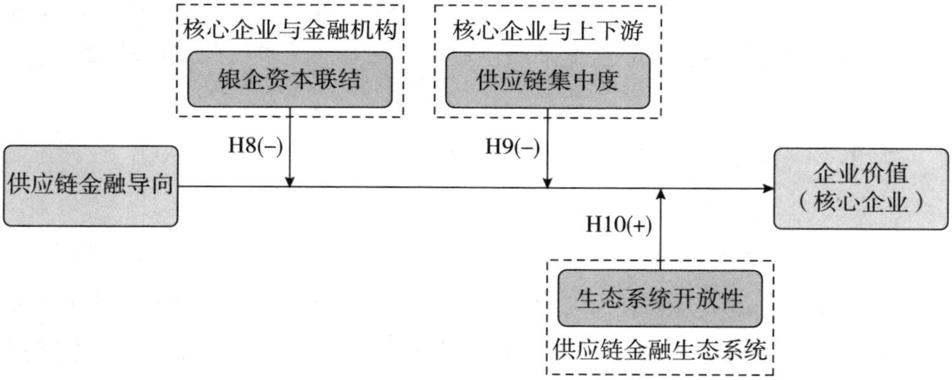

图 5-1　子研究三的理论假设模型图

5.2　数据来源和实证模型

5.2.1　数据来源

子研究三的被解释变量（企业价值）、核心解释变量（供应链金融导向）

和控制变量均与子研究一相同，相应的数据皆来自国泰安经济金融研究数据库（CSMAR）、中国研究数据服务平台（CNRDS）、万得数据库（WIND）等国内主流的上市公司二手数据库。同时，子研究三新增了三类调节变量，分别是银企资本联结、供应链集中度和生态结构开放性。其中，银企资本联结的数据来自企业年度报告中披露的股东构成情况和企业对外持股情况，供应链集中度的数据来自 CNRDS 数据库的供应链研究库，而生态系统开放性的数据则是来自子研究一已构建的供应链金融导向数据库。此外，本书对新增变量也进行了包括缩尾处理在内的一系列数据清洗操作。

5.2.2 变量含义及测量

（1）企业价值。与子研究一中的含义和测量方式相同。

（2）供应链金融导向。与子研究一中的含义和测量方式相同。

（3）银企资本联结。是指企业与银行之间基于股权资本关联而形成的一种特定结构，反映出企业获取外部金融机构资源支持的优势和受其影响的关系强度（Maurer & Haber，2007）。现有研究常选择利用企业与银行之间的交叉持股情况来识别企业是否发生银企资本联结（翟胜宝等，2014）。

（4）供应链集中度。是指企业的供应链上游采购供应商和下游销售客户的集中程度，反映出企业在供应链网络及生态系统中与其他主体的交易结构，是衡量企业与其供应链上下游关系状态的重要结构特征之一（Liu et al.，2022a）。由于中国上市公司会披露前五大供应商和客户的交易金额等信息，因此现有文献大多据此构建了供应商集中度和客户集中度两个变量，分别以前五大供应商的采购数量占总采购数量的比例、前五大客户的销售数量占总销售数量的比例作为测量指标（王迪等，2016），其值越高，表明供应商集中度或客户集中度越高。供应链集中度则是供应商集中度和客户集中度的平均值（方红星等，2017）。

（5）生态系统开放性。是指由核心企业参与构建的供应链金融生态系统中各参与主体开放介入的程度，高开放性的生态系统具有弱中心化、松耦合的特征，而低开放性的生态系统往往是集中式、强控制的协作模式。本书基于样本企业披露的供应链金融模式划分了两类特征属性：一是由核心企业自建或主导的供应链金融系统或封闭平台，如核心企业自行设立商业保理公司以提供金融服务；二是核心企业参与由金融机构或第三方服务商提供的多种供应链金融服务或构建的开放性供应链金融平台生态。前者受核心企业主导控制的影响，参与主体主要为核心企业自身有限的供应链网络成员和极为有限的金融服务方，因而本书将其归为低开放性的供应链金融生态系统。相比之下，后者往往将供应链金融服务渗透于多产业多核心企业组成的供应链生态系统，参与主体的多样性和金融服务产品的丰富性也进一步使得生态系统具有较强的内部公平性和外部吸引力，因此本书认为该类模式具有高开放性的结构特征。

（6）控制变量。与子研究一中的含义和测量方式相同。

子研究三的变量定义与测量方式详见表 5-1。

表 5-1　子研究三的变量定义与测量方式

变量名称		变量定义	测量方式
被解释变量	企业价值（TobinQ）	企业的市场评价与长期绩效	*TobinQ* ＝ 总市值 / 总资产； 总市值 ＝ 流通股股份数 × 每股市场价格 ＋ 非流通股股份数 × 每股净资产 ＋ 负债账面值
解释变量	供应链金融导向（SCF_focal）	企业开展向其上下游企业提供供应链金融服务的战略选择	基于上市公司年报和新闻公告，判断其是否作为核心企业参与向上下游企业的供应链金融服务。如若具有此类供应链金融导向，则设为 1，否则设为 0。在稳健性检验部分还应用基于供应链金融词典的词频数来反映核心企业供应链金融导向的程度
调节变量	银企资本联结（BC）	企业与银行之间是否存在持股关系	样本企业的公开股东或持股对象中存在银行，则设为 1，否则设为 0
	供应商集中度（Sconcentration）	供应商数量与采购量的集中程度	*Sconcentration* ＝ 前五大供应商的年度采购额总数 / 年度总采购额
	客户集中度（Cconcentration）	客户数量与销售量的集中程度	*Cconcentration* ＝ 前五大客户的年度销售额总数 / 年度总销售额

续表

变量名称		变量定义	测量方式
调节变量	供应链集中度（SCconcentration）	供应链交易对手的综合集中程度	*SCconcentration* = （*Sconcentration* + *Cconcentration*）/2
	生态系统开放性（Openness）	供应链金融生态系统的结构开放性	企业在当年披露的年报和公告中提及“参与由金融机构或第三方服务商构建的开放性供应链金融平台生态”则设为 1，仅提及“自建或单一核心企业主导设立的供应链金融系统”则设为 0
控制变量	企业年龄（Age）	企业自成立以来到观测期的时长	*Age* = *Ln*（观测期年份 - 企业成立年份 + 1）
	企业规模（Size）	企业年度总资产大小	*Size* = *Ln*（年末总资产 + 1）
	资产负债率（Lev）	企业负债占资产总额的比例	*Lev* = 年末总负债 / 年末总资产
	营业收入增长率（Growth）	本年度相比上一年的营业收入增减变化	*Growth* =（本年营业收入 / 上一年营业收入）- 1
	两职合一（Dual）	董事长与总经理任职重合度	如若企业董事长与总经理由同一个人承担则取值为 1，否则为 0
	产权性质（SOE）	企业是否由国资委或国有企业控股	如若企业为国有控股则取值为 1，否则为 0
	管理层持股比例（Mshare）	企业管理层持股比例	*Mshare* = 管理层持股数据 / 总股本
	董事会规模（Board）	董事会人数	*Board* = *Ln*（董事会人数 + 1）
	账面市值比（BM）	值越大，企业越具有投资价值	*BM* = 股东权益 / 总市值

资料来源：在参考相关文献的基础上，由笔者整理。

5.2.3 实证模型

与子研究一相同，子研究三也采用多元线性回归的统计方法检验所提假设。基于假设内容，具体构建了检验调节效应机制的实证模型。由于子研究三的主模型是子研究一中的主效应模型，即供应链金融导向对企业价值的回归模型，因此，子研究三继续沿用“个体—行业—时间”的多重固定效应模型，并应用个体聚类的稳健标准误进行调整。

1. 检验银企资本联结的调节效应的计量模型

$$BC = 1: TobinQ_{i,t} = \beta_0 + \beta_1 \times SCF\_focal_{i,t} + \lambda \times Controls_{i,t} + u_i + v_t + \gamma_z + \varepsilon_{i,t} \tag{5.1}$$

$$BC = 0: TobinQ_{j,t} = \beta'_0 + \beta'_1 \times SCF\_focal_{j,t} + \lambda' \times Controls_{j,t} + u'_i + v'_t + \gamma'_z + \varepsilon'_{j,t} \tag{5.2}$$

根据银企资本联结的取值条件，本书设立了两个具有不同样本和相同变量条件的模型，即模型（5.1）和模型（5.2）。其中，i 和 j 分别代表样本企业处在强银企资本联结（BC=1）和弱银企资本联结（BC=0）的个体维度，t 为面板数据的时间（年度）维度，u_i 和 u'_i 均为个体固定效应项，v_t 和 v'_t 即为时间固定效应项，γ_z 和 γ'_z 为行业固定效应项，$\varepsilon_{i,t}$ 和 $\varepsilon'_{j,t}$ 为回归残差项，β_0 和 β'_0 分别为两个模型的常数项。$SCF\_focal_{i,t}$ 和 $SCF\_focal_{j,t}$ 各指样本企业 i 和样本企业 j 在第 t 年是否具有供应链金融导向，β_1 和 β'_1 是相应变量的回归系数。通过比较 β_1 和 β'_1 的系数值以及统计显著性，可以对假设 H8 的检验提供一定程度的实证依据。

2. 检验供应链集中度的调节效应的计量模型

$$TobinQ_{i,t} = \beta_0 + \beta_1 \times SCF\_focal_{i,t} + \beta_2 \times SCconcentration_{i,t} + \beta_3 \times SCF\_focal_{i,t} \times SCconcentration_{i,t} + \lambda \times Controls_{i,t} + u_i + v_t + \gamma_z + \varepsilon_{i,t} \tag{5.3}$$

在模型（5.3）中，$SCconcentration_{i,t}$ 是指样本企业 i 在第 t 年的供应链集中度，β_2 是该变量的回归系数，$SCF\_focal_{i,t} \times SCconcentration_{i,t}$ 是本书引入的供应链金融导向和供应链集中度的交乘项，其回归系数为 β_3。通过识别 β_3

的数值方向以及是否显著，可以对假设 H9 进行实证检验，即如果回归系数 β_3 显著为负，则假设 H9 关于供应链集中度的调节效应将得到支持。

3. 检验生态系统开放性的调节效应的计量模型

$$Openness = 1: TobinQ_{i,t} = \beta_0 + \beta_1 \times SCF\_focal_{i,t} + \lambda \times Controls_{i,t} + u_i + v_t + \gamma_z + \varepsilon_{i,t} \quad (5.4)$$

$$Openness = 0: TobinQ_{j,t} = \beta'_0 + \beta'_1 \times SCF\_focal_{j,t} + \lambda' \times Controls_{j,t} + u'_i + v'_t + \gamma'_z + \varepsilon'_{j,t} \quad (5.5)$$

根据生态系统开放性的取值条件，本书设立了两个具有不同样本和相同变量条件的模型。其中，i 和 j 分别代表样本企业处在强开放性（Openness=1）和弱开放性（Openness=0）的个体维度。需要说明的是，由于生态系统开放性这一变量仅在具有供应链金融导向（SCF_focal=1）的样本观测值中存在，直接按生态系统开放性进行分组比较的话会缺失供应链金融导向的对照组（SCF_focal=0），因此本书在两个分组回归模型中均纳入了对照组的样本及其观测值。通过比较两组中供应链金融导向的回归系数 β_1 和 β'_1，可以在一定程度上为假设 H10 的检验提供实证数据支持。

5.3 实证结果分析

5.3.1 描述性统计

表 5-2 呈现了本章研究中主要变量的描述性统计情况，并提供了各变量的均值、标准差和最值等数据内容。由结果可知，经过缩尾处理后的各变量的标准差与最值间关系基本处在可接受范围内，即未发现存在明显的异常值问题。由表 5-2 可知，银企资本联结的均值为 0.08，表明上市公司与银行开展交叉持股行为的现象并不普遍。供应链集中度的均值为 30.91，但取值范围是 2.86（%）至 82.03（%），反映了当前上市公司在供应链网络结构特征上存在较大差异，在细分为供应商集中度和客户集中度之后，也呈现出相近的结果。生态系统开放性的样本数量只有 982，这与具有供应链金融导向的样本观测值数量有关，该变量的均值仅为 0.28，表

明核心企业参与开展的供应链金融模式中具有强开放性结构属性的比例十分有限，即当前实施的供应链金融模式仍以核心企业自建或主导共建为主要形式。

表 5-2　子研究三主要变量的描述性统计（已缩尾处理）

变量名称	变量简称	样本数量	均值	标准差	最小值	中位数	最大值
企业价值	TobinQ	27934	2.04	1.43	0.80	1.59	17.73
供应链金融导向	SCF_focal	28412	0.03	0.18	0.00	0.00	1.00
银企资本联结	BC	28512	0.08	0.26	0.00	0.00	1.00
供应链集中度	SCconcentration	27114	30.91	17.32	2.86	28.39	82.03
供应商集中度	Sconcentration	23719	34.96	20.09	5.12	30.43	93.45
客户集中度	Cconcentration	26821	31.67	22.54	1.14	25.61	97.43
生态系统开放性	Openness	982	0.28	0.58	0.00	1.00	1.00

5.3.2　假设检验

1. 对银企资本联结调节效应的实证分析

本书通过设立分组回归模型来检验银企资本联结对核心企业供应链金融导向与其企业价值间关系的调节作用机制，相关回归结果见表 5-3。其中，列（1）选取的是具有银企资本联结的样本企业，列（2）中的样本企业则缺乏银企资本联结这一结构特征，两个模型中的变量选择均保持一致。表 5-3 的结果显示，列（1）和列（2）中供应链金融导向（SCF_focal）的回归系数分别为 0.248 和 0.129，但前者并未具有统计意义上的显著性，而后者则在 5%的置信水平上显著。由此说明，当核心企业与银行等金融机构之间未形成

表 5-3 生态结构权变机制的实证结果汇总

变量名称	(1)	(2)	(3)	(4)	(5)	(6)	(7)
	具有银企资本联结	缺乏银企资本联结	企业价值			高水平生态系统开放性	低水平生态系统开放性
	企业价值					企业价值	
供应链金融导向	0.248 (0.52)	0.129** (2.51)	0.311*** (3.12)	0.272*** (2.71)	0.260*** (3.26)	0.516*** (4.93)	0.026 (0.49)
供应链金融导向×供应链集中度	—	—	-0.007** (-2.10)	—	—	—	—
供应链集中度	—	—	0.001 (1.43)	—	—	—	—
供应链金融导向×供应商集中度	—	—	—	-0.005 (-1.48)	—	—	—
供应商集中度	—	—	—	-0.002* (-1.65)	—	—	—
供应链金融导向×客户集中度	—	—	—	—	-0.006** (-2.41)	—	—
客户集中度	—	—	—	—	0.002* (1.83)	—	—
企业年龄	0.019 (0.33)	-0.001 (-0.12)	0.000 (0.03)	-0.017 (-0.71)	0.001 (0.09)	-0.007 (-0.47)	-0.003 (-0.26)

续表

变量名称	(1)	(2)	(3)	(4)	(5)	(6)	(7)
	具有银企资本联结	缺乏银企资本联结	企业价值			高水平生态系统开放性	低水平生态系统开放性
	企业价值					企业价值	
企业规模	-0.784*** (-5.71)	-0.572*** (-13.90)	-0.530*** (-13.77)	-0.517*** (-12.67)	-0.526*** (-13.80)	-0.559*** (-14.49)	-0.560*** (-14.50)
资产负债率	1.223** (2.37)	0.660*** (5.26)	0.597*** (5.10)	0.451*** (3.50)	0.591*** (5.02)	0.687*** (5.65)	0.676*** (5.70)
营业收入增长率	-0.006 (-0.08)	0.047** (2.41)	0.054*** (2.79)	0.037* (1.84)	0.053*** (2.68)	0.050*** (2.66)	0.046** (2.48)
两职合一	0.103 (0.66)	-0.068** (-2.34)	-0.074*** (-2.60)	-0.069** (-2.29)	-0.074** (-2.57)	-0.081*** (-2.80)	-0.072** (-2.55)
产权性质	0.149 (0.76)	-0.226*** (-3.27)	-0.201*** (-3.13)	-0.172*** (-2.78)	-0.196*** (-3.03)	-0.198*** (-3.11)	-0.194*** (-3.17)
管理层持股比例	-1.783* (-1.84)	-1.059*** (-8.13)	-1.031*** (-8.06)	-0.886*** (-6.81)	-1.028*** (-8.02)	-1.008*** (-8.13)	-1.031*** (-8.04)
董事会规模	-0.358 (-0.62)	-0.059 (-0.76)	-0.086 (-1.13)	-0.120 (-1.47)	-0.094 (-1.23)	-0.130* (-1.66)	-0.113 (-1.48)

账面市值比	-0.128* (-1.93)	-0.144*** (-8.12)	-0.167*** (-9.55)	-0.157*** (-8.29)	-0.167*** (-9.40)	-0.158*** (-8.62)	-0.158*** (-8.95)
常数项	18.228*** (5.27)	14.081*** (15.48)	13.174*** (15.49)	13.055*** (13.74)	13.081*** (15.62)	14.024*** (16.25)	13.955*** (16.28)
行业	控制	控制	控制	控制	控制	控制	控制
年份	控制	控制	控制	控制	控制	控制	控制
R^2	0.285	0.267	0.264	0.263	0.265	0.265	0.264
adj. R^2	0.273	0.266	0.263	0.261	0.264	0.264	0.263
F	—	73.522	75.427	76.741	74.595	78.454	79.081
N	2046	25016	25802	22561	25535	26350	26962
Chow-test	P-value<0.001		—	—	—	P-value<0.001	

注：变量系数显著性对应标识为* $p<0.10$，** $p<0.05$，*** $p<0.01$，系数下方括号汇报的是经聚类稳健标准误调整过的 t 统计值。

资本联结的“绑定”结构时，供应链金融导向的积极采用能进一步提升企业的市场价值。此外，本书还采用了邹检验（Chow Test）来检验两组核心解释变量的回归系数之间是否具有显著差异，其结果显示列（1）和列（2）中的供应链金融导向系数存在显著的组间差异（P-value<0.001），从而进一步支持了H8的理论假设。

2. 对供应链集中度调节效应的实证分析

本书构造供应链金融导向与供应链集中度的交乘项（SCF×SCc）来检验供应链集中度对核心企业供应链金融导向与其企业价值间关系的调节作用机制。表5-3的列（3）展示了相关的回归结果，即供应链金融导向与供应链集中度的交乘项（SCF×SCc）显著为负（系数为-0.007，P<0.05），说明供应链集中度越高，核心企业积极开展供应链金融的价值提升效应越会被减弱，假设H9得到了实证数据支持。本书还分别考虑了供应链上游供应商和下游客户的集中度情况，其中表5-3的列（4）纳入了供应链金融导向与供应商集中度的交乘项（SCF×sc），其回归系数为-0.005，但未具有统计意义上的显著性，而列（5）中供应链金融导向与客户集中度的交乘项（SCF×cc）系数为-0.006，在5%的置信水平上显著。尽管上述实证结果整体上支持了供应链集中度的负向调节效应，但供应商集中度的调节效应还有待进一步探讨。

本书根据回归结果还绘制了调节效应图，见图5-2。

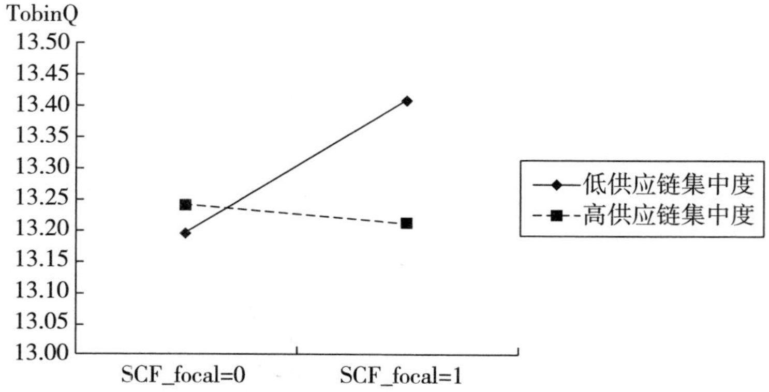

图5-2 供应链集中度的调节效应图

3. 对生态系统开放性调节效应的实证分析

本书根据生态系统开放性这一虚拟变量构建了分组回归模型，通过比较两组中核心解释变量的回归系数，可以检验生态系统开放性的调节作用机制是否存在。表5-3展示了实证数据结果，其中，列（6）的样本企业中包含了供应链金融导向为高水平生态系统开放性的企业，列（7）的样本企业中则包含了供应链金融导向为低水平生态系统开放性的企业。列（6）中供应链金融导向（SCF_focal）的回归系数为0.516，在1%的置信水平上显著，而列（7）对应变量的回归系数为0.026，但在统计上不显著。在此基础上，本书还进一步检验了两个回归系数之间是否具有显著差异。由于两组样本企业均包括了未具有供应链金融导向的企业，即存在重合样本，因此本书采用似无相关模型（SUEST Test）进行检验。检验结果显示，列（6）和列（7）关于供应链金融导向的回归系数存在显著的组间差异（P-value<0.001）。因此，本书认为假设H10得到了比较有力的实证支持，即当核心企业积极参与构建具有高度开放性的供应链金融生态系统时，企业价值将得到更为显著的提升。

5.3.3 稳健性检验

（1）针对银企资本联结调节效应的实证检验，本书将被解释变量企业价值（TobinQ）更换为第三章研究中构造的基于不同测量方式的新测量指标（企业价值_B），并再次代入之前的分组回归模型。相关的实证结果见表5-4的列（1）和列（2），核心解释变量的回归系数分别为0.538和0.323，但前者并未具有统计意义上的显著性，而后者在1%的置信水平上显著，同时，邹检验的结果（P-value<0.001）也表明两组中的回归系数存在显著的差异。上述结果均与之前假设检验的结果保持了一致，证明了假设H8的实证分析结果具有一定的稳健性。

（2）对于供应链集中度调节效应的稳健性检验，本书分别对解释变量和被解释变量进行了替换代理变量的操作处理，具体的实证检验结果列示在表5-4。一方面，基于缺失值的不同处理方式，本书对供应链集中度的测量指标进行

表 5-4　稳健性检验：替换变量（银企资本联结、供应链集中度）

变量名称	(1)	(2)	(3)	(4)	(5)	(6)
	具有银企资本联结	缺乏银企资本联结	企业价值	企业价值_B		
	企业价值_B					
供应链金融导向	0.538 (0.84)	0.323*** (4.64)	0.350*** (3.21)	0.593*** (4.74)	0.635*** (4.83)	0.427*** (4.03)
供应链金融导向×供应链集中度_B	—	—	-0.008** (-2.21)	—	—	—
供应链集中度_B	—	—	-0.001 (-0.67)	—	—	—
供应链金融导向×供应链集中度	—	—	—	-0.010** (-2.54)	—	—
供应链集中度	—	—	—	0.004*** (3.43)	—	—
供应链金融导向×供应商集中度	—	—	—	—	-0.010** (-2.47)	—
供应商集中度	—	—	—	—	0.000 (0.18)	—

供应链金融导向×客户集中度	—	—	—	—	—	-0.005 (-1.58)
客户集中度	—	—	—	—	—	0.005*** (3.77)
企业年龄	0.021 (0.38)	0.005 (0.33)	-0.015 (-0.65)	0.011 (0.72)	0.015 (0.49)	0.012 (0.77)
企业规模	-1.254*** (-6.90)	-0.835*** (-16.31)	-0.508*** (-12.30)	-0.794*** (-16.62)	-0.834*** (-15.98)	-0.794*** (-16.74)
资产负债率	0.164 (0.26)	-0.393*** (-2.60)	0.434*** (3.33)	-0.464*** (-3.23)	-0.737*** (-4.65)	-0.468*** (-3.26)
营业收入增长率	0.124 (1.24)	0.226*** (6.48)	0.036* (1.74)	0.239*** (6.74)	0.222*** (5.70)	0.238*** (6.64)
两职合一	0.347* (1.90)	-0.034 (-0.88)	-0.069** (-2.24)	-0.036 (-0.97)	-0.029 (-0.71)	-0.038 (-1.01)
产权性质	0.251 (0.90)	-0.323*** (-3.87)	-0.162*** (-2.61)	-0.271*** (-3.53)	-0.210*** (-2.72)	-0.261*** (-3.40)
管理层持股比例	1.386 (0.99)	-0.042 (-0.23)	-0.884*** (-6.74)	0.024 (0.13)	0.297 (1.51)	0.027 (0.15)

续表

变量名称	(1)	(2)	(3)	(4)	(5)	(6)
	具有银企资本联结	缺乏银企资本联结	企业价值	企业价值_B		
	企业价值_B					
董事会规模	-0.092 (-0.13)	0.075 (0.72)	-0.132 (-1.60)	0.090 (0.89)	0.073 (0.67)	0.082 (0.81)
账面市值比	0.009 (0.10)	-0.028 (-1.24)	-0.157*** (-8.23)	-0.051** (-2.33)	-0.011 (-0.48)	-0.047** (-2.13)
常数项	28.463*** (6.56)	19.956*** (17.38)	12.844*** (13.39)	18.833*** (17.85)	19.534*** (16.40)	18.805*** (18.00)
行业	控制	控制	控制	控制	控制	控制
年份	控制	控制	控制	控制	控制	控制
R^2	0.341	0.337	0.263	0.341	0.358	0.343
adj. R^2	0.330	0.335	0.261	0.340	0.357	0.342
F	—	104.976	75.994	106.212	107.890	105.966
N	2046	25016	22294	25802	22561	25535
Chow-test	P-value<0.001		—	—	—	—

注：变量系数显著性对应标识为* $p<0.10$，** $p<0.05$，*** $p<0.01$，系数下方括号汇报的是经聚类稳健标准误调整过的 t 统计值。

了一定调整。供应链集中度的测量公式为供应商集中度和客户集中度的均值，但受限于样本数据的完整性，即部分样本企业缺失了供应商集中度或客户集中度的观测数据，因此本书在构造变量（SCconcentration）时采用了“插补填充法”，即将单向的数据（供应商或客户的集中度）作为企业综合的供应链集中度指标。这一处理方法有助于增加样本数量和充分利用样本观测值，但弊端在于容易放大与真实值之间的测量误差。因此，在稳健性检验部分，本书将这类仅披露了供应商或客户集中度的单向数据进行了删除处理，并形成了供应链集中度的新测量指标（供应链集中度_B），其后将该变量重新纳入最初的回归模型。由列（3）的结果可知，新变量与供应链金融导向的交乘项系数为-0.008，并在5%的置信水平上显著，与前文结果相一致。另一方面，本书将被解释变量改换为企业价值的新测量指标（企业价值_B），然后依次检验供应链金融导向与供应链集中度、供应商集中度、客户集中度的交乘项系数，其结果分别展示于列（4）~列（6）。其中，与供应链集中度交乘项的系数显著为负（系数为-0.010，P<0.05），与供应商集中度交乘项系数显著为负（系数为-0.010，P<0.05），但是与客户集中度交乘项系数并不显著（系数为-0.005）。综合上述结果可知，供应链集中度对供应链金融导向与企业价值间关系的负向调节机制得到了较好的稳健性支持。然而，与前面假设检验结果不同的是，之前未得到实证数据支持的供应商集中度调节效应在稳健性检验中得到了一定程度的证实，但客户集中度的调节效应未得到有效的稳健性支持。对此，本书认为核心企业与其供应链上下游的结构属性具有整体性的特征，相比于供应链集中度这一综合性指标，单向的上游供应商或下游客户集中度所反映的结构内容更为有效，其对供应链金融的价值效应的影响也随之减弱。

（3）本书同样通过更换被解释变量的方式来增强假设 H10 实证结果的稳健性。由表 5-5 的列（1）和列（2）可知，本书在强弱生态系统开放性的两组样本中再次对比检验了供应链金融导向对企业价值（企业价值_B）的回归系数，分别为 0.869（P<0.01）和 0.176（P<0.05），且似无相关模型检验（SUEST Test）的结果（P<0.001）表明两组系数存在显著差异。因此，通过比较系数大小（0.869>0.176），同样证实了具有强生态系统开放性的供应链金融模式更有利于企业获得良好市场反应，进而提高自身价值。

表 5-5　稳健性检验：替换变量（生态系统开放性）

变量名称	(1)	(2)
	高水平生态系统开放性	低水平生态系统开放性
	企业价值_B	
供应链金融导向	0.869*** (6.90)	0.176** (2.51)
企业年龄	0.004 (0.23)	0.006 (0.36)
企业规模	-0.852*** (-17.35)	-0.837*** (-17.02)
资产负债率	-0.383*** (-2.58)	-0.407*** (-2.82)
营业收入增长率	0.237*** (6.98)	0.223*** (6.76)
两职合一	-0.041 (-1.07)	-0.026 (-0.68)
产权性质	-0.251*** (-3.32)	-0.269*** (-3.62)
管理层持股比例	0.092 (0.50)	0.035 (0.19)
董事会规模	0.040 (0.38)	0.060 (0.58)
账面市值比	-0.031 (-1.37)	-0.035 (-1.60)
常数项	20.367*** (18.62)	19.987*** (18.29)

续表

变量名称	(1)	(2)
	高水平生态系统开放性	低水平生态系统开放性
	企业价值_B	
行业	控制	控制
年份	控制	控制
R^2	0. 341	0. 338
adj. R^2	0. 340	0. 337
F	112. 325	114. 146
N	26350	26962
Suest test	P-value<0. 001	

注：变量系数显著性对应标识为 * $p<0.10$，** $p<0.05$，*** $p<0.01$，系数下方括号汇报的是经聚类稳健标准误调整过的 t 统计值。

（4）本书还通过改变核心解释变量即供应链金融导向的测度方式来进行稳健性检验。本书将之前基于文本判别和词频统计而构造的连续变量（SCF1_focal）代入假设 H8 和假设 H9 的回归模型之中，所得结果展示于表 5-6。其中，列（1）和列（2）中核心解释变量的回归系数分别为 0. 272 和 0. 035，但前者并未具有统计意义上的显著性，而后者在 10%的置信水平上显著。与此同时，邹检验的结果（P-value<0. 001）也表明两组中的回归系数存在显著的差异。这一结果同样为假设 H8 提供了稳健性的实证支持，即低水平的银企资本联结结构更有利于供应链金融导向的价值效应。列（3）~列（5）则分别检验了供应链金融导向与供应链集中度、供应商集中度、客户集中度的交乘项对企业价值的影响，相应的回归系数均显著为负，反映出假设 H9 的实证结果具有较好的稳健性。

表 5-6　稳健性检验：替换变量（供应链金融导向）

变量名称	(1)	(2)	(3)	(4)	(5)
	具有银企资本联结	缺乏银企资本联结	企业价值		
	企业价值				
供应链金融导向（连续变量）	0. 272 (1. 43)	0. 035* (1. 84)	0. 151*** (4. 34)	0. 103*** (3. 67)	0. 119*** (3. 65)

续表

变量名称	(1)	(2)	(3)	(4)	(5)
	具有银企资本联结	缺乏银企资本联结	企业价值		
	企业价值				
供应链金融导向（连续变量）×供应链集中度	—	—	-0.004*** (-3.55)	—	—
供应链集中度	—	—	0.001 -0.004***	—	—
供应链金融导向（连续变量）×供应商集中度	—	—	—	-0.003*** (-2.58)	—
供应商集中度	—	—	—	-0.002 (-1.61)	—
供应链金融导向（连续变量）×客户集中度	—	—	—	—	-0.003*** (-3.31)
客户集中度	—	—	—	—	0.002* (1.85)
企业年龄	0.021 (0.38)	-0.001 (-0.12)	-0.015 (-0.65)	0.011 (0.72)	0.015 (0.49)
企业规模	-0.790*** (-5.77)	-0.571*** (-13.92)	-0.508*** (-12.30)	-0.794*** (-16.62)	-0.834*** (-15.98)
资产负债率	1.201** (2.35)	0.659*** (5.24)	0.434*** (3.33)	-0.464*** (-3.23)	-0.737*** (-4.65)
营业收入增长率	-0.003 (-0.04)	0.046** (2.41)	0.036* (1.74)	0.239*** (6.74)	0.222*** (5.70)
两职合一	0.107 (0.69)	-0.068** (-2.34)	-0.069** (-2.24)	-0.036 (-0.97)	-0.029 (-0.71)

续表

变量名称	(1)	(2)	(3)	(4)	(5)
	具有银企资本联结	缺乏银企资本联结	企业价值		
	企业价值				
产权性质	0.159 (0.78)	−0.226*** (−3.28)	−0.162*** (−2.61)	−0.271*** (−3.53)	−0.210*** (−2.72)
管理层持股比例	−1.609** (−2.06)	−1.059*** (−8.11)	−0.884*** (−6.74)	0.024 (0.13)	0.297 (1.51)
董事会规模	−0.354 (−0.62)	−0.060 (−0.76)	−0.132 (−1.60)	0.090 (0.89)	0.073 (0.67)
账面市值比	−0.138** (−2.12)	−0.143*** (−8.07)	−0.157*** (−8.23)	−0.051** (−2.33)	−0.011 (−0.48)
常数项	18.331*** (5.31)	14.065*** (15.50)	12.844*** (13.39)	18.833*** (17.85)	19.534*** (16.40)
行业	控制	控制	控制	控制	控制
年份	控制	控制	控制	控制	控制
R^2	0.289	0.267	0.263	0.341	0.358
adj. R^2	0.276	0.266	0.261	0.340	0.357
F	—	73.461	75.994	106.212	107.890
N	2046	25016	22294	25802	22561
Chow-test	P-value<0.001		—	—	—

注：变量系数显著性对应标识为* $p<0.10$，** $p<0.05$，*** $p<0.01$，系数下方括号汇报的是经聚类稳健标准误调整过的 t 统计值。

5.4 本章小结

本章主要从生态系统结构维度分析了核心企业与金融机构之间的协作结构、核心企业及其上下游企业的交易结构，以及生态成员之间动态交互的结构特征，并具体探究了银企资本联结、供应链集中度和供应链金融生态开放性的权变机制，提出了相应的研究假设。

本章同样通过构建“个体—行业—时间”的多重固定效应模型以检验上

述研究假设，同时也采用了多种稳健性检验方法而增强实证结果的可靠性。本章的研究假设检验结果汇总于表 5-7，各项假设基本得到了实证支持。具体地，本章研究发现，过于紧密的银企资本联结会抑制供应链金融导向对核心企业的价值效应，过高的供应链集中度也同样会负向影响供应链金融的服务效能，从而弱化供应链金融导向对核心企业价值提升的作用。同时，生态系统开放性的权变机制假设也得到了充分的实证支持，即开放性的协作结构和治理结构有利于供应链金融的运作及其生态体系构建。上述研究结果共同反映了紧密结构所导致的“锁定”效应在供应链金融场景中的潜在危害，并强调了保持松耦合、开放性的结构特征对于核心企业参与构建供应链金融生态系统的重要价值。

表 5-7　子研究三假设检验结果汇总

序号	假设内容	实证结果	备注
H8	银企资本联结会弱化供应链金融导向对核心企业价值的促进作用	支持	
H9	供应链集中度会弱化供应链金融导向对核心企业价值的促进作用	支持	
H10	生态系统开放性会强化供应链金融导向对核心企业价值的促进作用	支持	

第6章

供应链金融导向影响核心企业价值的生态环境权变机制

6.1 理论基础与研究假设

本章主要分析生态系统环境对供应链金融导向的“价值效应”的权变机制。供应链金融生态系统环境包括了支撑整个系统良性可持续运行所需的政治与经济等宏观环境、产业与区域等中观环境、企业生存与发展所依托的微观环境（Zhou et al.，2022）。根据具体功能属性又可进一步划分为技术环境、金融环境和制度环境等维度（Bals，2019）。其中，技术环境是指区域或产业环境中与供应链金融运营相关的技术发展程度，旨在降低交易成本和增强融资风险控制，如近年来深刻影响金融服务和风险管理模式变革的金融科技水平（Chen et al.，2021）。金融环境则包括一定空间环境中的金融要素流动性与丰富度、金融市场成熟度、金融监管制度与政策等构件，不仅影响供应链金融的金融资源供需情况，也会引导和规范其创新发展（宋华，2021）。此外，商业生态系统理论还强调了外部环境的动态变化对生态系统自身演进的重要影响，而在供应链金融生态场景中，这种动态性主要反映为外部环境的不确定性。现有研究也开始关注不同层级的环境动态性对供应链金融可持续发展的权变影响，如宏观制度环境的经济政策不确定性（周兰和吴慧君，2022）和产业经营环境的不确定性（Beka Be Nguema et al.，2021a）。

基于此，本章首先拟探究环境动态性的权变机制，并以核心企业所处商业环境的不确定性为具体对象，分别从核心企业个体不确定性、行业环境不确定性和经济政策不确定性三个层级展开分析。其次，本章还将探索技术环境中的金融科技水平和金融环境中的数字普惠金融水平是如何影响供应链金融导向对核心企业的价值效应的。

6.1.1 商业环境不确定性的权变机制

供应链金融作为一种基于供应链真实交易和运营状态，依托核心企业协调产融两端资金与资产的金融服务模式，其良性可持续发展与产业主体的运营风险和融资履约风险紧密相关（宋华，2021；Gelsomino et al.，2016）。核心企业所处商业环境的不确定性会影响自身的产业运营风险水平以及对上下游企业融资风险的管理能力，从而影响到供应链金融的运作绩效。因此，如何明确核心企业所面临的外部环境不确定性的权变机制（Beka Be Nguema et al.，2021a），并积极感知和应对相应风险或机遇显得尤为重要（Jia et al.，2020a）。同时，由于来自不同层面的环境不确定性往往存在差异化的影响机制（申慧慧等，2012；Lu et al.，2022c），因此，本章分别针对以下三个层面的环境不确定性展开理论分析。

（1）本章分析核心企业个体环境不确定性对供应链金融导向的价值效应的权变机制，并认为个体环境不确定性会给供应链金融的运作基础带来负向影响，从而弱化供应链金融导向对核心企业的价值效应。具体地，这类不确定性会导致核心企业自身面临较高的经营风险和供应链中断风险，并使其难以有效管理供应链生态体系中其他主体的交易协作活动（Wong et al.，2011），从而降低供应链金融运作的稳定性和可靠性。例如，当核心企业的经营环境恶化而导致其现金流风险增加时，以核心企业未来付款保证为依托的保理类融资的违约风险也会随之显著增加（Liebl et al.，2016）。供应链金融运作的负向影响也会进一步抑制外部金融机构和上下游企业等主体的参与意愿（Li et al.，2023），从而阻碍核心企业的供应链金融生态系统构建，弱化供应链金融导向的服务效能。因此，本章提出以下假设：

H11a：核心企业面临的个体环境不确定性会弱化供应链金融导向对核心企业价值的促进作用，即核心企业面临的个体环境不确定性越高，核心企业采用供应链金融的价值效应会越弱。

（2）本章认为核心企业所处行业的环境不确定性也会影响核心企业供应链金融导向的作用机制发挥，但由于这类不确定性覆盖核心企业及其同行业竞争对手，而供应链金融导向具有平抑供应链风险等战略优势（Liu et al.，2021a），因此核心企业可能会在不确定性的“危”中存“机”。与个体环境不确定性不同，行业环境不确定性是指同行业内核心企业与其竞争对手共同面临的外部环境波动，如特定的行业需求变化、技术变革等事件所造成的普遍性风险（申慧慧等，2012），身处其中的企业的经营活动或战略绩效均易受到负向影响。然而在动态多变的行业环境中，供应链金融作为一种提升企业供应链竞争优势的战略工具，可以帮助企业有效应对外部风险，进而相较于竞争对手获得更多发展机会（Lu et al.，2022c；Pan et al.，2020）。特别地，供应链金融导向能有效提升核心企业及其上下游企业在资金流和交易流等方面的韧性能力（Pellegrino et al.，2018），包括整合生态体系中的信息、资源、能力等要素，以及构建多主体跨流程协调机制而响应和应对外部风险，皆有助于核心企业在产业环境中的相对竞争优势的获取，从而更好地提升企业价值（袁淳等，2022）。因此，本章提出以下假设：

H11b：核心企业面临的行业环境不确定性会强化供应链金融导向对核心企业价值的促进作用，即核心企业面临的行业环境不确定性越高，核心企业采用供应链金融的价值效应会越强。

此外，宏观制度环境中的经济政策不确定性也会影响核心企业供应链金融导向的作用效果（周兰和吴慧君，2022）。经济政策作为影响国民经济运行的重要制度工具，引导着国家社会资源的调度配置，而经济政策的不确定性往往意味着经济政策工具应用的反复多变以及对未来经济发展预期的不明确（Baker et al.，2016）。由此可见，经济政策不确定性会对各类经济主体造成系统性风险，导致各项经济活动趋于保守，反而不利于供应链金融等创新金融模式的开展。

一方面，经济政策不确定性往往会转化为制度风险而对各类经济主体的经营和发展造成负面影响（Filbeck et al.，2016），例如，银行等金融机构会减少融资业务的扩张和金融服务的创新，产业企业也更倾向于采取收缩资金流等保守策略（陈胜蓝和刘晓玲，2018）。供应链金融作为一种创新性产融协作模式，需要产业端和金融端多方主体的紧密协作才能发挥其作用（Li et al.，2023）。因此，对核心企业而言，在各方都缺乏参与积极性的情况下，其供应链金融导向的服务效能也会显著减弱。另一方面，经济政策的不确定性还进一步削弱了现有供应链金融政策的助推作用。作为一种新兴金融服务模式，供应链金融实践的创新发展离不开现有经济政策的持续引导和支持（宋华，2021），而模糊不明的供应链金融政策会严重抑制各方主体对参与构建供应链金融生态体系的信心，也使其政策效应达不到预期效果。基于此，本章提出以下假设：

H11c：核心企业面临的经济政策不确定性会弱化供应链金融导向对核心企业价值的促进作用，即核心企业面临的经济政策环境不确定性越高，核心企业采用供应链金融的价值效应会越弱。

6.1.2　技术环境中金融科技水平的权变机制

金融科技（FinTech）是大数据、人工智能、移动支付等新兴技术与信贷融资、支付结算等金融模式相融合的应用创新。本章所关注的金融科技水平是指各区域对金融科技的重视程度与应用水平（李春涛等，2020），是区域内技术环境的一种典型因素。金融科技通过使用多种信息技术和数字技术而优化金融机构与企业之间的业务流程，增强金融端对产业端的穿透与服务能力，推动传统金融模式的变革。近年来，金融科技在区域和产业中的不断应用和渗透，也进一步促进了供应链金融等金融服务模式的创新发展（宋华，2020）。

金融科技对供应链金融运作和发展的促进作用主要反映在以下两个方面。一方面，高水平的金融科技可以为供应链金融的实施及模式创新提供相关的技术基础设施（李春涛等，2020）。例如，先进的支付和结算体系可以通过促进交易和金融业务效率而有效降低供应链金融生态成员之间的交易成本（Chen et al.，2019），公共管理部门的数字征信平台和数据服务中心可以为供应链金融模式中金融机构对产业主体的信用评估和风险识别提供公共数据支持，并进而推动形成基于税务数据的“银税互动”等创新模式。另一方面，高水平的金融科技同时也意味着区域内各类主体的数字化程度相对较高，特别是金融端的金融机构（Sheng，2020），以及区域内金融科技服务公司的数量和质量相对较高，从而有利于增强供应链金融的运作基础，并促进相关服务模式的数字化创新。由此可见，核心企业所处环境的金融科技水平高，会显著提升供应链金融生态中各成员之间的协作效率，创新并优化多种产融价值共创活动，从而增强供应链金融导向对产业主体的多重作用机制。因此，本章提出以下假设：

H12：金融科技水平会强化供应链金融导向对核心企业价值的促进作用，即核心企业所处环境的金融科技水平越高，核心企业采用供应链金融的价值效应会越强。

6.1.3 金融环境中数字普惠金融的权变机制

尽管作为两类针对解决企业资金流困境的创新性金融服务模式，数字普惠金融和供应链金融已各自形成了丰富的研究主题，但二者之间的关联性一直缺乏理论探索。在产业实践中，由于二者的服务目标和作用机制存在一定的重叠和关联，因而一个潜在的研究问题开始浮现：数字普惠金融与供应链金融之间的关系是什么？二者之间是互相补充的“替代”效应还是互相促进的“支持”效应？

数字普惠金融是指新兴数字技术与传统普惠金融相结合的一种创新金融模式，兼具数字技术的工具性和金融服务的普惠性，重点关注如何向缺乏正规金融服务的社会群体（如中小微企业和个体工商户）提供保障性的金融服务，主要包括数字支付、数字信贷和数字保险等内容（郭峰等，2020；钟凯等，2022）。相较而言，供应链金融是基于供应链运营的针对产业主体的资金流优化模式，强调了金融工具与特定供应链资产等产业要素的结合，重点关注如何向缺乏传统信贷资源的中小微企业提供外部资金支持和如何优化供应链整体的资金流，主要包括保理融资、库存融资等融资模式，以及动态折扣等跨组织的资金协作模式（Chakuu et al.，2019；Song et al.，2022）。

具体地，本章旨在探究核心企业所处金融环境中的数字普惠金融的权变机制，即区域内的数字普惠金融水平如何影响供应链金融导向对核心企业的价值效应。鉴于现有研究缺乏对数字普惠金融和供应链金融之间关系的直接探讨，本章主要基于二者在服务目标和作用机制等属性上的异同点而予以探索。

（1）数字普惠金融与供应链金融在服务目标及其作用绩效上具有一定程度的相似性，即二者均可为核心企业上下游中面临较高融资约束的中小微企业提供金融服务支持（Ali et al.，2018；Lu et al.，2022d）。因此，当外部金融环境中的数字普惠金融水平较高时，上下游企业的资金流困境会得到部分缓解，从而抑制相关企业对供应链金融服务的需求和协作意愿，即数字普惠金融对供应链金融形成了一定的替代效应。例如，有实证研究发现，数字普惠金融会使包括核心企业在内的产业主体减少对商业信用等供应链资金资源的配置行为（钟凯等，2022）。而且，由于数字普惠金融大多基于智能风控模型等工具，通过对企业主体的数据画像而直接提供数字信贷等服务（Lu et al.，2022d），并不需要供应链金融模式所要求的核心企业确权、对特定库存资产的全流程管控等环节，在服务便利性上具有一定优势。因此，本章认为，核心企业所处区域中的数字普惠金融会对其供应链金融导向的作用产生替代效应，影响其生态体系的构建和对产业主体的服务效能，从而弱化供应链金融导向对其自身的价值效应。

（2）数字普惠金融与供应链金融在作用机制上又存在较为明显的差异性。数字普惠金融是给予中小微企业一种“兜底性”“普适性”的金融资源保障，是普惠性质的金融服务，而且由于中小微企业自身的数据质量和信用水平较低，数字普惠金融可直接提供的金融资源也十分有限（Chen et al.，2022b）。然而，供应链金融作为依托供应链交易和运营而发生的“特定性”“交易性”的资金流优化服务，会基于中小微企业在供应链中的诸多产业要素以及核心企业主体信用的“让渡”，提供多样化的金融服务（Gelsomino et al.，2016）。由此可见，二者是从不同维度对中小微企业提供异质性的金融服务，获得数字普惠金融服务的企业仍然会选择在经营交易活动中融入供应链金融服务体系。与此同时，数字普惠金融还会显著促进区域内的企业创新和个体创业行为（谢绚丽等，2018；张勋等，2019），使得产业端的中小微企业大量涌现，而这也在一定程度上壮大了核心企业的上下游主体规模，使核心企业的供应链金融导向得以渗透和联结更多潜在交易主体，从而发挥更大的价值效应。更重要的是，除了数字信贷等直接的金融资源供给外，数字普惠金融还提供了部分金融基础设施，诸如移动支付、信贷保险、征信调查等内容（郭峰等，2020），而这些设施也是供应链金融运作所需要的重要基础。例如，发达的信贷保险水平可以进一步降低供应链金融的融资违约风险损失，征信调查可以提供上下游企业在公共社会等更多维度的信用数据而进一步增强供应链金融的风险管控，从而促进更多主体特别是金融机构的积极参与（Song et al.，2020b）。基于此，本章认为，核心企业所处区域中的数字普惠金融会对其供应链金融导向的作用产生支持效应，通过促进其生态体系的延伸和增强供应链金融的运作基础，从而强化供应链金融导向对核心企业自身的价值效应。

结合上述分析，本书提出了以下竞争性假设：

H13a：数字普惠金融水平会弱化供应链金融导向对核心企业价值的促进作用，即核心企业所处环境的数字普惠金融水平越高，核心企业采用供应链金融的价值效应会越弱。

H13b：数字普惠金融水平会强化供应链金融导向对核心企业价值的促进作用，即核心企业所处环境的数字普惠金融水平越高，核心企业采用供应链金融的价值效应会越强。

综上，本章（子研究四）的理论假设模型图，见图 6-1。

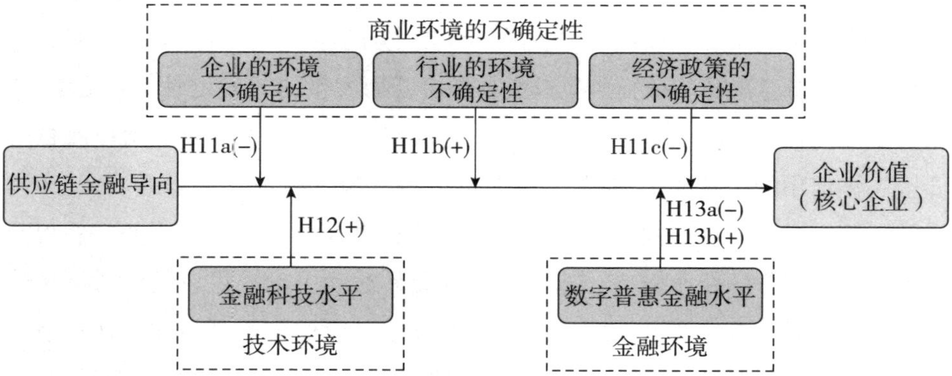

图 6-1　子研究四的理论假设模型图

6.2　数据来源和实证模型

6.2.1　数据来源

子研究四的被解释变量（企业价值）、核心解释变量（供应链金融导向）和控制变量均与子研究一相同，相关的财务数据指标均来自国泰安经济金融研究数据库（CSMAR）、中国研究数据服务平台（CNRDS）、万得数据库（WIND）等国内主流的上市公司二手数据库。

子研究四新增了三类与生态系统环境属性相关的调节变量，分别是商业环境的不确定性、技术环境的金融科技水平和金融环境的数字普惠金融水平。其中，环境不确定性和金融科技水平的数据均来自马克数据网，前者源自马克数据网根据权威文献计算整理的“上市公司环境不确定性”数据集，后者具体使用了“金融科技发展水平指标”数据集。此外，数字普惠金融水平的数据则来自北京大学数字金融研究中心同蚂蚁科技研究院联合编制发布的《北京大学数字普惠金融指数（2011—2021）》。

本书对新增变量也进行了包括异常值检查、缩尾处理在内的一系列数据清洗操作。

6.2.2 变量含义及测量

（1）企业价值。与子研究一中的含义和测量方式相同。

（2）供应链金融导向。与子研究一中的含义和测量方式相同。

（3）商业环境的不确定性。是指企业所处商业环境中多种难以准确预测的因素所导致的潜在风险，是衡量企业所在外部环境的动态性和复杂性程度（Wong et al.，2011）。本书重点考虑了企业面临的三个层面的环境不确定性，即企业个体层面的环境不确定性、行业层面的环境不确定性以及制度层面的经济政策不确定性。企业个体的环境不确定性是指由外部环境直接对企业自身生产经营等活动造成的风险波动，当个体环境不确定性程度较高时，企业的日常营运决策及其绩效都难以保持稳定，并需要投入相当多的资源去应对或抵挡潜在的危机。现有研究常利用外部环境对企业造成的绩效波动后果来衡量环境不确定性的程度，如通过计算企业除正常稳定收入之外的非正常销售收入的标准差来作为测量指标（Ghosh & Olsen，2009）。行业的环境不确定性是指企业所处行业普遍面临的外部不确定性，如行业周期性波动、行业的供需结构调整、行业技术变革等因素，现有研究中常用同行业中所有企业个体环境不确定性的均值或中位数进行表征（申慧慧等，2012）。经济政策不确定性则是宏观制度环境中的主要特征之一，经济政策作为针对国民经济生产消费的重要指向，引导着国家社会资源的调度配置，经济政策的不确定性往往意味着经济政策工具应用的反复多变以及对未来经济发展预期的不明确（Baker et al.，2016）。现有研究多采用 Baker 等（2016）通过识别香港《南华早报》中有关中国经济政策不确定性的文章数量占发表文章总数的比例而构建的中国经济政策不确定性指数。由于原始指数仅提供了月度数据和日度数据，因此本书还将其按年度进行了加总求和，该数值越大，表明中国经济政策不确定性越高（陈胜蓝和刘晓玲，2018）。

（4）技术环境中的金融科技水平。是指企业所在城市对于金融科技发展的关注和应用程度，是反映区域内对于新兴科技与金融模式叠加融合的创新水平以及数字金融基础设施建设水平的重要指标。参考李春涛等（2020）的指标构造方法以及提供的金融科技关键词，本书的金融科技水平数据指标来自 300 多个地级市（包括直辖市）在 2010—2021 年的百度新闻中与金融科技相关的新闻数量。金融科技的关键词包括“区块链、人工智能、移动支付、数据可视化”等 48 个词汇，百度新闻的搜索方式为“城市名称+关键词”，如“北京+深度学习”等。

（5）金融环境中的数字普惠金融水平。是指各项新兴数字技术与普惠金融模式的深度结合，以实现降低金融服务成本与门槛、提升金融服务范围和质量的普惠要求。当前主流研究多使用由北京大学数字金融研究中心同蚂蚁科技研究院联合编制发布的《北京大学数字普惠金融指数（2011—2021）》来衡量不同区域（省、市、县）的数字普惠金融发展水平（钟凯等，2022）。这套指数由三个子维度构成，即数字普惠金融覆盖广度、数字普惠金融使用深度与数字普惠金融数字化程度，其中使用深度指数还提供了支付、信贷、保险、信用、投资、货币基金六个方面的细分指数（郭峰等，2020）。本书在假设检验中主要使用了省份（包括直辖市）一级的指数数据，而在其后的稳健性检验中使用了地级市一级的指数数据。

（6）控制变量。与子研究一中的含义和测量方式相同。

子研究四的变量定义与测量方式详见表 6-1。

表 6-1 子研究四的变量定义与测量方式

变量名称		变量定义	测量方式
被解释变量	企业价值（TobinQ）	企业的市场评价与长期绩效	*TobinQ* = 总市值 / 总资产； 总市值 = 流通股股份数 × 每股市场价格 + 非流通股股份数 × 每股净资产 + 负债账面值
解释变量	供应链金融导向（SCF_focal）	企业开展向其上下游企业提供供应链金融服务的战略选择	基于上市公司年报和新闻公告，判断其是否作为核心企业参与向上下游企业的供应链金融服务。如具有此类供应链金融导向，则设为 1，否则设为 0。在稳健性检验部分还应用基于供应链金融词典的词频数来反映核心企业供应链金融导向的程度
调节变量	企业环境不确定性（IndiUncertainty）	企业个体直接面临的外部环境波动	*IndiUncertainty* = 未经行业调整的环境不确定性 / 行业环境不确定性， 未经行业调整的环境不确定性 = 前五年非正常销售收入的标准差 / 前五年销售收入的均值， 前五年非正常销售收入 = 前五年年份对销售收入的回归模型残差项， $Sale = \beta_1 + \beta_2 Year + \varepsilon$，$\varepsilon$ 即为残差项
	行业环境不确定性（InduUncertainty）	企业所在行业的普遍性波动	*InduUncertainty* = 同一年度同一行业中上市公司未经行业调整的环境不确定性的中位数
	经济政策不确定性（EconUncertainty）	宏观制度环境中的经济政策波动调整	将 Baker 等（2016）构建的经济政策不确定性指数按年度加总求和
	金融科技水平（Fintech）	企业所在区域的金融科技发展水平	*Fintech* = *Ln*(该城市当年相关新闻数量 + 1)

续表

	变量名称	变量定义	测量方式
调节变量	数字普惠金融水平(Digital_fin)	企业所在区域的数字普惠金融发展水平	Digital_fin 为各细分指标通过层次分析法加权得到的聚合指标， 一级指标维度：覆盖广度（Coverage_breadth）、使用深度（Usage_depth）、数字化程度（Digitization_level） 使用深度的二级指标维度：支付（Payment）、信贷（Credit）、保险（Insurance）、信用调查（Credit_investigation）、投资（Investment）、货币基金（Monetary_fund）
控制变量	企业年龄(Age)	企业自成立以来到观测期的时长	*Age* = *Ln*(观测期年份 - 企业成立年份 + 1)
	企业规模(Size)	企业年度总资产大小	*Size* = *Ln*(年末总资产 + 1)
	资产负债率(Lev)	企业负债占资产总额的比例	*Lev* = 年末总负债/年末总资产
	营业收入增长率(Growth)	本年度相比上一年的营业收入增减变化	*Growth*=（本年营业收入/上一年营业收入）-1
	两职合一(Dual)	董事长与总经理任职重合度	如若企业董事长与总经理由同一个人承担则取值为1，否则为0
	产权性质(SOE)	企业是否由国资委或国有企业控股	如若企业为国有控股则取值为1，否则为0
	管理层持股比例(Mshare)	企业管理层持股比例	*Mshare* = 管理层持股数据/总股本
	董事会规模(Board)	董事会人数	*Board* = *Ln*(董事会人数 + 1)

续表

变量名称		变量定义	测量方式
控制变量	账面市值比（BM）	企业成长性，值越大越具有投资价值	BM = 股东权益 / 总市值

资料来源：在参考相关文献的基础上，由笔者整理。

6.2.3 实证模型

与子研究一相同，子研究四也采用多元线性回归的统计方法检验所提假设。基于假设内容，具体构建了检验调节效应机制的实证模型。由于子研究四的主模型是子研究一中的主效应模型，即供应链金融导向对企业价值的回归模型，因此子研究四沿用了“个体—行业—时间”的多重固定效应模型，并应用个体聚类的稳健标准误进行调整。

1. 检验商业环境不确定性的调节效应的计量模型

$$TobinQ_{i,t} = \beta_0 + \beta_1 \times SCF\_focal_{i,t} + \beta_2 \times IndiUncertainty_{i,t} + \beta_3 \times SCF\_focal_{i,t} \times IndiUncertainty_{i,t} + \lambda \times Controls_{i,t} + u_i + v_t + \gamma_z + \varepsilon_{i,t} \tag{6.1}$$

$$TobinQ_{i,t} = \beta_0 + \beta_1 \times SCF\_focal_{i,t} + \beta_2 \times InduUncertainty_{i,t} + \beta_3 \times SCF\_focal_{i,t} \times InduUncertainty_{i,t} + \lambda \times Controls_{i,t} + u_i + v_t + \gamma_z + \varepsilon_{i,t} \tag{6.2}$$

$$TobinQ_{i,t} = \beta_0 + \beta_1 \times SCF\_focal_{i,t} + \beta_2 \times EconUncertainty_{i,t} + \beta_3 \times SCF\_focal_{i,t} \times EconUncertainty_{i,t} + \lambda \times Controls_{i,t} + u_i + v_t + \gamma_z + \varepsilon_{i,t} \tag{6.3}$$

由于企业个体环境不确定性为连续变量，因此本书通过构造个体环境不确定性与供应链金融导向的交乘项来检验个体环境不确定性的调节效应，即模型（6.1）。其中，i 代表样本企业的个体维度，t 为面板数据的时间（年度）维度，u_i 为个体固定效应项，v_t 即为时间固定效应项，γ_z 是行业固定效应项，$\varepsilon_{i,t}$ 是回归残差项，β_0 则是常数项。$SCF\_focal_{i,t}$ 是指样本企业 i 在第 t 年是否具有供应链金融导向，$IndiUncertainty_{i,t}$ 是指样本企业 i 在第 t 年的个体环境不确定性程度。β_3 是调节效应交乘项的回归系数，通过识别 β_3 的系数值以及统计显著性，可以为假设 H11a 的检验提供一定的实证依据。

同样，本书分别在模型（6.2）和模型（6.3）中构造了行业环境不确定性（InduUncertainty）、经济政策不确定性（EconUncertainty）与供应链金融导向的交乘项，用以检验假设 H11b 和 H11c 的理论推断。

2. 检验金融科技水平的调节效应的计量模型

$$TobinQ_{i,t} = \beta_0 + \beta_1 \times SCF\_focal_{i,t} + \beta_2 \times Fintech_{i,t} + \beta_3 \times SCF\_focal_{i,t} \times Fintech_{i,t} + \lambda \times Controls_{i,t} + u_i + v_t + \gamma_z + \varepsilon_{i,t} \tag{6.4}$$

在模型（6.4）中，$Fintech_{i,t}$ 是指样本企业 i 在第 t 年所在区域的金融科技水平，β_2 是该变量的回归系数，$SCF\_focal_{i,t} \times Fintech_{i,t}$ 是本书构造的供应链金融导向和金融科技水平的交乘项，其回归系数为 β_3。对假设 H12 的实证检验可以通过识别 β_3 的具体数值以及显著性而实现，如果回归系数 β_3 显著为正，则可以在一定程度上为金融科技水平调节效应的存在提供实证依据，从而支持假设 H12 的成立。

3. 检验数字普惠金融水平的调节效应的计量模型

$$TobinQ_{i,t} = \beta_0 + \beta_1 \times SCF\_focal_{i,t} + \beta_2 \times Digital\_fin_{i,t} + \beta_3 \times SCF\_focal_{i,t} \times Digital\_fin_{i,t} + \lambda \times Controls_{i,t} + u_i + v_t + \gamma_z + \varepsilon_{i,t} \tag{6.5}$$

假设 H13a 和假设 H13b 是本书提出的一对竞争性假设，本书通过构造数字普惠金融水平与供应链金融导向的交乘项，并识别其回归系数 β_3 的显著性大小与数值大小，可以为上述理论假设的检验提供有效的实证依据。具体而言，如果系数 β_3 显著为正，则表明企业所在区域的数字普惠金融水平可以增强企业采用供应链金融导向的价值提升效应，即假设 H13b 成立，反之，如果系数 β_3 显著为负，则数字普惠金融与供应链金融之间存在的“互补”机制得到验证，即假设 H13a 成立。

6.3 实证结果分析

6.3.1 描述性统计

表 6-2 展示了子研究四中主要变量的描述性统计情况，并提供了各变量的均值、标准差和最值等数据细节。由结果可知，经过缩尾处理后的各变量的标准差与最值间关系基本处在可接受范围内，未发现存在明显的异常值问题。其中，个体环境不确定性的均值为 1.34，而最小值和最大值分别为 0.10 和 8.94，反映出多数样本企业面临着较低的环境不确定性，但有部分企业存在较为严重的外部环境波动干扰。行业环境不确定性的均值为 0.11，最值分别为 0.06 和 0.26。经济政策不确定性的均值为 141.32，最值分别为 125.03 和 165.74。金融科技水平的均值为 4.43（对数化处理前的值为 82.93），最值分别为 0.00 和 7.13（对数化处理前的值为 1247.88），在一定程度上反映出不同年度不同区域在金融科技基础设施建设方面存在的巨大“鸿沟”。数字普惠金融总体水平的均值为 217.33，最值分别为 21.26 和 334.48，同样表明数字普惠金融环境在不同年度和不同区域之间可能存在较大差距，其中又以数字普惠金融的数字化程度特征最为明显（最值分别为 3.39 和 581.23）。

表 6-2　子研究四主要变量的描述性统计（已缩尾处理）

变量名称	变量简称	样本数量	均值	标准差	最小值	中位数	最大值
企业价值	TobinQ	27934	2.04	1.43	0.80	1.59	17.73
供应链金融导向	SCF_focal	28412	0.03	0.18	0.00	0.00	1.00
个体环境不确定性	IndiUncertainty	20790	1.34	1.25	0.10	0.98	8.94
行业环境不确定性	InduUncertainty	20790	0.11	0.03	0.06	0.10	0.26
经济政策不确定性	EconUncertainty	28512	141.32	12.35	125.03	140.30	165.74

续表

变量名称	变量简称	样本数量	均值	标准差	最小值	中位数	最大值
金融科技水平	Fintech	28030	4.43	1.51	0.00	4.50	7.13
数字普惠金融总体水平	Digital_fin	28324	217.33	70.88	21.26	230.86	334.48
数字普惠金融覆盖广度	Coverage_breadth	28324	215.36	67.83	4.49	228.17	326.49
数字普惠金融使用深度	Usage_depth	28324	214.82	74.64	12.49	226.33	349.75
数字普惠金融数字化程度	Digitization_level	28324	228.41	85.68	3.39	251.38	581.23

6.3.2 假设检验

1. 对商业环境不确定性调节效应的实证分析

本书分别构造了企业个体环境不确定性、行业环境不确定性、经济政策不确定性与供应链金融导向的交乘项，以检验不同维度的环境不确定性对于供应链金融导向与企业价值间关系的调节作用机制，相应的回归结果具体列示于表6-3。列（1）中企业环境不确定性与供应链金融导向的交乘项回归系数为-0.104，在5%的置信水平上显著，假设H11a得到有效的实证支持。列（2）中行业环境不确定性与供应链金融导向的交乘项回归系数则在1%的置信水平上显著为正，数值为5.565，假设H11b也得到了一定的实证支持。列（3）中经济政策不确定性与供应链金融导向的交乘项回归系数为-0.006，在5%的置信水平上显著，假设H11c也得到了初步的数据验证。由上述结果可知，企业直接面临的个体环境不确定性和来自宏观制度环境的经济政策不确定性都会对企业的战略计划与实施增加决策成本和防御成本，从而影响供应链金融导向的价值效应。然而，危机中不免蕴藏着机会，不确定性也可能产生竞争机遇，企业所在行业的不确定性虽然会使整个行业中的企业都面临外部不可预知因素的扰动，但供应链金融战略的积极开展有望在动荡多变的环境中帮助企业稳定供应链上下游、增强供应链竞争优势，从而释放更大的价值效应。

此外，为进一步探明行业环境不确定性对供应链金融的价值效应的影响机制，本书还考察了企业所在行业竞争程度的调节效应。如果行业环境不确定性是通过凸显供应链金融在获取供应链竞争优势的重要性而发挥作用，那么具有供应链金融导向的核心企业在行业竞争性更为突出的环境中能有效地集聚资源和整合能力，从而更大程度地提升企业长期价值。对此，本书引入了行业竞争度（HHI）这一变量，使用赫芬达尔指数进行衡量（贺小刚等，2015），即同一行业中各竞争企业的营业收入占行业总收入之比的平方和除以行业内企业数量，该值越大，表明企业所处行业的竞争性越强。列（4）中所构造的行业竞争度与供应链金融导向的交乘项系数显著为正，并在 5%的置信水平上显著。由此支持了本书对于竞争优势强化的理论机制推导。

本书根据回归结果绘制了调节效应图，见图 6-2。

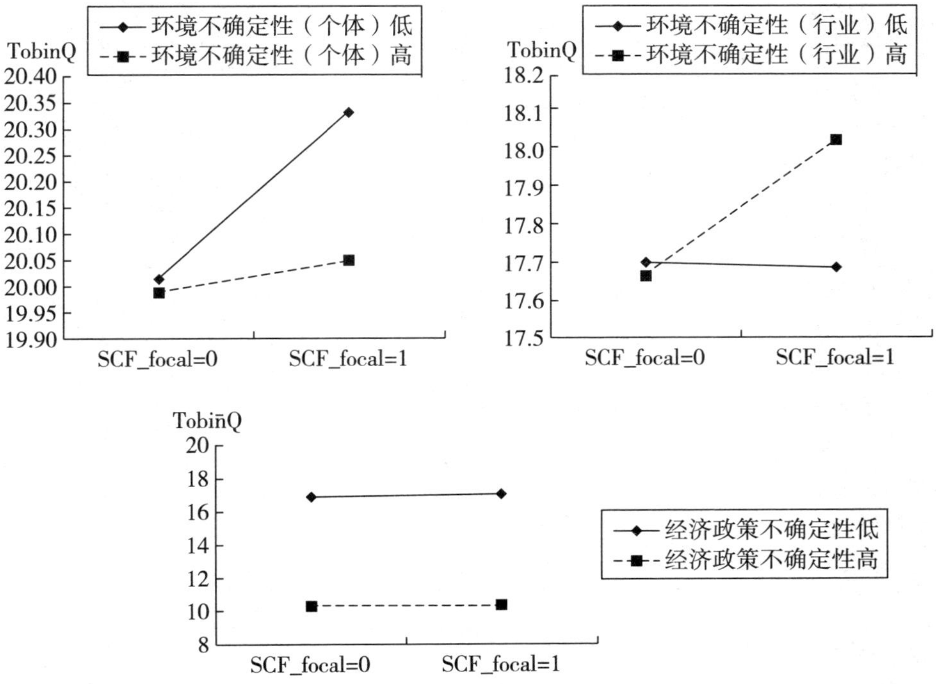

图 6-2 商业环境不确定性的调节效应图

2. 对金融科技水平调节效应的实证分析

本书通过识别金融科技水平与供应链金融导向的交乘项系数的数值大小与显著性，以检验金融科技水平的正向调节效应是否存在。在表 6-3 的列（5）中，交乘项的回归系数显著为正（系数值为 0.066，P<0.1），假设 H12 得到了一定的实证数据支持。这一结果表明，企业所在城市的金融科技水平对于企业自身供应链金融导向的价值效应有着积极的促进作用。

表 6-3 权变机制一和二的实证结果（商业环境的不确定性、金融科技水平）

变量名称	(1)	(2)	(3)	(4)	(5)
	企业价值				
供应链金融导向	0.329*** (3.96)	-0.457*** (-2.81)	0.990*** (2.68)	0.049 (0.82)	-0.243 (-1.15)
供应链金融导向×企业环境不确定性	-0.104** (-2.19)	—	—	—	—
企业环境不确定性	-0.010 (-0.69)	—	—	—	—
供应链金融导向×行业环境不确定性	—	5.565*** (3.99)	—	—	—
行业环境不确定性	—	-0.466 (-0.61)	—	—	—
供应链金融导向×经济政策不确定性	—	—	-0.006** (-2.45)	—	—
经济政策不确定性	—	—	-0.262*** (-8.00)	—	—
供应链金融导向×行业竞争度	—	—	—	1.005** (1.98)	—
行业竞争度	—	—	—	0.038 (0.26)	—
供应链金融导向×金融科技水平	—	—	—	—	0.066* (1.75)

续表

变量名称	(1)	(2)	(3)	(4)	(5)
	企业价值				
金融科技水平	—	—	—	—	0.034* (1.76)
企业年龄	0.007 (0.57)	0.007 (0.58)	−0.003 (−0.26)	−0.003 (−0.27)	−0.003 (−0.23)
企业规模	−0.729*** (−14.66)	−0.734*** (−14.91)	−0.559*** (−14.48)	−0.561*** (−14.56)	−0.555*** (−14.34)
资产负债率	0.178 (1.19)	0.180 (1.21)	0.667*** (5.63)	0.666*** (5.62)	0.676*** (5.82)
营业收入增长率	0.033 (1.41)	0.021 (1.03)	0.047** (2.56)	0.047** (2.54)	0.046** (2.46)
两职合一	−0.041 (−1.19)	−0.042 (−1.23)	−0.069** (−2.45)	−0.070** (−2.47)	−0.072** (−2.55)
产权性质	−0.212*** (−3.04)	−0.204*** (−2.95)	−0.199*** (−3.25)	−0.197*** (−3.22)	−0.209*** (−3.40)
管理层持股比例	−0.748*** (−3.48)	−0.737*** (−3.47)	−1.043*** (−8.15)	−1.045*** (−8.19)	−1.040*** (−8.10)
董事会规模	0.000 (0.00)	−0.008 (−0.08)	−0.105 (−1.36)	−0.106 (−1.39)	−0.094 (−1.22)
账面市值比	−0.023 (−1.37)	−0.028 (−1.62)	−0.147*** (−8.67)	−0.145*** (−8.58)	−0.147*** (−8.66)
常数项	17.561*** (16.03)	17.745*** (16.03)	50.628*** (10.11)	13.942*** (16.33)	13.601*** (15.90)
行业	控制	控制	控制	控制	控制
年份	控制	控制	控制	控制	控制
R^2	0.299	0.299	0.263	0.263	0.263
adj. R^2	0.297	0.297	0.262	0.262	0.262
F	63.317	62.731	77.684	75.597	74.573
N	19605	19605	27062	27055	26652

注：变量系数显著性对应标识为* $p<0.10$，** $p<0.05$，*** $p<0.01$，系数下方括号汇报的是经聚类稳健标准误调整过的 t 统计值。

本书根据回归结果绘制了调节效应图，见图 6-3。

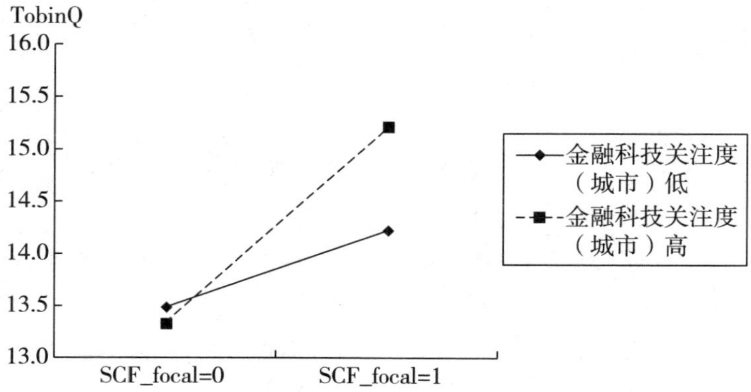

图 6-3　金融科技水平的调节效应图

3. 对数字普惠金融水平调节效应的实证分析

本书首先对数字普惠金融水平的聚合指标（Digital_ fin）及其一级维度的三类细分指标（Coverage_ breadth，Usage_ depth，Digitization_ level）的调节效应进行了实证检验，表 6-4 展示了相关回归结果。其中，列（1）包含了数字普惠金融总体水平与供应链金融导向的交乘项，其回归系数为 0.001，并在5%的置信水平上具有显著性。列（2）中数字普惠金融覆盖广度与供应链金融导向的交乘项系数显著为正（系数为 0.002，$P<0.05$）。然而，列（3）中数字普惠金融使用深度与供应链金融导向的交乘项系数也显著为正（系数为 0.001，$P<0.1$），列（4）中数字普惠金融数字化程度与供应链金融导向的交乘项系数为 0.001，但并未在统计意义上显著。上述结果表明，数字普惠金融与供应链金融存在一定程度上的“互促”关系，即数字普惠金融的总体水平可以显著促进核心企业供应链金融导向的价值效应，为供应链金融的持续发展提供了重要的金融服务化和金融便利化环境，特别是普惠金融业务的广泛覆盖与深入开展，均有利于夯实供应链金融的运营基础。

此外，由于数字普惠金融数据集还给出了使用深度的细分指标，这也为本书进一步探讨数字普惠金融的具体影响机制提供了机会。对此，本书分别检验了信贷业务（Credit）、信用调查业务（Credit_ investigation）、支付业务（Payment）、保险业务（Insurance）、货币基金业务（Monetary_ fund）、投资

表 6-4 数字普惠金融水平（省级指标）的调节效应

变量名称	(1)	(2)	(3)	(4)
	企业价值			
供应链金融导向	-0.321 (-1.44)	-0.352* (-1.69)	-0.273 (-1.32)	-0.132 (-0.60)
供应链金融导向×数字普惠金融总体水平	0.001** (2.02)	—	—	—
数字普惠金融总体水平	0.003** (2.28)	—	—	—
供应链金融导向×数字普惠金融覆盖广度	—	0.002** (2.31)	—	—
数字普惠金融覆盖广度	—	0.003** (2.30)	—	—
供应链金融导向×数字普惠金融使用深度	—	—	0.001* (1.95)	—
数字普惠金融使用深度	—	—	0.001** (2.21)	—
供应链金融导向×数字普惠金融数字化程度	—	—	—	0.001 (1.15)
数字普惠金融数字化程度	—	—	—	0.000 (0.77)
企业年龄	-0.002 (-0.16)	-0.003 (-0.25)	-0.002 (-0.14)	-0.003 (-0.24)
企业规模	-0.562*** (-14.52)	-0.562*** (-14.52)	-0.561*** (-14.52)	-0.560*** (-14.46)
资产负债率	0.663*** (5.60)	0.667*** (5.64)	0.663*** (5.59)	0.665*** (5.61)

续表

变量名称	(1)	(2)	(3)	(4)
	企业价值			
营业收入增长率	0.048*** (2.60)	0.047** (2.55)	0.048*** (2.61)	0.047** (2.57)
两职合一	−0.071** (−2.49)	−0.070** (−2.48)	−0.071** (−2.50)	−0.070** (−2.46)
产权性质	−0.202*** (−3.30)	−0.199*** (−3.25)	−0.201*** (−3.29)	−0.200*** (−3.27)
管理层持股比例	−1.040*** (−8.12)	−1.046*** (−8.16)	−1.039*** (−8.12)	−1.042*** (−8.13)
董事会规模	−0.101 (−1.32)	−0.102 (−1.33)	−0.102 (−1.33)	−0.104 (−1.36)
账面市值比	−0.146*** (−8.60)	−0.147*** (−8.63)	−0.147*** (−8.66)	−0.146*** (−8.61)
常数项	13.780*** (16.18)	13.753*** (16.10)	13.833*** (16.18)	13.892*** (16.28)
行业	控制	控制	控制	控制
年份	控制	控制	控制	控制
R^2	0.263	0.263	0.263	0.263
adj. R^2	0.262	0.262	0.262	0.262
F	75.495	75.465	75.316	75.754
N	27060	27060	27060	27060

注：变量系数显著性对应标识为 * $p<0.10$，** $p<0.05$，*** $p<0.01$，系数下方括号汇报的是经聚类稳健标准误调整过的 t 统计值。

业务（Investment）对于供应链金融导向价值效应的调节效应，并将相关回归结果列示于表 6-5。其中，只有列（2）和列（4）的交乘项系数具有统计意义上的显著性，即列（2）中信用调查业务与供应链金融导向的交乘项的回归系数为 0.002（P<0.01），列（4）中保险业务与供应链金融导向的交乘项的回归系数为 0.001（P<0.1），表明数字普惠金融环境对于供应链金融的直接支撑作用多体现在以征信和保险为主的第三方金融服务和金融基础设施水平

的提升上，这些业务的深入开展为供应链金融的有效运作提供了多维的信用数据和可靠的信贷违约保障。

表 6–5 数字普惠金融使用深度的细分指标（省级指标）的调节效应

变量名称	(1)	(2)	(3)	(4)	(5)	(6)
	企业价值					
供应链金融导向	−0.158 (−0.90)	−0.165 (−0.78)	−0.120 (−0.49)	−0.363 (−1.34)	0.253 (1.32)	0.190* (1.70)
供应链金融导向×信贷业务	0.001 (1.61)	—	—	—	—	—
信贷业务	0.002* (1.75)	—	—	—	—	—
供应链金融导向×信用调查业务	—	0.002*** (2.92)	—	—	—	—
信用调查业务	—	−0.001** (−2.20)	—	—	—	—
供应链金融导向×支付业务	—	—	0.001 (0.98)	—	—	—
支付业务	—	—	0.003*** (3.84)	—	—	—
供应链金融导向×保险业务	—	—	—	0.001* (1.83)	—	—
保险业务	—	—	—	0.001*** (2.95)	—	—
供应链金融导向×货币基金业务	—	—	—	—	−0.001 (−0.72)	—
货币基金业务	—	—	—	—	0.004*** (3.39)	—
供应链金融导向×投资业务	—	—	—	—	—	0.000 (0.39)
投资业务	—	—	—	—	—	0.000 (0.71)

续表

变量名称	(1)	(2)	(3)	(4)	(5)	(6)
	企业价值					
企业年龄	-0.003 (-0.25)	-0.472*** (-20.83)	-0.003 (-0.26)	-0.002 (-0.15)	-0.211*** (-3.51)	-0.006 (-0.43)
企业规模	-0.559*** (-14.47)	-1.230*** (-10.32)	-0.564*** (-14.60)	-0.563*** (-14.55)	-0.983*** (-18.08)	-0.632*** (-10.29)
资产负债率	0.669*** (5.66)	0.211 (0.71)	0.656*** (5.56)	0.659*** (5.57)	0.466*** (2.67)	0.190 (1.11)
营业收入增长率	0.047** (2.54)	-0.007 (-0.20)	0.048*** (2.60)	0.048*** (2.60)	0.025 (1.01)	0.020 (0.90)
两职合一	-0.071** (-2.49)	-0.115** (-2.00)	-0.071** (-2.51)	-0.070** (-2.47)	-0.078** (-2.03)	-0.090** (-2.53)
产权性质	-0.198*** (-3.24)	-0.392 (-1.58)	-0.208*** (-3.42)	-0.205*** (-3.35)	-0.242** (-2.09)	-0.315*** (-3.81)
管理层持股比例	-1.047*** (-8.17)	-0.906*** (-2.70)	-1.028*** (-8.02)	-1.036*** (-8.11)	-1.186*** (-6.86)	-0.845*** (-4.73)
董事会规模	-0.105 (-1.37)	-0.241 (-1.43)	-0.102 (-1.33)	-0.103 (-1.35)	-0.043 (-0.37)	-0.133 (-1.27)
账面市值比	-0.147*** (-8.68)	0.233*** (9.72)	-0.144*** (-8.46)	-0.145*** (-8.56)	0.079*** (4.33)	-0.073*** (-3.82)
常数项	13.754*** (15.93)	39.066*** (14.94)	13.807*** (16.20)	13.919*** (16.27)	27.159*** (13.87)	16.294*** (11.40)
行业	控制	控制	控制	控制	控制	控制
年份	控制	控制	控制	控制	控制	控制
R^2	0.263	0.402	0.263	0.263	0.343	0.259
adj. R^2	0.262	0.400	0.262	0.262	0.342	0.258
F	75.264	—	75.457	75.458	—	84.584
N	27060	11427	27060	27060	15828	20638

注：变量系数显著性对应标识为* $p<0.10$，** $p<0.05$，*** $p<0.01$，系数下方括号汇报的是经聚类稳健标准误调整过的 t 统计值。

6.3.3 稳健性检验

（1）针对商业环境不确定性的调节效应，本书主要通过更换被解释变量的测量指标来进行稳健性检验。具体地，本书将被解释变量企业价值（TobinQ）更换为第3章研究中构造的基于不同测量方式的新测量指标（企业价值_B），并再次代入之前的分组回归模型。相关的实证结果见表6-6的列（1）~列（3），企业个体环境不确定性与供应链金融导向的交乘项系数为-0.175，在1%的置信水平上显著，行业环境不确定性与供应链金融导向的交乘项系数为6.553，在1%的置信水平上显著，经济政策不确定性与供应链金融导向的交乘项系数为-0.015，同样在1%的置信水平上显著。以上结果均与假设检验部分的结果保持一致，在表明实证结果具有较好稳健性的同时也能反映出商业环境不确定性的变量指标具有一定的稳健性。

（2）对于金融科技水平调节效应的稳健性检验，本书同时考虑了更换被解释变量和核心调节变量的测量指标。一方面，本书将被解释变量替换为企业价值的新测量指标（企业价值_B）后，再次代入金融科技水平与供应链金融导向的交乘项，其实证结果如表6-6的列（4）所示，交乘项的回归系数显著为正（系数值为0.212，P<0.01），表明企业所在区域的金融科技水平确实会对供应链金融战略的实施产生正向的促进作用。另一方面，本书在之前的实证检验中使用了金融科技水平在地级市（包含直辖市）一级的数据指标，因而在稳健性检验部分考虑使用金融科技水平的省级数据指标，即将市级指标按所属省份进行加总（直辖市直接保留并作为省级区域），得到新的代表变量，即金融科技水平（省级数据）（FintechP）。将该变量与供应链金融导向的交乘项（SCF×FintechP）对企业价值进行回归分析，其结果如列（5）所示，交乘项系数显著为正（系数值为0.077，P<0.1），同样与之前结果保持了一致。因此，本书认为假设H12的实证结果得到了较为充分的稳健性支持。

（3）本书还参考钟凯等（2022）的做法，使用数字普惠金融总体水平的地级市一级（包括直辖市）数据指标重新代入之前构建的调节效应模型，来实现对数字普惠金融总体水平的稳健性检验。具体地，本书首先将市级数字

表 6-6 稳健性检验：替换变量（商业环境的不确定性和金融科技水平）

变量名称	(1)	(2)	(3)	(4)	(5)
	企业价值_B				企业价值
供应链金融导向	0.496*** (4.97)	-0.514*** (-2.61)	2.310*** (4.80)	-0.860*** (-3.15)	-0.301 (-1.34)
供应链金融导向×企业环境不确定性	-0.175*** (-2.96)	—	—	—	—
企业环境不确定性	0.043** (2.45)	—	—	—	—
供应链金融导向×行业环境不确定性	—	6.553*** (3.85)	—	—	—
行业环境不确定性	—	0.718 (0.76)	—	—	—
供应链金融导向×经济政策不确定性	—	—	-0.015*** (-4.32)	—	—
经济政策不确定性	—	—	-0.177*** (-4.37)	—	—
供应链金融导向×金融科技水平	—	—	—	0.212*** (4.38)	—
金融科技水平	—	—	—	0.051** (2.12)	—
供应链金融导向×金融科技水平（省级数据）	—	—	—	—	0.077* (1.89)
金融科技水平（省级数据）	—	—	—	—	0.083** (2.24)

续表

变量名称	(1)	(2)	(3)	(4)	(5)
	企业价值_B				企业价值
企业年龄	0.006 (0.39)	0.005 (0.32)	0.005 (0.35)	0.007 (0.44)	−0.003 (−0.25)
企业规模	−0.823*** (−13.22)	−0.818*** (−13.12)	−0.835*** (−17.06)	−0.837*** (−16.89)	−0.561*** (−14.50)
资产负债率	−0.350** (−2.03)	−0.340** (−1.97)	−0.416*** (−2.89)	−0.388*** (−2.71)	0.663*** (5.60)
营业收入增长率	0.178*** (4.77)	0.211*** (5.84)	0.225*** (6.83)	0.225*** (6.73)	0.047** (2.55)
两职合一	−0.025 (−0.59)	−0.027 (−0.62)	−0.021 (−0.55)	−0.018 (−0.47)	−0.071** (−2.49)
产权性质	−0.292*** (−3.64)	−0.288*** (−3.63)	−0.273*** (−3.71)	−0.282*** (−3.81)	−0.200*** (−3.27)
管理层持股比例	0.504 (1.59)	0.497 (1.57)	0.015 (0.08)	0.013 (0.07)	−1.042*** (−8.15)
董事会规模	−0.024 (−0.20)	−0.032 (−0.27)	0.069 (0.67)	0.083 (0.79)	−0.102 (−1.33)
账面市值比	−0.004 (−0.17)	−0.011 (−0.54)	−0.025 (−1.19)	−0.025 (−1.18)	−0.147*** (−8.65)
常数项	20.017*** (14.46)	19.851*** (14.10)	44.697*** (7.20)	19.675*** (17.85)	13.709*** (16.09)
行业	控制	控制	控制	控制	控制
年份	控制	控制	控制	控制	控制
R^2	0.317	0.316	0.338	0.339	0.263
adj. R^2	0.315	0.315	0.337	0.338	0.262
F	68.945	69.392	112.366	107.049	76.085
N	19605	19605	27062	26652	27060

注：变量系数显著性对应标识为* $p<0.10$，** $p<0.05$，*** $p<0.01$，系数下方括号汇报的是经聚类稳健标准误调整过的 t 统计值。

普惠金融的总体水平（DigitalfinC）、覆盖广度（Coverage_ breadthC）、使用深度（Usage_ depthC）、数字化程度（Digitization_ levelC）四个调节变量的交乘项分别纳入回归模型，其实证结果见表6-7。列（1）中数字普惠金融总体水平与供应链金融导向的交乘项系数为0.002，但并未在统计上显著。列（2）中数字普惠金融覆盖广度与供应链金融导向的交乘项系数为0.001，同样也未显著，然而这一结果在省级数据中得到支持。本书认为这可能与企业的交易主体相对分散，往往并不集中在同一市的有限区域有关，因而在省一级的范围中覆盖广度的支持效应得到了凸显。列（3）中数字普惠金融使用深度与供应链金融导向的交乘项系数仍然显著为正（系数值为0.002，$P<0.05$），数字普惠金融数字化程度的交乘项系数方向也显著为正（系数值为0.002，$P<0.05$）。其次，本书也进一步对数字普惠金融使用深度的六个细分指标进行了相应的稳健性测试，其结果列示于表6-8。与之前假设检验部分的结果一致，仍然只有列（2）中信用调查业务与供应链金融导向的交乘项系数和列（4）中保险业务与供应链金融导向的交乘项系数具有统计意义上的显著性，即列（2）交乘项的回归系数为0.002（$P<0.01$），列（4）交乘项的回归系数为0.001（$P<0.1$）。综合上述结果，本书认为假设H13b的实证结果得到了一定的稳健性支持。

表6-7 稳健性检验：替换变量（数字普惠金融水平）

变量名称	(1)	(2)	(3)	(4)
	企业价值			
供应链金融导向	−0.363 (−1.17)	−0.214 (−0.74)	−0.472 (−1.59)	−0.477* (−1.80)
供应链金融导向×数字普惠金融总体水平（市级数据）	0.002 (1.58)	—	—	—
数字普惠金融总体水平（市级数据）	0.004** (2.40)	—	—	—

续表

变量名称	(1)	(2)	(3)	(4)
	企业价值	企业价值	企业价值	企业价值
供应链金融导向×数字普惠金融覆盖广度（市级数据）	—	0.001 (1.17)	—	—
数字普惠金融覆盖广度（市级数据）	—	0.004*** (2.84)	—	—
供应链金融导向×数字普惠金融使用深度（市级数据）	—	—	0.002** (2.03)	—
数字普惠金融使用深度（市级数据）	—	—	0.001 (1.09)	—
供应链金融导向×数字普惠金融数字化程度（市级数据）	—	—	—	0.002** (2.27)
数字普惠金融数字化程度（市级数据）	—	—	—	0.000 (0.58)
企业年龄	−0.002 (−0.16)	−0.003 (−0.24)	−0.002 (−0.20)	−0.003 (−0.24)
企业规模	−0.562*** (−14.46)	−0.562*** (−14.48)	−0.560*** (−14.43)	−0.559*** (−14.40)
资产负债率	0.662*** (5.56)	0.662*** (5.56)	0.667*** (5.60)	0.670*** (5.63)
营业收入增长率	0.048*** (2.60)	0.047** (2.54)	0.048*** (2.59)	0.047** (2.57)
两职合一	−0.072** (−2.54)	−0.071** (−2.49)	−0.073** (−2.54)	−0.072** (−2.52)

续表

变量名称	(1)	(2)	(3)	(4)
	企业价值	企业价值	企业价值	企业价值
产权性质	-0.205*** (-3.36)	-0.201*** (-3.29)	-0.201*** (-3.29)	-0.202*** (-3.30)
管理层持股比例	-1.041*** (-8.13)	-1.042*** (-8.13)	-1.045*** (-8.16)	-1.046*** (-8.16)
董事会规模	-0.099 (-1.29)	-0.098 (-1.28)	-0.101 (-1.31)	-0.101 (-1.32)
账面市值比	-0.146*** (-8.58)	-0.145*** (-8.54)	-0.148*** (-8.69)	-0.149*** (-8.70)
常数项	13.629*** (15.92)	13.575*** (15.82)	13.816*** (16.06)	13.881*** (16.20)
行业	控制	控制	控制	控制
年份	控制	控制	控制	控制
R^2	0.263	0.263	0.263	0.263
adj. R^2	0.262	0.262	0.262	0.261
F	74.975	74.895	74.969	75.209
N	26928	26928	26928	26928

注：变量系数显著性对应标识为 * $p<0.10$，** $p<0.05$，*** $p<0.01$，系数下方括号汇报的是经聚类稳健标准误调整过的 t 统计值。

表 6-8 稳健性检验：替换变量（数字普惠金融使用深度的细分指标）

变量名称	(1)	(2)	(3)	(4)	(5)	(6)
	企业价值					
供应链金融导向	0.062 (0.19)	-0.170 (-0.84)	-0.134 (-0.47)	-0.339 (-1.32)	0.404 (1.63)	0.060 (0.38)
供应链金融导向×信贷业务（市级数据）	0.000 (0.18)	—	—	—	—	—
信贷业务（市级数据）	-0.000 (-0.21)	—	—	—	—	—

续表

变量名称	(1)	(2)	(3)	(4)	(5)	(6)
	企业价值					
供应链金融导向×信用调查业务（市级数据）	—	0.002*** (3.16)	—	—	—	—
信用调查业务（市级数据）	—	-0.001*** (-4.26)	—	—	—	—
供应链金融导向×支付业务（市级数据）	—	—	0.001 (0.91)	—	—	—
支付业务（市级数据）	—	—	0.001 (1.54)	—	—	—
供应链金融导向×保险业务（市级数据）	—	—	—	0.001* (1.84)	—	—
保险业务（市级数据）	—	—	—	0.001** (2.48)	—	—
供应链金融导向×货币基金业务（市级数据）	—	—	—	—	-0.001 (-1.21)	—
货币基金业务（市级数据）	—	—	—	—	0.003** (2.45)	—
供应链金融导向×投资业务（市级数据）	—	—	—	—	—	0.001 (1.11)
投资业务（市级数据）	—	—	—	—	—	0.000 (0.11)
企业年龄	-0.003 (-0.27)	-0.505*** (-20.81)	-0.003 (-0.26)	-0.002 (-0.15)	-0.321*** (-7.95)	-0.006 (-0.48)

续表

变量名称	(1)	(2)	(3)	(4)	(5)	(6)
	企业价值					
企业规模	−0.559*** (−14.34)	−1.230*** (−10.28)	−0.561*** (−14.44)	−0.561*** (−14.45)	−0.983*** (−18.02)	−0.630*** (−10.23)
资产负债率	0.665*** (5.59)	0.213 (0.72)	0.664*** (5.58)	0.664*** (5.57)	0.470*** (2.68)	0.201 (1.16)
营业收入增长率	0.047** (2.54)	−0.011 (−0.33)	0.048*** (2.58)	0.048*** (2.60)	0.025 (1.01)	0.019 (0.87)
两职合一	−0.071** (−2.50)	−0.116** (−2.00)	−0.072** (−2.52)	−0.072** (−2.53)	−0.078** (−2.02)	−0.091** (−2.54)
产权性质	−0.199*** (−3.25)	−0.392 (−1.58)	−0.203*** (−3.32)	−0.206*** (−3.36)	−0.232** (−2.01)	−0.316*** (−3.82)
管理层持股比例	−1.042*** (−8.12)	−0.922*** (−2.75)	−1.039*** (−8.13)	−1.044*** (−8.16)	−1.181*** (−6.82)	−0.852*** (−4.76)
董事会规模	−0.103 (−1.33)	−0.244 (−1.45)	−0.101 (−1.32)	−0.100 (−1.30)	−0.037 (−0.32)	−0.132 (−1.26)
账面市值比	−0.147*** (−8.61)	0.234*** (9.78)	−0.146*** (−8.58)	−0.147*** (−8.65)	0.078*** (4.27)	−0.074*** (−3.88)
常数项	13.916*** (15.71)	39.944*** (15.09)	13.842*** (16.19)	13.860*** (16.15)	29.667*** (18.39)	16.363*** (11.28)
行业	控制	控制	控制	控制	控制	控制
年份	控制	控制	控制	控制	控制	控制
R^2	0.262	0.402	0.262	0.263	0.343	0.259
adj. R^2	0.261	0.400	0.261	0.262	0.341	0.257
F	75.200	—	74.991	75.086	—	83.879
N	26921	11372	26928	26928	15749	20544

注：变量系数显著性对应标识为* $p<0.10$，** $p<0.05$，*** $p<0.01$，系数下方括号汇报的是经聚类稳健标准误调整过的 t 统计值。

（4）本书通过改变核心解释变量即供应链金融导向的测度方式来进行稳健性检验。本书将之前基于文本判别和词频统计而构造的连续变量（SCF1_focal）代入假设 H11、假设 H12 和假设 H13 的回归模型之中，所得结果展示于表 6-9。其中，列（1）~列（3）依次检验了供应链金融导向（连续变量）与企业个体环境不确定性、行业环境不确定性、经济政策不确定性的交乘项对企业价值的影响，相应的回归系数分别为-0.033、1.698 和-0.002，仅供应链金融导向（连续变量）与个体环境不确定性的交乘项（SCF1×IndiUncertainty）系数未在统计上显著（t 值为-1.52，边际显著），反映出假设 H11a~H11c 的实证结果具有一定的稳健性。列（4）则涉及了供应链金融导向（连续变量）与金融科技水平之间交乘项（SCF1×Fintech）对企业价值的回归分析，其系数为 0.026，在 5%的置信水平上显著。这一结果为假设 H12 提供了稳健性的实证依据，即高金融科技水平能更有效地支持供应链金融导向的“价值效应”。列（5）则检验了供应链金融导向（连续变量）与数字普惠金融总体水平的交乘项（SCF1×digitalagg）对企业价值的影响，其回归系数显著为正（系数为 0.001，P<0.05），同样支持了假设 H13b 的存在，即数字普惠金融与供应链金融之间具有“互促”效应。

表 6-9　稳健性检验：替换变量（供应链金融导向）

变量名称	(1)	(2)	(3)	(4)	(5)
	企业价值				
供应链金融导向（连续变量）	0.108*** (4.06)	-0.127** (-2.31)	0.276** (2.03)	-0.111 (-1.55)	-0.159* (-1.80)
供应链金融导向（连续变量）×企业环境不确定性	-0.033 (-1.52)	—	—	—	—
企业环境不确定性	-0.011 (-0.77)	—	—	—	—
供应链金融导向（连续变量）×行业环境不确定性	—	1.698*** (3.92)	—	—	—
行业环境不确定性	—	-0.397 (-0.53)	—	—	—

续表

变量名称	(1)	(2)	(3)	(4)	(5)
	企业价值				
供应链金融导向（连续变量）×经济政策不确定性	—	—	−0.002* (−1.79)	—	—
经济政策不确定性	—	—	−0.262*** (−8.01)	—	—
供应链金融导向（连续变量）×金融科技水平	—	—	—	0.026** (2.01)	—
金融科技水平	—	—	—	0.034* (1.78)	—
供应链金融导向（连续变量）×数字普惠金融总体水平	—	—	—	—	0.001** (2.24)
数字普惠金融总体水平	—	—	—	—	0.003** (2.24)
企业年龄	0.006 (0.56)	0.006 (0.56)	−0.003 (−0.27)	−0.003 (−0.23)	−0.002 (−0.16)
企业规模	−0.730*** (−14.64)	−0.735*** (−14.90)	−0.558*** (−14.50)	−0.554*** (−14.36)	−0.561*** (−14.55)
资产负债率	0.180 (1.20)	0.181 (1.21)	0.666*** (5.62)	0.675*** (5.81)	0.662*** (5.59)
营业收入增长率	0.032 (1.36)	0.020 (1.01)	0.047** (2.55)	0.046** (2.45)	0.048*** (2.60)
两职合一	−0.041 (−1.19)	−0.042 (−1.22)	−0.069** (−2.44)	−0.072** (−2.55)	−0.071** (−2.49)

续表

变量名称	(1)	(2)	(3)	(4)	(5)
	企业价值				
产权性质	−0.211*** (−3.03)	−0.204*** (−2.95)	−0.199*** (−3.25)	−0.209*** (−3.41)	−0.202*** (−3.31)
管理层持股比例	−0.748*** (−3.47)	−0.738*** (−3.45)	−1.042*** (−8.13)	−1.039*** (−8.08)	−1.039*** (−8.10)
董事会规模	0.001 (0.01)	−0.006 (−0.06)	−0.104 (−1.36)	−0.094 (−1.22)	−0.101 (−1.32)
账面市值比	−0.023 (−1.35)	−0.026 (−1.51)	−0.146*** (−8.60)	−0.146*** (−8.61)	−0.146*** (−8.56)
常数项	17.575*** (16.02)	17.752*** (16.04)	50.675*** (10.11)	13.580*** (15.92)	13.759*** (16.19)
行业	控制	控制	控制	控制	控制
年份	控制	控制	控制	控制	控制
R^2	0.298	0.298	0.263	0.263	0.263
adj. R^2	0.297	0.297	0.261	0.262	0.262
F	62.990	62.391	77.572	74.685	75.537
N	19605	19605	27062	26652	27060

注：变量系数显著性对应标识为* $p<0.10$，** $p<0.05$，*** $p<0.01$，系数下方括号汇报的是经聚类稳健标准误调整过的 t 统计值。

6.4 本章小结

本章主要从生态系统环境维度探究了核心企业所处商业环境的三类不确定性（个体、行业、经济政策）、技术环境中的金融科技水平和金融环境中的数字普惠金融水平的权变机制，并提出了相应的研究假设。本章同样通过构建“个体—行业—时间”的多重固定效应模型以检验上述研究假设，同时也采用了多种稳健性检验方法而增强实证结果的可靠性。

本章的研究假设检验结果汇总于表 6-10，各项假设基本得到了实证支持。首先，本章研究发现，多个层级的环境不确定性都会显著影响核心企业供应链金融导向的价值效应，且具有差异性的权变机制。一方面，个体环境不确定性和经济政策不确定性分别对核心企业自身和经济主体整体造成运营风险，阻碍了需要多方协作的供应链金融的创新发展，从而弱化了供应链金融导向对核心企业价值的提升作用。另一方面，行业环境不确定性均加剧了核心企业及其同行业竞争对手的外部环境风险，反而使采用供应链金融导向的核心企业在“危”中存“机”，即更加凸显供应链金融的资金流和交易流韧性能力提升等多重作用机制。为明确行业环境不确定性的影响机理，本章通过检验行业竞争程度的调节效应，进一步支持了供应链金融导向提升核心企业在同行业竞争中的竞争优势的机制假设。其次，技术环境中金融科技水平的权变机制假设也得到了充分的实证支持，即核心企业所处区域的金融科技水平会通过提供供应链金融所需的技术基础设施和促进其模式的创新优化，增强供应链金融导向对核心企业的价值效应。此外，本章还通过实证发现数字普惠金融对核心企业供应链金融导向的价值效应的强化作用，揭示了数字普惠金融与供应链金融二者之间存在基于作用机制互补的支持效应，为二者关系的理论探索做出了有益的补充。

表 6-10　子研究四假设检验结果汇总

序号	假设内容	实证结果	备注
H11a	核心企业面临的个体环境不确定性会弱化供应链金融导向对核心企业价值的促进作用	支持	
H11b	核心企业面临的行业环境不确定性会强化供应链金融导向对核心企业价值的促进作用	支持	
H11c	核心企业面临的经济政策不确定性会弱化供应链金融导向对核心企业价值的促进作用	支持	
H12	金融科技水平会强化供应链金融导向对核心企业价值的促进作用	支持	
H13a	数字普惠金融水平会弱化供应链金融导向对核心企业价值的促进作用	未支持	竞争性假设检验
H13b	数字普惠金融水平会强化供应链金融导向对核心企业价值的促进作用	支持	

第7章

研究结论与展望

7.1 主要研究结论

本书围绕“供应链金融导向是否有助于提升核心企业的企业价值，如何影响?”“哪些生态系统因素会影响核心企业供应链金融导向的价值效应，如何影响?”两类核心问题，分别从供应链金融导向对核心企业的价值效应、微观作用机制和生态权变机制三个方面提出了理论假设模型，并基于上市公司数据构建核心企业的供应链金融导向等变量而进行相应假设的实证检验，相关实证结果汇总于表7-1。

表7-1 本书假设检验结果汇总

核心问题	变量关系	序号	假设内容	实证结果
价值效应	供应链金融导向与企业价值	H1	核心企业的供应链金融导向能正向提升其企业价值	支持
微观作用机制	供应链金融导向与供应链商业信用管理	H2a	供应链金融导向会减少核心企业对供应链上下游的商业信用供给，进而提升企业价值	支持
		H2b	供应链金融导向会减少核心企业对供应链上下游的商业信用获取，进而提升企业价值	支持
	供应链金融导向与核心企业营运资金效率和综合营运风险	H3a	供应链金融导向会提高核心企业的营运资金效率，进而提升企业价值	部分支持
		H3b	供应链金融导向会降低核心企业的综合营运风险，进而提升企业价值	支持
	供应链金融导向与供应链上下游营运资金效率和供需波动风险	H4a	供应链金融导向会提高供应链上下游企业的营运资金效率，进而提升企业价值	支持
		H4b	供应链金融导向会降低供应链上下游企业的供需波动风险，进而提升企业价值	支持

续表

核心问题	变量关系	序号	假设内容	实证结果
生态系统要素的权变机制	数字技术要素的调节效应	H5a	数字技术要素会强化供应链金融导向对核心企业价值的促进作用	未支持
	区块链要素的调节效应	H5b	区块链要素会强化供应链金融导向对核心企业价值的促进作用	支持
	产业竞争要素的调节效应	H6	产业竞争要素会强化供应链金融导向对核心企业价值的促进作用	支持
	供应链金融产品要素的调节效应	H7	供应链金融产品要素会强化供应链金融导向对核心企业价值的促进作用	部分支持
生态系统结构的权变机制	银企资本联结的调节效应	H8	银企资本联结会弱化供应链金融导向对核心企业价值的促进作用	支持
	供应链集中度的调节效应	H9	供应链集中度会弱化供应链金融导向对核心企业价值的促进作用	支持
	生态系统开放性的调节效应	H10	生态系统开放性会强化供应链金融导向对核心企业价值的促进作用	支持
生态系统环境的权变机制	商业环境不确定性的调节效应	H11a	核心企业面临的个体环境不确定性会弱化供应链金融导向对核心企业价值的促进作用	支持
		H11b	核心企业面临的行业环境不确定性会强化供应链金融导向对核心企业价值的促进作用	支持
		H11c	核心企业面临的经济政策不确定性会弱化供应链金融导向对核心企业价值的促进作用	支持
	金融科技水平的调节效应	H12	金融科技水平会强化供应链金融导向对核心企业价值的促进作用	支持
	数字普惠金融水平的调节效应	H13a	数字普惠金融水平会弱化供应链金融导向对核心企业价值的促进作用	未支持
		H13b	数字普惠金融水平会强化供应链金融导向对核心企业价值的促进作用	支持

7.1.1 核心企业供应链金融导向在多个层面提升其企业价值

本书发现，核心企业通过积极采用供应链金融导向，充分发挥供应链金融的“资金融通”“关系促进”“流程优化”效应，培育和强化核心企业在供应链生态系统中的竞争优势，进而实现企业价值的提升。这一研究结论与现有文献关于供应链金融对核心企业具有积极影响的观点相一致（凌润泽等，2021；Pan et al.，2022），并在现有文献基础上拓展发现了供应链金融导向对企业价值这一综合性绩效的积极作用，同时也为供应链金融“多方共赢”的理论假定提供了更多的实证依据（Wandfluh et al.，2016）。

本书还进一步发现了供应链金融导向对核心企业价值提升的多重作用机制。一是，供应链金融导向对核心企业的商业信用管理具有优化作用，并具体表现为核心企业对供应链上下游的商业信用供给和获取均显著下降。这一结论揭示了供应链金融对于商业信用等重要供应链资金流资源的优化机制，为现有文献长期探讨的“商业信用悖论”提供了创新性的解决路径，同时也与普惠金融等其他金融服务模式的作用机制形成明显对比（钟凯等，2022）。此外，本书还发现供应链金融导向并未使核心企业的商业信用净额发生显著变化，即供应链金融的引入并未改变核心企业与其供应链上下游因正常市场竞争而形成的商业信用水平，仅减少了由过高交易成本造成的“超额商业信用”。该结论进一步反映了供应链金融对商业信用管理优化的可持续性。二是本书发现，核心企业的供应链金融导向对自身的资金流和交易流均具有优化作用，表现在营运资金效率的提升与综合营运风险的降低。一方面，该结论表明供应链金融对核心企业的作用不只限于保障资金资源的充足，还有助于提高资金使用效率，加快运营过程中的资金周转。尽管部分文献已强调了供应链金融对中小企业营运资金效率的积极作用（Chakuu et al.，2019），但鲜有探索核心企业角度下的资金流优化效果。另一方面，该结论还表明供应链金融具有稳定和巩固供应链的重要作用，这与现有部分文献的研究结论相一致，但本书进一步从核心企业角度揭示了供应链金融如何通过整合多个供应链流程而显著降低其财务风险和运营风险。三是本书还发现，核心企业的供应链金融导向能有效促进其上下游企业的营运资金效率提升和供需波动风险降低。这一结论与现有文献中关于供应链金融正向影响上下游中小企业的观点也保持了一致（Beka Be Nguema et al.，2021b），但不同于以往研究从上下游企业的单一角度探讨其参与供应链金融的绩效影响，本书从供应链传递机制的角度提供了新的依据，即上下游企业是如何受到核心企业供应链金融导向的跨组织影响。

7.1.2 生态系统要素对供应链金融导向的价值效应具有重要权变影响

（1）数字技术等新兴要素对于供应链金融导向提升核心企业价值的影响过程具有促进作用。这一结论与当前供应链金融研究强调数字技术应用重要性的观点相一致。但本书进一步发现，广泛的数字技术应用并未有效地推动供应链金融的运作，而是区块链等特定技术在供应链金融的价值效应中发挥了显著的使能作用。该发现不仅响应了区块链驱动供应链金融创新这一研究热点，同时也支持了部分研究强调“技术匹配性”而非“技术万能性”的学术观点（宋华等，2022a）。

（2）核心企业的产业竞争力显著促进供应链金融导向对核心企业价值的正向影响。既有研究强调核心企业在信用资源和供应链管理等方面的竞争优势是维系供应链金融运作的重要基础（Liu et al.，2022a），然而长期以来，这一理论观点缺乏相关实证研究的支持，反之则是中小企业的竞争优势在获得供应链融资绩效方面得到了充分的实证探讨（Lu et al.，2022b）。本书的这一结论阐明了核心企业产业竞争力在供应链金融导向的价值效应中具有支撑性、保障性作用，并提供了更多的理论解释。

（3）供应链金融生态系统的金融产品要素丰富度对于供应链金融导向提升核心企业价值的影响过程具有促进作用。这一结论契合了生态系统研究中关于价值协作活动多样性具有重要生态价值的理论观点（Daymond et al.，2022），即金融服务产品为供应链金融生态系统中各成员提供了多种价值协作活动（Moretto & Caniato，2021），不仅可以响应多方主体的金融服务需求，还进一步吸引外部更多主体参与协作，从而推动生态体系的延伸扩张。

上述研究结论共同反映出要素先进性和多样性在供应链金融生态系统构建过程中的重要作用，同时还强调了数字技术要素的适配性。

7.1.3 生态系统结构对供应链金融导向的价值效应具有重要权变影响

（1）过于紧密的银企资本联结结构会制约供应链金融的服务效能，从而降低核心企业供应链金融导向对自身企业价值的促进作用。长期以来，银企之间的联结关系一直被视为提升企业融资可得性的重要因素（何韧等，2012；尹志超等，2015），被认为有助于推动银企各方积极参与供应链金融中的协作活动。然而，近年来部分研究发现，过于紧密的银企关系结构也会抑制供应链金融的影响作用（潘爱玲等，2021）。本书通过实证检验银企资本联结对供应链金融导向影响核心企业价值的调节效应，也发现了类似的负向影响，即由结构紧密导致的“锁定”效应会使供应链金融生态体系中的金融端主体存在“排他性”的“非竞争性”，从而降低了金融服务供给质量。

（2）过于集中的供应链交易结构同样会限制供应链金融的服务效能，从而降低供应链金融导向对核心企业价值的促进作用。供应链集中度作为反映供应链交易结构的重要特征而受到广泛关注，但其具有的“关系”属性和“竞争”属性使其对于供应链交易主体存在“两面性”的影响作用（Lanier et al.，2010）。相较于传统研究聚焦于供应链集中度对既有主体提供的紧密关系优势与议价能力劣势（江伟等，2017），本书还揭示了该特征对核心企业向外拓展和发展新交易关系的负向影响，即过高的供应链集中度会使核心企业链上具有强控制权和议价能力的企业出于对自身竞争优势的保持，抑制核心企业利用供应链金融延伸产业生态圈，同时也增加核心企业调整供应链交易结构的转换成本。此外，个别文献也指出了供应链集中度在供应链金融场景中的消极影响，如客户集中度会抑制供应商的保理采用（Liu et al.，2022a），而本书的结论也与其保持了一致。

（3）供应链金融生态系统的结构开放性会正向影响供应链金融提升核心

企业价值的积极作用。这一结论与当前生态研究强调拓展的协作结构和分布式、开放性治理结构相一致（Aftab Alam et al.，2022；Cenamor & Frishammar，2021），并在此基础上提供了来自供应链金融生态场景的实证依据。随着供应链金融逐渐向生态化演进，参与主体之间的结构紧密度特征也逐渐引起部分学者的关注（Bals，2019；Liebl et al.，2016），但目前尚未有相关实证探索，本书的结论也是对此做出的有益补充。

上述研究结论共同反映了"锁定"效应在供应链金融导向提升核心企业价值的影响过程中的潜在危害，并强调了松耦合、开放性的结构特征对于供应链金融生态系统构建和发展的重要意义。

7.1.4 生态系统环境对供应链金融导向的价值效应具有重要权变影响

（1）商业环境的不确定性会对供应链金融导向的价值效应产生重要影响，且不同层级的商业环境不确定性具有异质性作用（申慧慧等，2012；Lu et al.，2022c）。其中，企业直接面临的个体环境不确定性和来自宏观制度环境的经济政策不确定性会给供应链金融导向的价值效应造成负向影响，分别从运营基础和制度基础层面加剧了核心企业和整体经济活动主体的参与风险。这一结论响应了部分研究对于环境因素的关注，特别是考虑环境不确定性对供应链金融运作的不利影响。然而，本书还发现行业不确定性会在带来"危险"的同时存有"机遇"，即行业不确定性同时加剧了核心企业及其同行业竞争对手的外部环境风险，而核心企业可以发挥供应链金融的资金流和交易流韧性能力增强等多重作用机制，在同行业竞争中获取更多的相对优势，从而更好地提升企业价值。

（2）技术环境中的金融科技水平对供应链金融导向的价值效应具有正向影响。供应链金融的现有研究高度关注了金融科技等新兴技术的创新驱动作用（Chen et al.，2019），本书结论为其提供了重要的实证依据，即发现了金融科技在供应链金融赋能产业主体中提供的重要技术支持。但不同于当前研究对企业层面的技术特性与特定模式相融合创新的聚焦，本书从宏观技术环境层面提供了更多关于金融科技作用机制的实证结论。

(3) 金融环境中的数字普惠金融水平会强化供应链金融导向对核心企业价值的促进作用。这一结论既表明了金融环境特别是金融基础设施水平对于供应链金融的创新发展具有显著的支撑性作用，同时也反映出数字普惠金融与供应链金融之间存在互相促进的“支持”效应。数字普惠金融不仅通过促进区域内的创新创业行为而壮大产业端的企业主体规模（谢绚丽等，2018；张勋等，2019），还通过提供部分信贷保险、征信调查等金融基础设施，增强了供应链金融的运作基础。作为两类旨在缓解企业资金困境的创新性金融服务模式，尽管数字普惠金融和供应链金融已分别形成了丰富的研究主题，但二者之间的关联性却一直缺乏理论探索，本书所揭示的“互促”关系正是一次有益的补充。

7.2 理论贡献

随着供应链金融研究不断向生态导向演进，如何构建和发展供应链金融生态系统成为当前的研究重点（宋华等，2022b）。其中，供应链金融生态系统中的要素越发多样、主体及其结构越发复杂，其所处环境也越发动态，使得如何推动各主体特别是核心企业等关键协调者更加积极有效地参与其中成为重要的研究方向。一方面，供应链金融对于各主体的利益联结机制有待进一步研究，传统“多方共赢”的理论假定需要得到再检验，特别是作为重要组织者和协调者的核心企业如何获益尚缺乏充分探索（Pan et al.，2020）。另一方面，在生态系统构建和发展的过程中，更多维度的特征因素需要被纳入研究范畴。在此背景下，本书通过引入商业生态系统理论，围绕“供应链金融导向是否有助于提升核心企业的企业价值，如何影响?”“哪些生态系统因素会影响核心企业供应链金融导向的价值效应，如何影响?”两类问题展开实证探索，对现有研究做出了一定的理论贡献。本书主要存在以下几点贡献：

第一，本书基于商业生态系统理论，通过系统探索核心企业的供应链金融导向对其企业价值的影响效应，以及相应的微观作用机制和生态影响机制，形成了核心企业在参与构建供应链金融生态系统中“是否获益—如何获益—如何更好获益”的综合性知识体系。一方面，商业生态系统理论的引入，有助于推动以生态为导向的供应链金融研究的进一步发展（Zhou et al.，2022），契合了当前供应链金融研究对生态相关视角的融合诉求，该视角不仅为生态场景下核心企业的价值创造与获取提供了创新性的解释机制，如核心企业通过稳定和拓展产融生态圈而获得生态竞争优势（Chen et al.，2019）；还有益于发掘适应于模式创新发展的生态情境因素，如生态结构的开放性与金融产品的丰富性。另一方面，本书还丰富了商业生态系统理论应用的产业场景及其研究内容。通过对供应链金融生态系统的理论建构，促进了商业生态系统理论在供应链金融场景中的融合与延伸，而供应链金融特定的价值共创模式和产业要素基础也增进了商业生态系统研究的理论厚度（Villalba et al.，2023；Wang et al.，2022a），如基于资金流的多主体多流程协作优化。

第二，本书通过探索并实证发现核心企业供应链金融导向对其企业价值的提升作用，丰富了供应链金融的绩效影响研究中关于核心企业这一产业主体的知识内容（潘爱玲等，2021）。一方面，本书的实证结果为核心企业参与供应链金融的正向绩效提供了更多的实证依据，也在一定程度上支持了供应链金融“多方共赢”的理论假定，弥补了当前研究缺乏关注供应链金融导向如何影响核心企业绩效的不足（周兰和吴慧君，2022）。另一方面，现有文献大多聚焦在产业主体特别是上下游中小微企业的短期财务绩效与战略绩效等维度，但对更多反映长期竞争优势和价值创造能力的绩效维度尚缺乏探索（Chen et al.，2022a），因此，本书还进一步拓展了供应链金融导向的价值绩效维度研究。

第三，本书基于“供应链—核心企业—上下游企业”三个主体维度和“资金流—交易流”两个供应链流程维度，通过实证探究供应链金融导向对核心企业价值提升的多重微观作用机制，不仅丰富了有关供应链金融作用机制的研究内容，也对供应链资金流和交易流优化的相关研究引入了创新性的解决机制。一是从核心企业管理供应链资金资源的角度揭示了供应链金融导向对商业信用的优化配置作用，补充了供应链金融在供应链资金流层面的影响机制研究，同时也为当前研究所关注的“商业信用悖论”提供了创新的解决路径（Pattnaik et al.，2020）。二是表明了供应链金融导向对核心企业营运资金周转效率和综合营运风险管理的积极作用，进一步丰富了供应链金融在核心企业资金流和交易流层面的影响机制研究（Pan et al.，2022；Xu et al.，2022），并延伸了其对于核心企业韧性能力提升的研究方向（Zhang et al.，2019）。三是检验了核心企业供应链金融导向对其上下游企业资金流和交易流的影响效应，首次从供应链传递的角度实证探索了供应链金融的跨组织作用机制，为供应链金融服务上下游企业的研究提供了新的解释依据，同时还增进了对供应链营运资金跨组织协作效果的理论认识（Wetzel & Hofmann，2019）。

第四，本书通过融合商业生态系统理论与供应链金融的情境因素研究，实证发现了“生态系统要素—生态系统结构—生态系统环境”三个维度的多种因素对供应链金融导向与核心企业价值之间关系的权变影响机制，极大地丰富了供应链金融的管理情境因素研究，并推动其向生态维度拓展。一是通过发现区块链等数字技术、产业竞争力和金融产品丰富度三类要素特征因素的权变机制，拓展了当前对于技术和产业等要素融合嵌入供应链金融的研究内容（Chen et al.，2021；Liu et al.，2022a），同时也揭示了要素匹配性和适应性在供应链金融研究中的重要性。二是还发现了核心企业与金融机构的资本联结、核心企业的供应链集中度、生态系统开放性三类结构特征因素如何影响核心企业供应链金融导向的价值效应，从而增进了现有研究对于供应链金融生态成员之间关联结构作为权变因素的理论见解（凌润泽等，2021；Caniato et al.，2019），特别是增强了对松耦合、开放性生态结构以及“锁定”效应的理论认知（Bals，2019）。三是进一步展现了多种环境不确定性、技术环境中的金融科技水平和金融环境中的数字普惠金融三类环境特征因素的权变机制，在一定程度上针对当前文献缺乏关注环境因素的研究不足做出了有益的补充（Lu et al.，2022c），而环境与战略之间的匹配和调整也正是战略管理研究中长期重视的互动关系（Prajogo，2016）。

7.3 实践启示

本书的研究结果对于管理实践也具有一定的启示意义：

第一，核心企业的管理者应当积极拥抱并实施支持上下游的供应链金融模式以提升企业长期价值，而政策制定者也应基于明确的利益联结机制来鼓励和引导产业中的核心企业参与构建供应链金融生态系统。一方面，核心企业的管理者需要重视供应链金融对于提升企业长期价值的重要作用，从而确立起供应链金融导向，通过充分利用自身在供应链网络或生态中的资源和能力，参与构建产融生态体系。另一方面，政策制定者不仅需要引导产业核心企业参与打造基于长期价值目标的供应链金融生态体系，并注意防范由核心企业“短视”行为而引发的“借供应链金融之名，而行资金侵占之实”的供应链金融“异化”现象（宋华，2021），同时还应当为核心企业的长期战略投入提供必要的制度性保障，如保障各类产融服务平台的长效运行机制，从而确保金融服务实体经济的长期性和可持续性。

第二，本书结果为如何“用好”供应链金融以增强供应链竞争力指明了诸多方向。一方面，核心企业可以通过采用供应链金融来实现优化供应链资金资源配置、提升综合营运效率、增强供应链上下游稳定性与黏性等竞争优势。因此，管理者应当结合核心企业的发展诉求，将供应链金融作为重要工具融入企业日常运营与战略转型的过程之中，充分发挥其对供应链“提质增效”的积极作用。另一方面，政策制定者可以通过支持核心企业参与构建产融协同的生态系统，“以点带面”地推动产业整体的高质量发展，特别是增强产业链供应链的资金韧性和交易韧性。近年来，随着各级政府部门推行“链长制”以加快实现产业链供应链现代化，供应链金融生态体系也可作为链主企业打造产业链互利共赢生态等若干工程中的重要一环，带动产业融通发展（赵晶等，2022）。此外，处于上下游的企业特别是缺乏内源资金和面临运营风险的中小企业，需要关注网络生态中具有供应链金融导向的核心企业，借助融入生态体系的契机而优化资金流和缓解产业风险，进而获取产业竞争优势。

第三，本书研究结论还为如何系统地融合要素、调整结构、适应环境以有效发挥供应链金融的价值效应提供了参考依据。一方面，核心企业的管理者在构建供应链金融生态系统的过程中，应当重视数字技术要素特别是区块链要素的合理应用，基于自身业务发展诉求而选择相匹配的技术赋能方案，并重视自身产业竞争力的培育，同时还应融合更多的产业要素而创新设计金融产品，提升金融服务的多样性；管理者还需要秉持开放协作的态度来动态调整与金融机构和上下游企业等其他参与主体的关联结构，积极吸纳外部主体和延伸生态圈，避免生态体系走向单极主导的封闭式“圈子”；管理者还应重视所处环境的特征及其变化，需要增强应对和适应外部环境不确定性的能力，并结合不同区域的技术环境水平和金融环境水平进行供应链金融的业务拓展与战略布局，尤其是需要关注各区域的金融科技水平和数字普惠金融水平。另一方面，政策制定者也需要充分利用各类政策工具引导产融生态体系的结构升级、提升相关要素在产业中的可得性和便利性，同时为供应链金融的可持续发展提供重要的制度性保障，特别是确保政策规定的有序推进、加强技术环境和金融环境中的公共基础设施建设。

7.4　研究局限与研究展望

本书通过引入商业生态系统理论，系统探究了核心企业供应链金融导向对其企业价值的提升作用及其在商业信用管理、营运资金效率和营运风险管理等多方面的微观作用机制，以及从“生态系统要素—生态系统结构—生态系统环境”三个构成维度探讨了多种因素对供应链金融导向与核心企业价值之间关系中的权变影响机制，从而推动了生态导向下供应链金融研究的发展，也拓展了供应链金融对产业主体的作用机制研究。尽管本书对现有研究内容做出了有益的探索，但仍然存在一定的局限，并有待未来进一步的研究突破。

第一，本书对核心企业供应链金融导向这一主要解释变量的测度存在一定的局限，今后可以考虑采用更为细致和准确的测量方式。本书基于现有研究基础，在实证检验的主体部分选择了更为合适的“文本分析+人工识别”方法来构造虚拟变量，即表征“是否具有核心企业的供应链金融导向”（潘爱玲等，2021；Lam & Zhan，2021），同时也结合文本词频统计等方法构造了相应的连续变量（张黎娜等，2021；周兰和吴慧君，2022），并将其用于稳健性检验。尽管这一测量方法在现有文献中已属前沿，但是其所得指标过于笼统，对供应链金融导向丰富内涵的挖掘还不够深入。未来研究可以根据供应链金融的作用阶段而识别其属于“反应性导向”还是“前摄性导向”（宋华，2019），或是基于供应链金融中的数字技术应用程度而区分为“传统型导向”和“数智型导向”，从而进一步丰富供应链金融导向的研究内容。此外，未来研究还可以采用更为先进的文本和语义分析方法，提升对供应链金融导向的测量准确性。

第二，本书仅关注了供应链金融导向如何影响核心企业的企业价值，以及在商业信用管理、营运资金效率和营运风险等方面的微观作用机制，未来研究还应当考虑供应链金融导向在更多维度的绩效影响及其作用机制。一方面，供应链金融导向对核心企业的利益联结机制还有待继续探索，核心企业能否实现更为广泛的产业价值是影响其参与构建供应链金融生态系统的重要因素，未来研究可以从核心企业所关注的转型升级等高质量发展目标进行考虑，如全要素生产率（陈中飞和江康奇，2021）和生态整合能力（Chen et al.，2019）。另一方面，本书主要聚焦于供应链金融导向对供应链资金流和交易流的优化机制，未来研究还可以将探讨范围向信息流和物流等方面扩展，如关注对供应链信息共享效率的提升作用、对核心企业库存物流的整合作用和对中小企业数字化转型的支持作用。

第三，尽管本书从生态系统的要素、结构和环境等构成维度探讨了对数字技术要素、银企资本联结和环境不确定性等诸多因素的权变机制，但未来研究还可以考虑引入更多的情境因素。例如，在要素维度，不同供应链金融导向对于财务要素、运营要素和关系要素等的应用程度存在显著差异（Gelsomino et al.，2016），未来研究可以探索不同类型要素对供应链金融导向的价值效应具有何种影响；在结构维度，本书主要分析了与核心企业直接关联的结构特征，未来研究还应以供应链金融生态系统中的整体结构为分析单元，进一步关注生态系统的紧密度、共生性和健康性等因素（宋华等，2018）；在环境维度，未来研究还应重视制度环境和市场环境的相关因素对供应链金融运作的影响，例如，制度环境中的相关政策会规范和调节供应链金融活动，市场环境中的市场化水平会影响供应链金融生态系统中各类要素的融入和流动。此外，未来研究还可以从参与主体和价值创造等维度进行拓展，特别是关注一些新兴主体的介入，例如，公共管理部门的参与可以为供应链金融提供公共数据支持和对相关交易行为予以规范治理（Song et al.，2020b）。

第四，由于受样本数据可得性的限制，本书结论在适用性方面也存在一定的局限。一方面，本书仅使用了中国 A 股上市公司 2007—2021 年的相关数据，而对于更多中国情境下的非上市公司和国外情境中的企业，本书所构建的理论模型及其研究发现是否适用，还有待未来进一步探讨。另一方面，本书的供应链金融数据库是基于上市公司公开披露的年报与新闻公告等文本内容而自主构建的，这些信息并非强制披露且其内容较为有限，未来研究还可以通过大规模的产业调查获取更为丰富多样的样本数据，进而检验本书的结论是否成立。

参考文献

[1] 潘爱玲，凌润泽，李彬．供应链金融如何服务实体经济——基于资本结构调整的微观证据［J］．经济管理，2021，43（08）：41-55.

[2] 陈剑，刘运辉．数智化使能运营管理变革：从供应链到供应链生态系统［J］．管理世界，2021，37（11）：227-240，14.

[3] 陈胜蓝，刘晓玲．经济政策不确定性与公司商业信用供给［J］．金融研究，2018（05）：172-190.

[4] 陈晓萍，沈伟．组织与管理研究的实证方法［M］．3 版．北京：北京大学出版社，2018.

[5] 陈中飞，江康奇．数字金融发展与企业全要素生产率［J］．经济学动态，2021（10）：82-99.

[6] 翟胜宝，易旱琴，郑洁，等．银企关系与企业投资效率——基于我国民营上市公司的经验证据［J］．会计研究，2014（04）：74-80，96.

[7] 方红星，张勇，王平．法制环境、供应链集中度与企业会计信息可比性［J］．会计研究，2017（07）：33-40，96.

[8] 郭峰，王靖一，王芳，等．测度中国数字普惠金融发展：指数编制与空间特征［J］．经济学（季刊），2020，19（04）：1401-1418.

[9] 韩炜，邓渝．商业生态系统研究述评与展望［J］．南开管理评论，2020，23（03）：14-27.

[10] 何帆，刘红霞．数字经济视角下实体企业数字化变革的业绩提升效应评估［J］．改革，2019（04）：137-148.

[11] 何韧，刘兵勇，王婧婧．银企关系、制度环境与中小微企业信贷可得性［J］．金融研究，2012（11）：103-115.

[12] 贺小刚，邓浩，吴诗雨，等．赶超压力与公司的败德行为——来自

中国上市公司的数据分析［J］. 管理世界，2015（09）：104-124.

［13］胡海青，薛萌，张琅．供应链合作关系对中小企业营运资本的影响研究——基于供应链融资的视角［J］. 经济管理，2014，36（08）：54-65.

［14］胡媛媛，陈守明，仇方君．企业数字化战略导向、市场竞争力与组织韧性［J］. 中国软科学，2021（S1）：214-225.

［15］胡跃飞，黄少卿．供应链金融：背景、创新与概念界定［J］. 金融研究，2009（08）：194-206.

［16］江艇．因果推断经验研究中的中介效应与调节效应［J］. 中国工业经济，2022（05）：100-120.

［17］江伟，底璐璐，彭晨．客户集中度影响银行长期贷款吗——来自中国上市公司的经验证据［J］. 南开管理评论，2017，20（02）：71-80.

［18］李春涛，闫续文，宋敏，等．金融科技与企业创新——新三板上市公司的证据［J］. 中国工业经济，2020（01）：81-98.

［19］李健，王亚静，冯耕中，等．供应链金融述评：现状与未来［J］. 系统工程理论与实践，2020，40（08）：1977-1995.

［20］连燕玲，贺小刚，高皓．业绩期望差距与企业战略调整——基于中国上市公司的实证研究［J］. 管理世界，2014（11）：119-132+188.

［21］凌润泽，潘爱玲，李彬．供应链金融能否提升企业创新水平？［J］. 财经研究，2021，47（02）：64-78.

［22］刘行，李小荣．金字塔结构、税收负担与企业价值：基于地方国有企业的证据［J］. 管理世界，2012（08）：91-105.

［23］申慧慧，于鹏，吴联生．国有股权、环境不确定性与投资效率［J］. 经济研究，2012，47（07）：113-126.

［24］宋华．供应链金融：从金融导向、供应链导向到网络生态导向、金融科技导向的演进［J］. 研究与发展管理，2020，32（05）：1-2.

［25］宋华．困境与突破：供应链金融发展中的挑战和趋势［J］. 中国流通经济，2021，35（05）：3-9.

［26］宋华．供应链金融［M］. 3 版．北京：中国人民大学出版社，2015.

［27］宋华．智慧供应链金融［M］. 北京：中国人民大学出版社，2019.

[28] 宋华，陈思洁，于亢亢．商业生态系统助力中小企业资金柔性提升：生态规范机制的调节作用［J］．南开管理评论，2018，21（03）：11-22+34.

[29] 宋华，韩思齐，刘文诣．数字技术如何构建供应链金融网络信任关系？［J］．管理世界，2022a，38（03）：182-200.

[30] 宋华，黄千员，杨雨东．金融导向和供应链导向的供应链金融对企业绩效的影响［J］．管理学报，2021，18（05）：760-768.

[31] 宋华，卢强．什么样的中小企业能够从供应链金融中获益？——基于网络和能力的视角［J］．管理世界，2017（06）：104-121.

[32] 宋华，陶铮，杨雨东．"制造的制造"：供应链金融如何使能数字商业生态的跃迁——基于小米集团供应链金融的案例研究［J］．中国工业经济，2022b（09）：178-196.

[33] 宋华，杨雨东．现代 ICT 赋能的智慧供应链金融创新与发展［J］．中国流通经济，2019，33（12）：34-41.

[34] 宋华，杨雨东．中国产业链供应链现代化的内涵与发展路径探析［J］．中国人民大学学报，2022，36（01）：120-134.

[35] 宋华，杨雨东，陶铮．区块链在企业融资中的应用：文献综述与知识框架［J］．南开管理评论，2022c，25（02）：34-48.

[36] 谭劲松，宋娟，陈晓红．产业创新生态系统的形成与演进："架构者"变迁及其战略行为演变［J］．管理世界，2021，37（09）：167-191.

[37] 王丛，张在旭，孙燕芳．供应链金融利益主体的多阶段博弈研究［J］．财经理论与实践，2018，39（04）：32-37.

[38] 王迪，刘祖基，赵泽朋．供应链关系与银行借款——基于供应商/客户集中度的分析［J］．会计研究，2016（10）：42-49+96.

[39] 王分棉，任倩宜，周煊．生态位宽度、观众感知与市场绩效——来自中国电影市场的证据［J］．中国工业经济，2021（11）：155-173.

[40] 王竹泉，王贞洁，李静．经营风险与营运资金融资决策［J］．会计研究，2017（05）：60-67+97.

[41] 温忠麟，叶宝娟．中介效应分析：方法和模型发展［J］．心理科学进展，2014，22（05）：731-745.

[42] 吴非，胡慧芷，林慧妍，任晓怡．企业数字化转型与资本市场表现——来自股票流动性的经验证据［J］．管理世界，2021，37（07）：130-144+10.

[43] 肖土盛，孙瑞琦，袁淳，等．企业数字化转型、人力资本结构调整与劳动收入份额［J］．管理世界，2022，38（12）：220-237.

[44] 谢绚丽，沈艳，张皓星，等．数字金融能促进创业吗？——来自中国的证据［J］．经济学（季刊），2018，17（04）：1557-1580.

[45] 杨兴全，尹兴强．行业集中度、企业竞争地位与现金持有竞争效应［J］．经济科学，2015（06）：78-91.

[46] 杨志强，唐松，李增泉．资本市场信息披露、关系型合约与供需长鞭效应——基于供应链信息外溢的经验证据［J］．管理世界，2020，36（07）：89-105+217-218.

[47] 尹志超，钱龙，吴雨．银企关系、银行业竞争与中小企业借贷成本［J］．金融研究，2015（01）：134-149.

[48] 袁淳，耿春晓，孙健，等．不确定性冲击下纵向一体化与企业价值——来自新冠疫情的自然实验证据［J］．经济学（季刊），2022，22（02）：633-652.

[49] 袁淳，肖土盛，耿春晓，等．数字化转型与企业分工：专业化还是纵向一体化［J］．中国工业经济，2021（09）：137-155.

[50] 张黎娜，苏雪莎，袁磊．供应链金融与企业数字化转型——异质性特征、渠道机制与非信任环境下的效应差异［J］．金融经济学研究，2021，36（06）：51-67.

[51] 张勋，万广华，张佳佳，等．数字经济、普惠金融与包容性增长［J］．经济研究，2019，54（08）：71-86.

[52] 赵晶，刘玉洁，付珂语，等．大型国企发挥产业链链长职能的路径与机制——基于特高压输电工程的案例研究［J］．管理世界，2022，38（05）：221-240.

[53] 钟凯，梁鹏，董晓丹，等．数字普惠金融与商业信用二次配置［J］．中国工业经济，2022（01）：170-188.

[54] 周兰，吴慧君．供应链金融与产品市场表现［J］．金融经济学研究，2022，37（06）：99-112.

[55] Abbasi W A, Wang Z, Zhou Y, Hassan S. Research on measurement of supply chain finance credit risk based on Internet of Things [J]. International Journal of Distributed Sensor Networks, 2019, 15 (9): 1550147719874002.

[56] Adner R. Ecosystem as Structure: An Actionable Construct for Strategy [J]. Journal of Management, 2017, 43 (1): 39-58.

[57] Aftab Alam M, Rooney D, Taylor M. Measuring Inter-firm Openness in Innovation Ecosystems [J]. Journal of Business Research, 2022, 138: 436-456.

[58] Ali Z, Gongbing B, Mehreen A. Does supply chain finance improve SMEs performance? The moderating role of trade Digitization [J]. Business Process Management Journal, 2018, 26 (1): 150-167.

[59] Altman E I. Financial Ratios, Discriminant Analysis and the Prediction of Corporate Bankruptcy [J]. The Journal of Finance, 1968, 23 (4): 589-609.

[60] Altman E I, Iwanicz-Drozdowska M, Laitinen E K, Suvas A. Financial Distress Prediction in an International Context: A Review and Empirical Analysis of Altman's Z-Score Model [J]. Journal of International Financial Management & Accounting, 2017, 28 (2): 131-171.

[61] Ambulkar S, Blackhurst J, Grawe S. Firm's resilience to supply chain disruptions: Scale development and empirical Examination [J]. Journal of Operations Management, 2015, 33-34: 111-122.

[62] Aral S, Weill P. IT Assets, Organizational Capabilities, and Firm Performance: How Resource Allocations and Organizational Differences Explain Performance Variation [J]. Organization Science, 2007, 18 (5): 763-780.

[63] Baker S R, Bloom N, Davis S J. Measuring economic policy Uncertainty [J]. The quarterly journal of Economics, 2016, 131 (4): 1593-1636.

[64] Baron R M, Kenny D A. The moderator-mediator variable distinction in social psychological research: Conceptual, strategic, and statistical Considerations [J]. Journal of Personality and Social Psychology, 1986, 51: 1173-1182.

[65] Basu P, Nair S K. Supply Chain Finance enabled early pay: Unlocking trapped value in B2B Logistics [J]. International Journal of Logistics Systems and Management, 2012, 12 (3): 334-353.

[66] Beka Be Nguema J-N, Bi G, Akenroye T O, El Baz J. The effects of supply chain finance on organizational performance: A moderated and mediated Model [J]. Supply Chain Management: An International Journal, 2021a, 27 (1): 113-127.

[67] Beka Be Nguema J-N, Bi G, Ali Z, Mehreen A, Rukundo C, Ke Y. Exploring the factors influencing the adoption of supply chain finance in supply chain effectiveness: Evidence from manufacturing Firms [J]. Journal of Business & Industrial Marketing, 2021b, 36 (5): 706-716.

[68] Blackman I D, Holland C P, Westcott T. Motorola' s global financial supply chain Strategy [J]. Supply Chain Management: An International Journal, 2013, 18 (2): 132-147.

[69] Camerinelli E. Supply chain Finance [J]. Journal of Payments Strategy & Systems, 2009, 3 (2): 114-128.

[70] Caniato F, Henke M, Zsidisin G A. Supply chain finance: Historical foundations, current research, future Developments [J]. Journal of Purchasing and Supply Management, 2019, 25 (2): 99-104.

[71] Cantner U, Cunningham J A, Lehmann E E, Menter M. Entrepreneurial ecosystems: A dynamic lifecycle Model [J]. Small Business Economics, 2021, 57 (1): 407-423.

[72] Carnovale S, Rogers D S, Yeniyurt S. Broadening the perspective of supply chain finance: The performance impacts of network power and Cohesion [J]. Journal of Purchasing and Supply Management, 2018.

[73] Cenamor J, Frishammar J. Openness in platform ecosystems: Innovation strategies for complementary Products [J]. Research Policy, 2021, 50 (1): 104148.

[74] Chakuu S, Masi D, Godsell J. Exploring the relationship between mechanisms, actors and instruments in supply chain finance: A systematic literature Re-

view [J]. International Journal of Production Economics, 2019, 216: 35-53.

[75] Chen J, Cai T, He W, Chen L, Zhao G, Zou W, Guo L. A Blockchain-Driven Supply Chain Finance Application for Auto Retail Industry [J]. Entropy, 2020a, 22 (1): 95.

[76] Chen L, Moretto A, Jia F, Caniato F, Xiong Y. The role of digital transformation to empower supply chain finance: Current research status and future research directions (Guest Editorial) [J]. International Journal of Operations & Production Management, 2021, 41 (4): 277-288.

[77] Chen M, Tang X, Liu H, Gu J. The impact of supply chain concentration on integration and business Performance [J]. International Journal of Production Economics, 2023, 257: 108781.

[78] Chen X, Cai G (George). Joint logistics and financial services by a 3PL Firm [J]. European Journal of Operational Research, 2011, 214 (3): 579-587.

[79] Chen X, Liu C, Li S. The role of supply chain finance in improving the competitive advantage of online retailing Enterprises [J]. Electronic Commerce Research and Applications, 2019, 33: 100821.

[80] Chen X, Wang C, Li S. The impact of supply chain finance on corporate social responsibility and creating shared value: A case from the emerging Economy [J]. Supply Chain Management: An International Journal, 2022a, ahead-of-print (ahead-of-print).

[81] Chen Y, Yang S, Li Q. How does the development of digital financial inclusion affect the total factor productivity of listed companies? Evidence from China [J]. Finance Research Letters, 2022b, 47: 102956.

[82] Cho W, Ke J F, Han C. An empirical examination of the use of bargaining power and its impacts on supply chain financial Performance [J]. Journal of Purchasing and Supply Management, 2019, 25 (4): 100550.

[83] Clarysse B, Wright M, Bruneel J, Mahajan A. Creating value in ecosystems: Crossing the chasm between knowledge and business Ecosystems [J]. Research Policy, 2014, 43 (7): 1164-1176.

[84] Cong L W, He Z. Blockchain Disruption and Smart Contracts [J]. The Review of Financial Studies, 2019, 32 (5): 1754-1797.

[85] Daymond J, Knight E, Rumyantseva M, Maguire S. Managing ecosystem emergence and evolution: Strategies for ecosystem Architects [J]. Strategic Management Journal, 2023, 44 (4): 01-027.

[86] De Goeij C, Gelsomino L M, Caniato F, Moretto A M, Steeman M. Understanding SME suppliers' response to supply chain finance: A transaction cost economics Perspective [J]. International Journal of Physical Distribution & Logistics Management, 2021, 51 (8): 813-836.

[87] Dekkers R, De Boer R, Gelsomino L M, De Goeij C, Steeman M, Zhou Q, Sinclair S, Souter V. Evaluating theoretical conceptualisations for supply chain and finance integration: A Scottish focus Group [J]. International Journal of Production Economics, 2020, 220: 107451.

[88] Duan W, Hu H, Zhang Y. What determines the performance of small and Medium-sized enterprises supply chain financing? A qualitative comparative analysis of fuzzy sets based on the technology-organization-environment Framework [J]. Frontiers in Psychology, 2022, 13: 976218.

[89] Eslami M H, Jafari H, Achtenhagen L, Carlbäck J, Wong A. Financial performance and supply chain dynamic capabilities: The Moderating Role of Industry 4.0 Technologies [J]. International Journal of Production Research, 2024, 62 (22): 8092-8109.

[90] Filbeck G, Kumar S, Liu J, Zhao X. Supply chain finance and financial contagion from disruptions - evidence from the automobile Industry [J]. International Journal of Physical Distribution & Logistics Management, 2016, 46 (4): 1-35.

[91] Fitzgerald M, Kruschwitz N, Bonnet D, Welch M. Embracing digital technology: A new strategic Imperative [J]. MIT sloan management Review, 2014, 55 (2): 1.

[92] Gelsomino L M, Mangiaracina R, Perego A, Tumino A. Supply chain finance: A literature Review [J]. International Journal of Physical Distribution &

Logistics Management, 2016, 46 (4): 348-366.

[**93**] Ghosh D, Olsen L. Environmental uncertainty and managers' use of discretionary accruals [J]. Accounting, Organizations and Society, 2009, 34 (2): 188-205.

[**94**] Gomm M L. Supply chain finance: Applying finance theory to supply chain management to enhance finance in supply Chains [J]. International Journal of Logistics Research and Applications, 2010, 13 (2): 133-142.

[**95**] Han J, Zhou H, Lowik S, De Weerd-Nederhof P. Enhancing the understanding of ecosystems under innovation management context: Aggregating conceptual boundaries of Ecosystems [J]. Industrial Marketing Management, 2022, 106: 112-138.

[**96**] Hofmann E. Supply Chain Finance: Some conceptual Insights [M]. Lasch R, Janker C G, eds.. Wiesbaden: Deutscher Universitätsverlag, 2005.

[**97**] Hofmann E, Kotzab H. A Supply Chain-Oriented Approach of Working Capital Management [J]. Journal of Business Logistics, 2010, 31 (2): 305-330.

[**98**] Hofmann E, Strewe U M, Bosia N. Supply chain finance and blockchain technology: The case of reverse Securitisation [M]. Springer, 2017.

[**99**] Hofmann E, Zumsteg S. Win-win and No-win Situations in Supply Chain Finance: The Case of Accounts Receivable Programs [J]. Supply Chain Forum: An International Journal, 2015, 16 (3): 30-50.

[**100**] Huang C, Chan F T S, Chung S H. The impact of payment term extensions on the working capital management of an automotive supply Chain [J]. International Journal of Production Research, 2022b, 60 (24): 7360-7383.

[**101**] Huff J, Rogers D S. Funding the Organization through Supply Chain Finance: A Longitudinal Investigation [J]. Supply Chain Forum: An International Journal, 2015, 16 (3): 4-17.

[**102**] Iansiti M, Levien R. The keystone advantage: What the new dynamics of business ecosystems mean for strategy, innovation, and Sustainability [M]. Harvard Business School Press, 2006.

[**103**] Jacobides M G, Cennamo C, Gawer A. Towards a theory of Ecosystems [J]. Strategic Management Journal, 2018, 39 (8): 2255-2276.

[**104**] Jia F, Blome C, Sun H, Yang Y, Zhi B. Towards an integrated conceptual framework of supply chain finance: An information processing Perspective [J]. International Journal of Production Economics, 2020a, 219: 18-30.

[**105**] Kohli R, Melville N P. Digital innovation: A review and Synthesis [J]. Information Systems Journal, 2019, 29 (1): 200-223.

[**106**] Kowalski M, Lee Z W Y, Chan T K H. Blockchain technology and trust relationships in trade Finance [J]. Technological Forecasting and Social Change, 2021, 166: 120641.

[**107**] Lam H K S, Zhan Y. The impacts of supply chain finance initiatives on firm risk: Evidence from service providers listed in the US [J]. International Journal of Operations & Production Management, 2021, 41 (4): 383-409.

[**108**] Lanier D, Wempe W F, Zacharia Z G. Concentrated supply chain membership and financial performance: Chain and firm-level Perspectives [J]. Journal of Operations Management, 2010, 28 (1): 1-16.

[**109**] Lee H-H, Zhou J, Wang J. Trade Credit Financing Under Competition and Its Impact on Firm Performance in Supply Chains [J]. Manufacturing & Service Operations Management, 2018a, 20 (1): 36-52.

[**110**] Lee H-H, Zhou J, Wang J. Trade Credit Financing Under Competition and Its Impact on Firm Performance in Supply Chains [J]. Manufacturing & Service Operations Management, 2018b, 20 (1): 36-52.

[**111**] Li G, Shao S, Zhang L. Green supply chain behavior and business performance: Evidence from China [J]. Technological Forecasting and Social Change, 2019, 144: 445-455.

[**112**] Li L, Wang Z, Chen L, Zhao X, Yang S. Supply chain collaboration and supply chain finance adoption: The moderating role of information transparency and transaction Dependence [J]. Supply Chain Management: An International Journal, 2023, ahead-of-print (ahead-of-print).

[113] Li L, Wang Z, Zhao X. Configurations of financing instruments for supply chain cost reduction: Evidence from Chinese manufacturing Companies [J]. International Journal of Operations & Production Management, 2022b, 42 (9): 1384-1406.

[114] Li S, Zhao X, Huo B. Supply chain coordination and innovativeness: A social contagion and learning Perspective [J]. International Journal of Production Economics, 2018, 205: 47-61.

[115] Li Y, He J, Chan K C. Information transmission along supply chains: Stock price reaction of suppliers upon a customer's release of qualitative risk Information [J]. International Journal of Production Economics, 2021, 239: 108189.

[116] Liebl J, Hartmann E, Feisel E. Reverse factoring in the supply chain: Objectives, antecedents and implementation Barriers [J]. International Journal of Physical Distribution & Logistics Management, 2016, 46 (4).

[117] Liu B, Ju T, Chan H K. The diverse impact of heterogeneous customer characteristics on supply chain finance: Empirical evidence from Chinese Factoring [J]. International Journal of Production Economics, 2022a, 243: 108321.

[118] Liu F, Fang M, Park K, Chen X. Supply Chain Finance, Performance and Risk: How Do SMEs Adjust Their Buyer-Supplier Relationship for Competitiveness? [Z] (2021a-10-15).

[119] Liu L, Li Y, Jiang T. Optimal strategies for financing a Three-level supply chain through blockchain platform Finance [J]. International Journal of Production Research, 2021b, 0 (0): 1-18.

[120] Liu W, Liu X, Choi T-M. Effects of supply chain quality event announcements on stock market reaction: An empirical study from China [J]. International Journal of Operations & Production Management, 2022b, ahead-of-print (ahead-of-print).

[121] Lu C, Rong K, You J, Shi Y. Business ecosystem and stakeholders' role transformation: Evidence from Chinese emerging electric vehicle Industry [J]. Expert Systems with Applications, 2014, 41 (10): 4579-4595.

[122] Lu Q, Chen J, Song H, Zhou X. Effects of cloud computing assimilation on supply chain financing risks of SMEs [J]. Journal of Enterprise Information Management, 2021, ahead-of-print (ahead-of-print).

[123] Lu Q, Deng Y, Liu B, Chen J. Promoting supply chain financing performance of SMEs based on the extended Resource-based Perspective [J]. Journal of Business & Industrial Marketing, 2022a, ahead-of-print (ahead-of-print).

[124] Lu Q, Song L, Yu K. The effects of operational and digitalization capabilities on SMSs' supply chain financing under supply risk [J]. International Journal of Logistics Research and Applications, 2022b, 0 (0): 1-21.

[125] Lu Q, Yang Y, Yu M. Can SMEs' quality management promote supply chain financing performance? An explanation based on signalling Theory [J]. International Journal of Emerging Markets, 2022c, ahead-of-print (ahead-of-print).

[126] Lu Z, Wu J, Li H, Nguyen D K. Local Bank, Digital Financial Inclusion and SME Financing Constraints: Empirical Evidence from China [J]. Emerging Markets Finance and Trade, 2022d, 58 (6): 1712-1725.

[127] Malhotra M K, Singhal C, Shang G, Ployhart R E. A critical evaluation of alternative methods and paradigms for conducting mediation analysis in operations management Research [J]. Journal of Operations Management, 2014, 32 (4): 127-137.

[128] Martin J, Hofmann E. Towards a framework for supply chain finance for the supply Side [J]. Journal of Purchasing and Supply Management, 2019, 25 (2): 157-171.

[129] Maurer N, Haber S. Related Lending and Economic Performance: Evidence from Mexico [J]. The Journal of Economic History, 2007, 67 (3): 551-581.

[130] Moore J F. Predators and prey: A new ecology of Competition [J]. Harvard business Review, 1993, 71 (3): 75-86.

[131] Moore J F. The rise of a new corporate Form [J]. The Washington Quarterly, 1998, 21 (1): 167-181.

[132] Moretto A, Caniato F. Can Supply Chain Finance help mitigate the fi-

nancial disruption brought by Covid-19? [J]. Journal of Purchasing and Supply Management, 2021, 27 (4): 100713.

[**133**] Moretto A, Grassi L, Caniato F, Giorgino M, Ronchi S. Supply chain finance: From traditional to supply chain credit Rating [J]. Journal of Purchasing and Supply Management, 2019, 25 (2): 197-217.

[**134**] Ohlson J A. Financial Ratios and the Probabilistic Prediction of Bankruptcy [J]. Journal of Accounting Research, 1980, 18 (1): 109-131.

[**135**] Pan A, Xu L, Li B, Ling R. The impact of supply chain finance on firm cash holdings: Evidence from China [J]. Pacific-Basin Finance Journal, 2020, 63: 101402.

[**136**] Pan A, Xu L, Li B, Ling R, Zheng L. The impact of supply chain finance on firm capital structure adjustment: Evidence from China [J]. Australian Journal of Management, 2022: 03128962221092179.

[**137**] Pattnaik D, Kumar S, Vashishtha A. Research on trade credit - a systematic review and bibliometric Analysis [J]. Qualitative Research in Financial Markets, 2020, 12 (4): 367-390.

[**138**] Pellegrino R, Costantino N, Tauro D. Supply Chain Finance: A supply chain-oriented perspective to mitigate commodity risk and pricing Volatility [J]. Journal of Purchasing and Supply Management, 2018, 25 (2): 118-133.

[**139**] Pfohl H-C, Gomm M. Supply chain finance: Optimizing financial flows in supply Chains [J]. Logistics Research, 2009, 1 (3): 149-161.

[**140**] Potter A, Wilhelm M. Exploring supplier-supplier innovations within the Toyota supply network: A supply network Perspective [J]. Journal of Operations Management, 2020, 66 (7-8): 797-819.

[**141**] Prajogo D. The strategic fit between innovation strategies and business environment in delivering business Performance [J]. International Journal of Production Economics, 2016, 171: 241-249.

[**142**] Randall W S, Theodore Farris M. Supply chain financing: Using cash-to-cash variables to strengthen the supply Chain [J]. International Journal of Physical

Distribution & Logistics Management, 2009, 39 (8): 669-689.

[143] Rong K, Hu G, Hou J, Ma R, Shi Y. Business ecosystem extension: Facilitating the technology Substitution [J]. International Journal of Technology Management, 2013a, 63 (3-4): 268-294.

[144] Rong K, Lin Y, Li B, Burström T, Butel L, Yu J. Business ecosystem research agenda: More dynamic, more embedded, and more Internationalized [J]. Asian Business & Management, 2018, 17 (3): 167-182.

[145] Sahi G K, Gupta M C, Cheng T C E. The effects of strategic orientation on operational ambidexterity: A study of indian SMEs in the industry 4.0 Era [J]. International Journal of Production Economics, 2020, 220: 107395.

[146] Scaringella L, Radziwon A. Innovation, entrepreneurial, knowledge, and business ecosystems: Old wine in new Bottles? [J]. Technological Forecasting and Social Change, 2018, 136: 59-87.

[147] Scarpin M R S, Scarpin J E, Krespi Musial N T, Nakamura W T. The implications of COVID-19: Bullwhip and ripple effects in global supply Chains [J]. International Journal of Production Economics, 2022, 251: 108523.

[148] Sheng T. The effect of fintech on banks' credit provision to SMEs: Evidence from China [J]. Finance Research Letters, 2020: 101558.

[149] Song H, Chen S, Yu K. Ecosystem network health and SMEs' credit quality [J]. Journal of Business & Industrial Marketing, 2021a, 37 (5): 961-974.

[150] Song H, Li M, Yu K. Big data analytics in digital platforms: How do financial service providers customise supply chain Finance? [J]. International Journal of Operations & Production Management, 2021b, 41 (4): 410-435.

[151] Song H, Lu Q, Yu K, Qian C. How do knowledge spillover and access in supply chain network enhance SMEs' credit quality? [J]. Industrial Management & Data Systems, 2019, 119 (2): 274-291.

[152] Song H, Yang X, Song Y. Dynamic discounting program of supply chain finance based on a financial information matching Platform [J]. Annals of Operations Research, 2023, 331 (1): 221-250.

[153] Song H, Yang X, Yu K. How do supply chain network and SMEs' operational capabilities enhance working capital financing? An integrative signaling View [J]. International Journal of Production Economics, 2020a, 220: 107447.

[154] Song H, Yang Y, Tao Z. How different types of financial service providers support Small- and medium- enterprises under the impact of COVID-19 pandemic: From the perspective of expectancy Theory [J]. Frontiers of Business Research in China, 2020b, 14 (1): 27.

[155] Su Y S, Kajikawa Y, Tsujimoto M, Chen J. Innovation ecosystems: Theory, evidence, practice, and Implications [J]. Technological Forecasting and Social Change, 2018, 136: 14-17.

[156] Theodore Farris M, Hutchison P D. Cash-to-cash: The new supply chain management Metric [J]. International Journal of Physical Distribution & Logistics Management, 2002, 32 (4): 288-298.

[157] Tobin J. A General Equilibrium Approach To Monetary Theory [J]. Journal of Money, Credit and Banking, 1969, 1 (1): 15-29.

[158] Villalba R, Venus T E, Sauer J. The ecosystem approach to agricultural value chain finance: A framework for rural Credit [J]. World Development, 2023, 164: 106177.

[159] Wandfluh M, Hofmann E, Schoensleben P. Financing buyer-supplier dyads: An empirical analysis on financial collaboration in the supply Chain [J]. International Journal of Logistics Research and Applications, 2016, 19 (3): 200-217.

[160] Wang L, Luo X (Robert), Lee F, Benitez J. Value creation in Blockchain-driven supply chain Finance [J]. Information & Management, 2022a, 59 (7): 103510.

[161] Wetzel P, Hofmann E. Supply chain finance, financial constraints and corporate performance: An explorative network analysis and future research Agenda [J]. International Journal of Production Economics, 2019, 216: 364-383.

[162] Wong C Y, Boon-itt S, Wong C W Y. The contingency effects of environmental uncertainty on the relationship between supply chain integration and operation-

al Performance [J]. Journal of Operations Management, 2011, 29 (6): 604-615.

[163] Wuttke D A, Blome C, Foerstl K, Henke M. Managing the Innovation Adoption of Supply Chain Finance—Empirical Evidence From Six European Case Studies [J]. Journal of Business Logistics, 2013a, 34 (2): 148-166.

[164] Wuttke D A, Blome C, Sebastian Heese H, Protopappa-Sieke M. Supply chain finance: Optimal introduction and adoption Decisions [J]. International Journal of Production Economics, 2016, 178: 72-81.

[165] Wuttke D A, Rosenzweig E D, Heese H S. An empirical analysis of supply chain finance Adoption [J]. Journal of Operations Management, 2019, 65 (3): 242-261.

[166] Yi Y, Chen Y, Li D. Stakeholder ties, organizational learning, and business model innovation: A business ecosystem Perspective [J]. Technovation, 2022, 114: 102445.

[167] Yu W, Wong C Y, Chavez R, Jacobs M A. Integrating big data analytics into supply chain finance: The roles of information processing and data-driven Culture [J]. International Journal of Production Economics, 2021b, 236: 108135.

[168] Zhang T, Zhang C Y, Pei Q. Misconception of providing supply chain finance: Its stabilising Role [J]. International Journal of Production Economics, 2019, 213: 175-184.

[169] Zhang W, Yan S, Li J, Tian X, Yoshida T. Credit risk prediction of SMEs in supply chain finance by fusing demographic and behavioral Data [J]. Transportation Research Part E: Logistics and Transportation Review, 2022, 158: 102611.

[170] Zhao X, Lynch Jr J G, Chen Q. Reconsidering Baron and Kenny: Myths and truths about mediation Analysis [J]. Journal of consumer Research, 2010, 37 (2): 197-206.

[171] Zhou L, Chen M, Lee H. Supply Chain Finance: A Research Review and Prospects Based on a Systematic Literature Analysis from a Financial Ecology Perspective [J]. Sustainability, 2022, 14 (21): 14452.